ESTRATÉGIAS SEMIÓTICAS DA PUBLICIDADE

Dados Internacionais de Catalogação na Publicação (CIP)
(Câmara Brasileira do Livro, SP, Brasil)

Santaella, Lucia
Estratégias semióticas da publicidade / Lucia Santaella, Winfried Nöth. -- São Paulo : Cengage Learning, 2010.

ISBN 978-85-221-0882-4

1. Marketing 2. Propaganda 3. Publicidade 4. Semiótica I. Nöth, Winfried. II. Título.

10-02440 CDD-659.1

Índice para catálogo sistemático:

1. Estratégia semióticas da publicidade 659.1

Lucia Santaella
Winfried Nöth

ESTRATÉGIAS SEMIÓTICAS DA PUBLICIDADE

CENGAGE Learning™

Austrália • Brasil • Japão • Coreia • México • Cingapura • Espanha • Reino Unido • Estados Unidos

CENGAGE Learning™

Estratégias semióticas da publicidade

Lucia Santaella e Winfried Nöth

Gerente Editorial: Patricia La Rosa

Editora de Desenvolvimento: Noelma Brocanelli

Supervisora de Produção Editorial: Fabiana Albuquerque Alencar

Copidesque: Daniele Fátima

Revisão: Solange Guerra e Viviane Akemi Uemura

Diagramação: Negrito Design Editorial

Capa: Souto Crescimento de Marca

Pesquisa Iconográfica: Graciela Naliati

Para informações sobre nossos produtos, entre em contato pelo telefone **0800 11 19 39**

Para permissão de uso de material desta obra, envie seu pedido para **direitosautorais@cengage.com**

ISBN-13: 978-85-221-0882-4

ISBN-10: 85-221-0882-X

Cengage Learning
Condomínio E-Business Park
Rua Werner Siemens, 111 – Prédio 20 – Espaço 04
Lapa de Baixo – CEP 05069-900 – São Paulo – SP
Tel.: (11) 3665-9900 – Fax: (11) 3665-9901
SAC: 0800 11 19 39

Para suas soluções de curso e aprendizado, visite www.cengage.com.br

Impresso no Brasil.
Printed in Brazil.
1 2 3 4 5 6 7 15 14 13 12 11

Apresentação

O campo da publicidade, eixo central do marketing, especialmente nas estratégias semióticas que aciona, tem despertado a nossa atenção há muito tempo. Nossos estudos, escritos, e mesmo algumas atividades voltadas para o mercado, correram paralelos durante alguns anos, mas tendendo a convergir em virtude da atração comum que a semiótica exerce sobre nós. Mais recentemente, decidimos colocar nossa experiência em confronto para descobrir sintonias insuspeitadas de fundo, de forma e de pontos de vista nos nossos modos de enfrentar os desafios dessa área à qual não faltam contradições e, consequentemente, controvérsias.

Da crítica da mercadoria e do consumo à identificação de um gênero de discurso com recursos de linguagem, regimes de significação e efeitos de sentido que lhe são específicos, os textos que aqui estão reunidos procuram levar o leitor a uma exploração das facetas híbridas e diversas que tecem a malha finamente tramada das mensagens publicitárias. Nessas facetas, de um lado, não poderiam faltar considerações sobre os processos perceptivos e cognitivos que germinam sob as aparências do visível, de outro lado, era mister não fugir das comparações, sempre dificultosas, mas nem por isso dispensáveis, entre a publicidade, a poesia e a arte.

Enfim, o que se tem aqui é um trabalho ao mesmo tempo paralelo e conjunto que veio se desenvolvendo gradativamente, sempre atento às tendências dos estudos semióticos da publicidade, para trazer à tona aqueles que vingaram e permaneceram vivos desde as certezas metódicas do estruturalismo até os cenários mutáveis da modernidade líquida.

Lucia Santaella & Winfried Nöth

Sumário

PARTE I – PERCEPÇÃO & COGNIÇÃO 01

Capítulo 1
A performance perceptiva na publicidade 03

As operações lógicas da percepção 05
O percepto 05
O *percipuum* 06
O juízo perceptivo 08
Operações perceptivas da linguagem publicitária 09

Capítulo 2
Publicidade: a mensagem emoldurada 13

Alguns traços de conteúdo das publicidades 13
Mensagem aberta e oculta 14
Definição de moldura na publicidade 14
A moldura pragmática da publicidade 15
A moldura textual da publicidade 17
A moldura textual externa da mensagem 17
A moldura textual interna e a tipologia da publicidade 18
A mensagem publicitária mínima 18

A moldura textual interna da mensagem 19
A publicidade prototípica 21
Outros aspectos tipológicos da publicidade 22
Conflito de moldura e moldura determinada 23

PARTE II – SEMIÓTICA DA MERCADORIA 27

Capítulo 3
Marketing como questão semiótica 29

Signos e mensagens do marketing 29
Estudos semióticos do marketing 30
Trocas verbais e trocas de mercadorias 31
Signos verbais, mercadorias como signos e mercado como sistema de signos 33
Palavras e mercadorias autorreferenciais 35

Capítulo 4
A natureza sígnica das mercadorias 39

Analogias saussurianas entre a linguística e a economia 40
O modelo do dinheiro e da mercadoria de Bühler 43
Modelos semiológicos das mercadorias 44
A desconstrução da mercadoria como signo de Baudrillard 46
Interpretações antropológicas das mercadorias 49
A mercadoria como signo multiplamente construído 50

Capítulo 5
A linguagem das mercadorias 51

Semiótica das mercadorias: estado da arte 51
Semiótica das mercadorias na pesquisa de marketing 51
Publicidade 51
Pesquisa de imagem de marca 52
Pesquisa sobre consumo simbólico 52

Teorias semióticas das mercadorias 53
Publicidade e mitos da mercadoria 53
Semiotização sociocultural 54
Semiotização do utilitário 55
A semiótica da economia política 55
Abordagens antropológicas 56
Mercadorias como signos em uma visão pluralista 57
O signo multimolduras: pressupostos básicos 57
Molduras semióticas das mercadorias 57
A mercadoria como signo multimolduras 58
Signos atuais e potenciais 58
Fontes dos significados das mercadorias 58
O signo utilitário e o limiar semiótico 59
O limiar semiótico e o não semiótico 59
O signo utilitário 60
Fatos e signos utilitários 60
O signo comercial 61
O signo sociocultural 62
A submoldura sociológica 62
O signo mítico 64
Um exemplo 65
Processos de semiotização das mercadorias 66
Categorias prototípicas de produtos 66
Processos prototípicos de semiotização 67
Produtos prototipicamente utilitários 67
Produtos prototipicamente socioculturais 68
Modos desviantes de semiotização 68
Semiotização atípica do produto 68
Falácias semióticas 69
Semiotização degenerada 69
A linguagem das mercadorias como um sistema 70
A dimensão paradigmática 70
A sintaxe das mercadorias 71

PARTE III – ESTRATÉGIAS SEMIÓTICAS 73

Capítulo 6
Panorama da semiótica da publicidade 75

Posição da pesquisa e de relações interdisciplinares 75
Referências interdisciplinares 75
Abordagens semióticas da publicidade 76
Semiótica, marketing e pesquisa de consumo 77
A mensagem da publicidade 78
A mensagem publicitária como gênero 78
Oposição semântica estrutural profunda 79
Estruturas narrativas profundas 79
Conotações ideológicas 80
Argumentação, persuasão e manipulação 81
Imagem, texto e contexto 81
Mensagens verbais e icônicas segundo Barthes 81
Eco e a retórica visual da publicidade 81
Iconicidade e indexicalidade 82
Funções da mensagem publicitária 83
Publicidade como apelo 83
Poesia da publicidade 83

Capítulo 7
Mensagem publicitária: sugestão, sedução, persuasão 85

A quase-ciência do *phaneron* 86
Categorias do pensamento e da natureza 89
Categorias mais precisas: o tempo da colheita 90
O conteúdo das categorias 92
Correspondências no discurso publicitário 94

Capítulo 8
Estratégias indiciais e icônicas de informação e sugestão 97

Publicidade prototípica, sua indexicalidade e a natureza do índice em geral 98

Estudo de caso 1: vendedores de rua como anunciantes prototípicos 101
Estudo de caso 2: índices no supermercado 104
Estratégias indexicais de endereçamento 106
Funções semióticas e seus aspectos indexicais na publicidade 108
Índices do emissor e do receptor nos enunciados publicitários 111
Índices de intencionalidade na publicidade 115
Índices primários e secundários 117
Estratégias icônicas de representação de objetos visíveis e invisíveis 122
Imagens mentais e representações imaginárias 123

Capítulo 9
Signos e valor semiótico agregado 129

Valor semiótico agregado por meio da transferência de características 129
Princípios indexicais da transmissão sugestiva de características 134
Contiguidade enquanto indexicalidade 134
Pars pro toto: índice como signo necessário e signos de abundância 138
Signos indexicais como condicionamento por meio do aprendizado 141
Índices que se tornam símbolos 143
Princípios icônicos da transmissão sugestiva de características 146
Iconicidade construída através de ambiguidade relacional e vagueza referencial 147
Iconicidade pressuposta 151
Iconicidade construída metaforicamente 155
Identificação icônica 158

PARTE IV – LEITURAS SEMIÓTICAS 165

Capítulo 10
A semiótica no *mix* da pesquisa em publicidade 167

A pesquisa qualitativa 168
A pesquisa etnográfica 170
Neurociência e comportamento de consumo 171
A semiótica social e a pesquisa de campo 172

O papel das leituras semióticas 173
Impressões, sensações e comparações 174
O contexto de referências 176
Os padrões, as convenções, os símbolos e a cultura 177
O valor das misturas 178

Capítulo 11
Marlboro: a idealização do familiar 179

As imagens Marlboro 179
O ponto de vista qualitativo-icônico 179
O ponto de vista singular-indicativo 182
O ponto de vista convencional-simbólico 184
Síntese avaliativa 185
As embalagens de Marlboro 185
Cores 185
Avaliação das cores 187
Design: linhas, formas e figuras 187
Lettering 189
Avaliação das embalagens 189
Por que a marca resiste no tempo? 190

Capítulo 12
Vivo: paralelos entre o logo e o nome 193

O design do logo 194
Cores: luminosidade e textura 194
Aspectos qualitativos-icônicos 194
Aspectos singulares-indiciais 194
Aspectos simbólicos 195
Forma, volume, dimensão, movimento 195
Aspectos qualitativos-icônicos 195
Aspectos singulares-indiciais 196
Aspectos simbólicos 197
A relação entre cor e forma 197
A proeminência do aspecto icônico nas cores e forma 197

A ambiência do logo nas imagens em que se situa 197
Aspecto qualitativo-icônico.. 197
Aquilo que traz mais vida à vida 197
Os paralelismos (rimas) visuais entre a forma do logo e as formas do gesto humano 198
Aspecto singular-indicial... 198
As fotos de fundo: enquadramentos singulares 198
Da contiguidade à penetração e aderência da figura no fundo....... 199
Aspecto simbólico.. 199
A questão do nome 199
A correspondência entre a escrita de “Vivo” e a forma do logo 200
Aspectos funcionais da palavra.. 200
O campo semântico da palavra.. 201
Adequação dos sentidos de “vivo” à visualidade do logo nos contextos de inserção 201

Capítulo 13

Os efeitos comunicativos de um logo.................................203

Análise do logo 203
Aspectos que se apresentam aos sentidos... 203
Cores, luminosidade e textura 204
Linha, forma, volume, dimensão... 204
Movimento e direção 205
Visualidade tátil.. 205
Lettering.. 206
Aspectos singulares-indiciais 206
Contexto verbal de inserção do i digital: ligações com o @ de que se origina 206
Traços de identidade do i-digital, índices de seu uso e do usuário 207
Aspectos convencionais-simbólicos... 210
O i-digital no contexto das imagens fixas 212
Avaliação das imagens fixas 215
O i-digital no contexto dos filmes.. 215
Avaliação dos filmes.. 217

Capítulo 14
A imagem que fala 219

Aspectos que falam aos sentidos 220
Cores: qualidades, índices e simbologia 220
As linhas e as formas do orgânico 221
As sugestões da composição e das figuras 221
A força de atração do volume e da proporção 221
Textura, luminosidade e movimento 222
Avaliação dos aspectos qualitativos da imagem 223
Aspecto singular-indicativo: a referencialidade 223
Do símbolo ao emblema 223

PARTE V – POÉTICA & ESTÉTICA 225

Capítulo 15
Publicidade, poesia e arte: estética e linguagem do mercado 227

Arte e poesia em publicidade 228
Poesia em publicidade 228
Arte em publicidade 229
Transferência de significado da arte para a mercadoria 229
Arte como um índice da mercadoria 233
Arte como um ícone da mercadoria 233
Arte como mercadoria 236
Arte, valor, mercado e poesia 236
Aspectos estéticos da linguagem do mercado 238
Características estéticas da mensagem visual 238
A poeticidade e a linguagem do mercado 239
Recorrência poética 239
Desvio 243
Recorrência e desvio em um poema publicitário concreto 246
A mercadoria como "arte" 246
Contradições entre a linguagem do mercado e a arte 249
Arte que parece falar a linguagem do mercado 249

Dada e Pop Art ... 250
Poesia concreta ... 253
Arte, mercado e imitação da arte ... 253
Ponderações finais ... 258

Capítulo 16
A publicidade e as artes: intermidialidade parasitária, paragonal e líquida ... 261

Intermidialidade da publicidade e artes visuais ... 261
Arte, publicidade, mídia, intermidialidade ... 262
Publicidade e arte como antagonismo ... 264
Intermidialidade parasitária ... 266
Publicidade como parasita da arte ... 266
Publicidade impressa parasitária ... 266
Patrocínio das artes ... 267
Arte como parasita da publicidade ... 268
Intermidialidade paragonal entre arte e publicidade ... 272
Fundamentos semióticos das intermidialidades parasitária e paragonal ... 274

Referências bibliográficas ... 277

PARTE I

PERCEPÇÃO & COGNIÇÃO

1

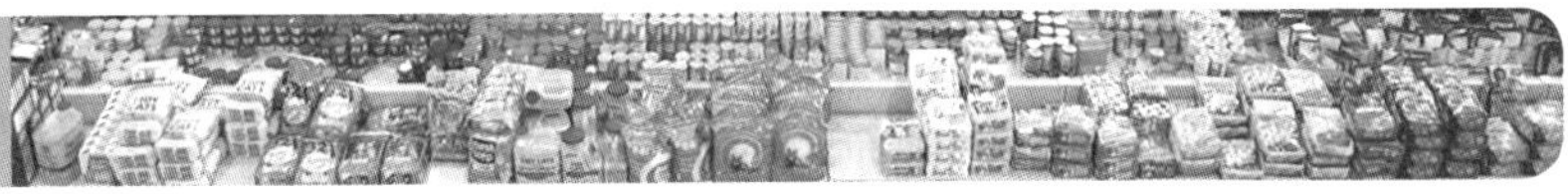

A performance perceptiva na publicidade

Um dos tópicos de grande interesse hoje, no contexto da semiótica cognitiva e perceptiva, é aquele que diz respeito à economia da atenção, ou seja, o papel que a atenção desempenha na dinâmica perceptiva e cognitiva. Esse foco de interesse se deve às transformações que a existência cada vez mais mediatizada por enxurradas de mensagens e informações está trazendo para a vida humana. Nesse contexto, não têm faltado análises sobre a distração crônica, a atenção parcial contínua (Santaella, 2007, p. 238-40), a atenção distribuída, o déficit de concentração, a atenção reativa etc. que têm afetado os seres humanos, especialmente os nativos digitais, aqueles que nasceram e estão crescendo com a revolução digital.

A atenção costuma ser definida como uma faculdade graças à qual a mente seleciona e coloca sob seu foco o aspecto que lhe é mais saliente em dada situação. Não faltam fundamentos filosóficos e sociológicos para os estudos de cognição que versam sobre o assunto. De acordo com Gordon & Bogen (2009, p. 3), longe de ser uma propriedade imutável da neurofisiologia, o conceito de atenção tem evoluído ao longo dos séculos alinhado às diversas concepções da mente. Immanuel Kant, no século XVIII, por exemplo, acreditava que a percepção era *a priori* "um produto de princípios da unificação sintética que existia na mente de modo independente da nossa interação com estímulos externos". Essa ênfase na apercepção que foi legada aos neokantianos começou a ser substituída, em meados do século XIX, por filosofias empiricistas que passaram a tratar a mente como uma agregadora de estímulos externos.

Quando os filósofos e psicólogos – e mesmo antes, os escritores e poetas, como Edgar Allan Poe e Baudelaire – começaram a atentar para a realidade da vida moderna, em seus modos de se manifestar nas cacofonias das paisagens urbanas, nas fotos e imagens em movimento, a subjetividade passou a ser vista menos como uma propriedade universal da mente e mais como um produto individualizado da auto-organização cognitiva, na percepção e na atenção. Georg Simmel, por exemplo, tão alemão quanto Kant, mas muito mais alerta aos sinais externos com que o rápido crescimento das metrópoles do seu tempo batiam à porta de suas reflexões, marcou os estudos sociológicos do século XX com a advertência de que as novas condições da vida citadina exigiam uma virada dos estudos para a vida psíquica dos indivíduos. No seu famoso estudo sobre "A metrópole e a vida mental", afirmou que o intelecto funciona como um "órgão protetor" e a mente como uma calculadora capaz de "transformar o mundo em um problema aritmético, fixando cada uma de suas partes em uma fórmula matemática" (1971, p. 327, apud Gordon & Bogen, ibid., p. 3).

Desde então, o manejo da atenção como guia na floresta de signos da vida urbana tornou-se um aspecto normativo da modernidade e, diante disso, Benjamin, no seu antológico ensaio sobre *A obra de arte na era da reprodutibilidade técnica* (1975), chegou a considerar que o estado de distração da consciência se transformara em uma condição natural da mente. Também Crary, outro grande teórico das transformações perceptivas provocadas pelas tecnologias da visão no mundo moderno (1999), não vê a distração como um desvio de uma estabilidade natural sustentada da percepção, mas como uma consequência lógica de sucessivas tecnologias que demandam atenção. Quer dizer, o ser humano teve de aprender a se distrair para se proteger da exacerbação de estímulos que as tecnologias insistentemente colocam diante de si. A partir disso, Gordon & Bogen (ibid., p. 3) finalizam essa parte do seu texto considerando que a ironia e a contradição "da nossa condição presente consiste em que, enquanto a distração é considerada um problema social, a causa subjacente do problema – tecnologias crescentemente intensificadoras da atenção – continua a se mascarar como sua solução".

Ora, a publicidade é um dos campos da produção cultural que, para a sua própria sobrevivência, fazendo uso das mais diversas tecnologias de linguagem – do texto impresso às imagens, aos cartazes, filmes, áudio e internet

– mais depende da atenção dos receptores. No contexto de intensa competitividade, as mídias de entretenimento, de lazer e informativas, com seus menus povoados de opções, transformaram o "olhouvido" em uma das mercadorias mais demandadas. São exigências de primeira ordem as estratégias a serem empregadas pela publicidade para a constituição de um gênero próprio que fisgue a atenção não só reativa, mas também ativa dos receptores.

Está longe deste capítulo a intenção de apresentar receitas estratégicas para a captura de um receptor alerta. Em um nível conceitual mais profundo, pretendemos explicitar aqui os modos de operação lógica da percepção, como foram desenvolvidos por C. S. Peirce, buscando evidenciar alguns traços de especificidade do processo perceptivo que é acionado pela linguagem da publicidade. Em várias ocasiões, com finalidades diversas, a teoria da percepção peirceana foi apresentada por Santaella tanto em uma versão detalhada (1993) quanto em versões mais ou menos breves (Santaella & Nöth, 1998, p. 86-7; Santaella, 2001, p. 107-2; 2003, p. 311-3). Serão retidos na apresentação a seguir apenas os dados capazes de atender aos objetivos propostos neste capítulo.

AS OPERAÇÕES LÓGICAS DA PERCEPÇÃO

O percepto

O que chega a nós em um ato perceptivo? É o percepto, diz Peirce, ou seja, aquilo que é comumente chamado de estímulo: algo que está fora de nós e se apresenta à porta dos sentidos, insistindo na sua singularidade e compelindo-nos a atentar para ele. O que percebemos é algo que de certo modo aparece. Algo insistente, impositivo, que não é nossa mente que cria. Esse é o percepto, exterior a nós, algo que se força sobre nós, um existente que se apresenta à apreensão de nossos sentidos. Perceptos são iniciadores compulsivos do pensamento, insistentes e exigentes, incontroláveis e pré-cognitivos.

Perceber, antes de tudo, é se dar conta de algo externo a nós. Esse é o percepto. É esse ingrediente exterior, ou tido como alteridade nos processos de propriocepção, que dá ao perceber sua característica peculiar, caso contrário não haveria diferença entre perceber e sonhar, alucinar, devanear, pensar abstratamente. O que caracteriza a percepção é o senso de externalidade de que o percepto vem acompanhado. Perceber é se defrontar com algo. Em toda percepção há um elemento de compulsão inteiramente irracional que corresponde à teimosia com que o percepto resiste na sua singularidade, compelindo-nos a atentar para ele. A luz, que ilumina o cômodo em que estou, insiste na obstinação de sua existência. Uma pontada no estômago também insiste e incomoda. Elas se forçam à nossa apreensão. Assim, além de ser uma alteridade que independe de nós, o percepto também não se submete ao nosso controle. É ele que determina a percepção. O que percebemos é algo que aparece de certo modo. Algo impositivo que não é a nossa mente que cria.

Em síntese, perceptos são iniciadores compulsivos do pensamento, insistentes e exigentes, incontroláveis e pré-cognitivos. Assim sendo, os perceptos só podem ser um dos elementos do processo perceptivo, pois sem elementos generalizadores, mentais e mesmo racionais não haveria percepção. Uma vez que esses elementos não são introduzidos pelo percepto, há, além dele, mais dois elementos na percepção: o *percipuum* e o juízo perceptivo, como se pode conferir na citação a seguir:

> Nada podemos saber sobre o percepto a não ser pelo testemunho do julgamento de percepção, exceto o fato de que nós sentimos o golpe do percepto, a reação dele contra nós, assim como vemos os conteúdos dele arranjados num objeto, na sua totalidade [...]. Mas, no momento em que fixamos nossa mente sobre ele e pensamos sobre o menor detalhe dele, é o juízo perceptivo que nos diz o que nós assim percebemos. Por esta e outras razões, proponho considerar o percepto, tal como ele é imediatamente interpretado no juízo perceptivo, sob o nome de *percipuum* (CP 7.643).

O *percipuum*

Tão logo o percepto, ou um feixe de perceptos, atinge os nossos sentidos, ele é imediatamente convertido em *percipuum*, ou seja, no modo como o percepto se apresenta àquele que percebe, ao ser filtrado pelos sentidos. O *percipuum* é ainda o percepto, não o percepto em si, mas no seu modo de aparecer, ao ser inevitavelmente traduzido na forma que os potenciais, limites e determinações do nosso equipamento sensório e cognitivo lhe impõem.

Há três subdivisões fenomenológicas do *percipuum*. Ao atingir os nossos sentidos, o percepto pode fazê-lo de três modos:

(a) Como qualidade de sentir. Quando a consciência de quem percebe está em estado de disponibilidade, pouco reativa, porosa e desarmada, o *percipuum* traduz o percepto como mera qualidade de sentimento, vaga e indefinível.
(b) Sob o impacto de um choque, quando o percepto atinge os sentidos de modo surpreendente, compelindo nossa atenção com menor ou maior brutalidade. Neste caso, o *percipuum* tem um caráter fortemente reativo.
(c) Através do automatismo dos hábitos. Em estados perceptivos usuais, o *percipuum* conforma-se aos esquemas gerais reguladores da ação perceptiva, desembocando numa interpretação que corresponde ao juízo perceptivo. Este nos diz sobre o que está sendo percebido.

Além desses três níveis, a lógica de todo *percipuum* inclui elementos de temporalidade que Peirce chama *antecipuum* e *ponecipuum*. Isso quer dizer que não há extensão de tempo presente tão curta a ponto de não conter algo lembrado ou de não conter algo esperado com cuja confirmação contamos. Esse ingrediente, quase infinitesimal de memória que está incluso em todo ato perceptivo, é chamado *ponecipuum*, ao passo que o ingrediente antecipatório é chamado *antecipuum*. A importância desses ingredientes pode ser avaliada quando compreendemos que, sem memória e antecipação, nenhum reconhecimento e nenhuma identificação, que se constituem no coração mesmo da percepção, seriam possíveis.

O terceiro nível do *percipuum* (c), mencionado anteriormente, aquele que é dominado pelo automatismo dos esquemas mentais com que somos dotados, corresponde, como foi dito, exatamente ao terceiro ingrediente do processo perceptivo, responsável pela formação do juízo perceptivo. Estamos continuamente recebendo uma chuva de perceptos que flui dentro de nós como *percipua*, os quais, tão logo afluem, são imediatamente colhidos e absorvidos nas malhas dos esquemas interpretativos com que estamos aparelhados, convertendo-se, assim, em julgamentos de percepção. É só com base nesse julgamento que identificamos e reconhecemos o estímulo percebido.

Sintetizando todo o processo, tem-se: o percepto bate à nossa porta, insiste, mas é mudo. O *percipuum* é o percepto já traduzido pelos sentidos e esquemas mentais. Essa tradução pelos sentidos tem três níveis: o do sentimento, o do choque proveniente da surpresa e o do automatismo interpretativo, este correspondendo exatamente ao juízo perceptivo, o qual, por sua natureza interpretativa, é aquele que nos diz o que está sendo percebido. Além disso, na temporalidade infinitesimal da percepção, em que tudo se dá ao mesmo tempo, dois ingredientes são fundamentais ao *percipuum:* o *antecipuum* e o *ponecipum*. Sem eles, o juízo perceptivo não seria possível. Isso posto, vejamos o juízo perceptivo em mais detalhes.

O juízo perceptivo

Se o *percipuum* é o percepto tal como ele se apresenta no juízo de percepção, ou seja, na mudança de natureza por que passa ao ser incorporado à nossa mente, ao nosso processo perceptivo, de que é feito o juízo perceptivo? Nada podemos dizer sobre aquilo que aparece, o percepto, a não ser pela mediação de um juízo de percepção que é dado em uma interpretação. Como poderíamos interpretar algo externo a nós, qualquer coisa que seja, sem um juízo de percepção que nos diga o que afinal estamos percebendo?

Embora o percepto determine a percepção, ele só pode ser conhecido pela mediação do juízo perceptivo. Para que esse conhecimento se dê, o percepto deve, de algum modo, estar representado no juízo de percepção. Aquilo que representa o percepto, dentro do juízo perceptivo, é o *percipuum*, meio mental de ligação entre o que está fora e o juízo perceptivo, que já é fruto de uma elaboração mental.

Assim, os juízos perceptivos são inferências lógicas, elementos generalizantes que fazem com que o *percipuum* se acomode a esquemas mentais e interpretativos mais ou menos habituais. São os juízos perceptivos que nos dizem que o cheiro que estamos sentindo é o de um perfume de mulher, que aquilo que estamos vendo é o gradil de um prédio etc. Embora sejam inferências lógicas, os juízos perceptivos forçam-se sobre a nossa aceitação e nosso reconhecimento por meio de processos mentais sobre os quais não temos o menor domínio consciente e que nos conduzem a juízos indubitáveis sobre o objeto da percepção. Indubitáveis, mas passíveis de erros que podem ser corrigidos pela insistência do percepto.

OPERAÇÕES PERCEPTIVAS DA LINGUAGEM PUBLICITÁRIA

As operações lógicas da percepção desenvolvidas por Peirce podem ser aplicadas a quaisquer processos perceptivos de qualquer ordem e em qualquer situação. Trata-se de um esquema lógico, uma espécie de mapa dinâmico dos elementos que entram em ação quando percebemos e são capazes de explicitar como percebemos. Se essas operações são constitutivas de todo e qualquer processo perceptivo, elas também estão obviamente presentes quando um anúncio publicitário se apresenta à percepção e à interpretação. Cumpre neste momento, portanto, tentar evidenciar alguns dos traços característicos do processo perceptivo que os anúncios estão aptos a despertar.

Há dois trabalhos acadêmicos (Nascimento, 2008; Teixeira, 2008) que extraíram consequências bastante relevantes para a caracterização das operações perceptivas na publicidade. Partindo do princípio de que a mensagem publicitária é prenhe de subsentidos, a pesquisa de Nascimento teve como propósito compreender como, diante de um anúncio publicitário, a lógica da percepção aciona as camadas de subsentidos que, na maior parte das vezes, penetram em níveis abaixo da consciência, sem que sejam necessariamente processadas por ela. Para isso, a autora faz uso da teoria peirceana da percepção, buscando nela uma cartografia da trama delicada dos meandros pelos quais a percepção opera.

A tese defendida por Nascimento é a de que alguns elementos da mensagem se mostram aptos a produzir julgamentos de percepção, que dizem algo sobre o que é percebido, acionando e desencadeando o processo interpretativo. Todavia, outros elementos, tais como certas tonalidades, atmosferas, texturas, rimas, paralelismos e hierarquias verbais, sonoras e visuais, na sua sutileza qualitativa, não chegam a produzir julgamentos de percepção, provocando no receptor apenas e tão somente vagas qualidades de sentimento, portanto, apreensões no nível primeiro do *percipuum*.

Diante de perceptos nos quais as qualidades verbovocovisuais (para usar esse termo cunhado pelos poetas concretos) são abundantes, o efeito que prepondera nos sentidos é também qualitativo, quer dizer, os aspectos qualitativos do percepto são convertidos mentalmente em qualidades vagas e indefinidas de sentimento. Trata-se de um mero tônus de consciência que se dissolve na mistura entre as qualidades com que o percepto se apresenta e as qualidades de sentimento que ele provoca. É desse processo que derivam os subsentidos da publicidade, quando o *percipuum* fica retido em impressões difusas, não avançando para uma interpretação conscientemente processada.

Ainda de acordo com Nascimento, é a hibridação da linguagem publicitária, a mistura de recursos verbais, sonoros e visuais e o amálgama quase alquímico entre eles (cores, formas, efeitos de contraste, ecos e reverberações de palavras e entre palavras e imagens) que se responsabilizam pela germinação de camadas de subsentidos, ou seja, efeitos de sentido muito vagos que são absorvidos pelo receptor como meras qualidades de sentir, sem que sejam necessariamente interpretadas no nível consciente. A tese de Nascimento torna-se bastante convincente especialmente quando é posta à prova na leitura de uma série de anúncios publicitários.

Complementar à tese de Nascimento é o argumento defendido por Teixeira. Enquanto a primeira lança ideias fundamentais sobre o modo de operação do *percipuum*, o segundo nos oferece uma explicitação relevante sobre o tipo de raciocínio próprio do juízo perceptivo que é produzido nos intérpretes dos discursos publicitários. Para Teixeira, o tipo de raciocínio que domina nos processos de produção e de interpretação das mensagens publicitárias é o raciocínio analógico. De acordo com a autora (ibid., p. 59),

> uma analogia é composta por duas partes: tema e foro. Há dois termos em cada uma. A e B são os termos do tema e C e D, os do foro. O valor argumentativo de uma analogia pode ser posto em evidência se a tomarmos como uma similitude de estruturas, cuja fórmula é a seguinte: A está para B assim como C está para D, ou ainda, A: B:: C: D. Na analogia, sobre o tema repousa a conclusão, enquanto no foro se assenta o raciocínio. Assim, o foro é mais conhecido que o tema cuja estrutura ele deve esclarecer. Ainda, tema e foro pertencem a áreas diferentes.

Um exemplo extraído de Aristóteles auxilia na compreensão das operações: "Assim como os olhos dos morcegos são ofuscados pela luz do dia, a inteligência da nossa alma é ofuscada pelas coisas mais naturalmente evidentes".

Exibindo os termos do foro e do tema, tem-se: inteligência da alma: evidência: olhos de morcego: luz do dia. As análises que Teixeira apresenta de uma série de anúncios publicitários tornam evidente a riqueza conceitual de sua proposta. De fato, sem o recurso do raciocínio analógico, seria impossível a transferência de valores abstratos para os produtos concretos que são anunciados.

Embora Nascimento ponha o foco de sua análise sobre o *percipuum* e Teixeira sobre o juízo perceptivo, ambos colocam em franca evidência o poder das analogias e das estratégias icônicas regidas pelas relações de similaridade no discurso publicitário. Muito provavelmente, é devido a esse poder, decorrente da festa das similitudes, que a linguagem publicitária consegue muitas vezes vencer as linguagens concorrentes na competição pela atenção do receptor.

2 

Publicidade: a mensagem emoldurada

O que é uma publicidade? Essa questão parece ter uma natureza particularmente acadêmica, pois se trata de um gênero textual com o qual o consumidor médio tem ampla familiaridade e do qual tem também uma concepção clara e definida. De qualquer modo, de acordo com Wright et al. (1971, p. 5), a Associação Americana de Marketing recomenda a seguinte definição de publicidade: "é uma forma não pessoal de apresentação e promoção paga de ideias, mercadorias e serviços por um financiador identificado". Dunn e Barban (1986, p. 7), por sua vez, nos dão a seguinte definição: "Publicidade é uma comunicação não pessoal e paga através de várias mídias por firmas comerciais, organizações sem fins lucrativos e indivíduos que, de algum modo, estão identificados na mensagem publicitária e que esperam informar ou persuadir os membros de uma audiência particular".

ALGUNS TRAÇOS DE CONTEÚDO DAS PUBLICIDADES

Tão logo uma mensagem é reconhecida como uma publicidade, o consumidor saberá que ela vem de um emissor que pagou para essa mensagem informar ou persuadir o receptor sobre certas ideias ou mercadorias. No caso da publicidade de um produto comercial, o receptor também saberá que a intenção do emissor não é apenas a de informar, mas, ao fim e ao cabo, a de levar à ação, a saber, à compra do produto. Entre as expectativas do consumidor sobre o gênero desse tipo de texto é típico que a avaliação do produto que a mensagem possui seja sempre positiva.

MENSAGEM ABERTA E OCULTA

No entanto, frequentemente não há traços reconhecíveis de todos esses conteúdos na superfície do texto, que raramente revelará os custos da publicidade. Em publicidades disfarçadas, nas quais a mensagem paga aparece sob o disfarce de uma matéria de jornal, por exemplo, o anunciante tenta ocultar que se trata de publicidade. Aliás, as estratégias para se evitar qualquer referência a compra e venda são as mais imaginativas. Muitas publicidades são textos sem a função apelativa pressuposta na intenção de venda. Quase sempre a mensagem se restringe a uma mera apresentação do produto ou de sua marca. As antigas placas de esmalte com os signos da Coca-Cola são exemplos desse tipo de publicidade. Mesmo quando há um apelo ao consumidor, na forma de um imperativo (Compre Coca-Cola), o apelo implícito da compra é substituído pela chamada ao consumo (Beba Coca-Cola), evitando-se, assim, a conotação de obrigação financeira. Um caso particular de ocultamento do apelo de compra encontra-se na publicidade de benevolência ou prestígio, que sempre tenta produzir a impressão da busca de propósitos mais filantrópicos do que comerciais.

DEFINIÇÃO DE MOLDURA NA PUBLICIDADE

Uma vez que as publicidades, no seu significado nuclear, consistem tanto de mensagens abertas quanto ocultas, não é possível obter a definição desse gênero de texto por dedução com base nos elementos de conteúdo na superfície dos textos. Mesmo assim, como foi indicado anteriormente, o núcleo oculto desse gênero de mensagens não é, de modo algum, secreto ou subliminar, pois as mensagens são partes de nossas expectativas convencionais sobre esse tipo de gênero. Assim sendo, passaremos a apresentar as expectativas que um consumidor médio deve ter sobre o conteúdo da publicidade.

De acordo com uma teoria semântica desenvolvida nos campos da psicologia cognitiva, da inteligência artificial e da linguística textual, descreveremos essas expectativas como molduras semânticas complexas, de acordo com o desenvolvimento que lhes deu Tannen (1979). Uma moldura, na definição de Van Dijk (1977, p. 159), "é um princípio organizador que relaciona um número de conceitos que, por convenção e experiência, de algum modo, forma uma unidade que pode ser atualizada em várias tarefas cognitivas". Tomando como base as distinções entre diferentes perspectivas na análise textual de molduras (*textual frame analysis*) desenvolvidas por Winston (1984, p. 282-3), a moldura da publicidade representará os principais elementos de nosso conhecimento sobre o gênero textual e nossa expectativa sobre uma publicidade típica.

Mais precisamente, trata-se de um complexo de molduras consistindo não só de submolduras que especificam detalhes da moldura principal, mas também de molduras consecutivas e paralelas, especificando estágios diferentes do processo publicitário e as distintas perspectivas que os anunciantes e os consumidores podem ter. Uma distinção maior será estabelecida entre a moldura pragmática e a textual do informe publicitário. Entre outros conceitos, a moldura pragmática contém as mensagens ocultas principais, enquanto a moldura semântica formula principalmente os significados abertos que esperamos encontrar em um texto de publicidade. Nossa análise se restringirá a publicidades de consumo comercial.

A MOLDURA PRAGMÁTICA DA PUBLICIDADE

A moldura pragmática descreve os atos ou ações envolvidos no processo publicitário (cf. grego *pragma* = ação). Todo processo publicitário implica uma sequência de dois atos, grosseiramente um de persuasão e um de venda. Em publicidades em revistas e na TV, esses atos são separados por tempo e lugar. O primeiro é um ato semiótico envolvendo a troca de mensagens entre o anunciante e o consumidor. Seu alvo semiótico é a informação, a persuasão ou a criação de uma convicção. O segundo é um ato econômico envolvendo a troca de bens entre o vendedor e o consumidor. Ambos os atos estão relacionados por finalidade. A Figura 2.1, a seguir, mostra esses dois atos como duas submolduras conectadas à moldura pragmática principal. Dentro da submoldura do ato econômico, duas perspectivas podem ser distinguidas. Da perspectiva do vendedor, a troca é um ato de venda. O mesmo ato é um ato de compra da perspectiva do consumidor. As possibilidades de expansão da moldura pragmática principal são quase ilimitadas por meio de submolduras adicionais especificando mais detalhes ou por meio de molduras conectoras que acrescentam outras informações. Uma das principais molduras conectoras teria de especificar que o próprio ato semiótico é um ato econômico, pois a publicidade é ela mesma uma mercadoria que é paga. Um exemplo de possíveis submolduras encontra-se nos vários valores econômicos do produto.

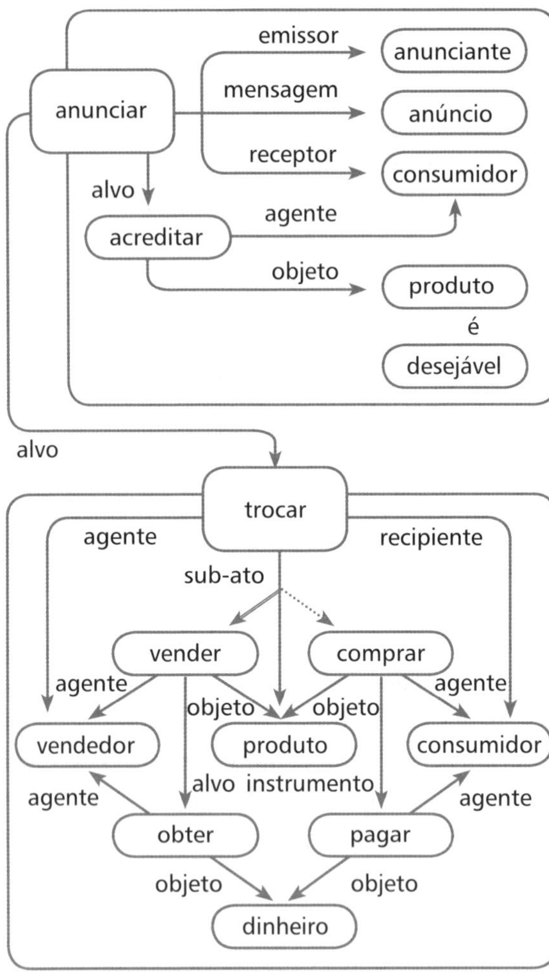

Figura 2.1 A principal moldura pragmática da publicidade com as duas submolduras conectadas ao ato semiótico de informar ou convencer (anunciar o produto) e vender/comprar (trocar o produto por dinheiro). A linha dupla simboliza a perspectiva do vendedor; a linha quebrada, a perspectiva do consumidor.

A MOLDURA TEXTUAL DA PUBLICIDADE

A moldura textual está incrustada na moldura pragmática mais vasta (ver Figura 2.1). Ela deve conter toda a informação que típica e explicitamente esperamos encontrar em um texto publicitário. Em uma versão um pouco distinta daquela que foi desenvolvida por Hofstadter (1980, p. 166) entre (a) a mensagem emoldurada, (b) a mensagem externa e (c) a mensagem interna, distinguiremos duas partes da moldura textual da publicidade: a moldura textual externa e a interna.

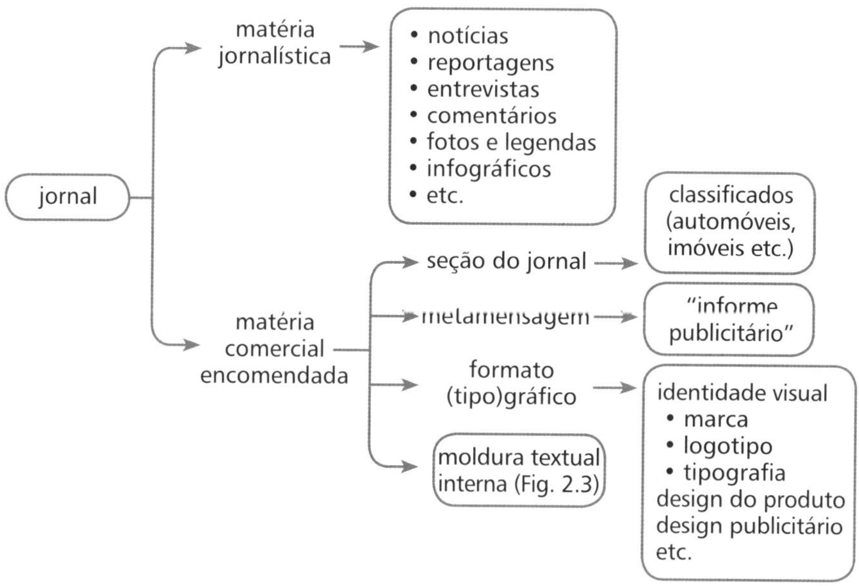

Figura 2.2 A moldura textual externa da publicidade.

A moldura textual externa da mensagem

A moldura textual externa contém indicadores formais que distinguem as publicidades das mensagens circundantes (ver Figura 2.2). Em jornais e revistas, tais indicadores distinguem o informe publicitário das matérias jornalísticas. Péninou (1972, p. 90) analisa esses indicadores como gêneros da mensagem da publicidade. Os indicadores mais frequentes apresentam-se como traços formais, como a localização especial do texto na seção destinada a publicidades, o formato gráfico ou tipográfico e outras distinções gráficas em relação aos textos circundantes. No caso de falta desses indicadores, uma revista de reputação acompanhará a publicidade com uma metamensagem que consiste de um título "informe publicitário". Na televisão, metamensagens encontram-se frequentemente em sentenças do tipo "Voltaremos logo depois dessa mensagem". Assim, a moldura textual externa é o primeiro indicador do gênero publicitário. Sua mensagem implícita é a seguinte: "Isto é um informe publicitário". Tal mensagem parece ser menos necessária quando a moldura da mensagem interna torna o propósito publicitário explícito. Faz parte da técnica da publicidade disfarçada deixar o texto sem a moldura textual externa da mensagem.

A moldura textual interna e a tipologia da publicidade

A moldura textual interna da publicidade contém aquelas unidades de conteúdo que constituem o núcleo textual da mensagem de uma publicidade típica. Não são todos os elementos de conteúdo que estão necessariamente manifestos na estrutura textual. Como foi anunciado anteriormente, há mensagens ocultas (tal como o apelo de venda) que o leitor certamente vai adicionar à mensagem aberta no processo de interpretação. Desse modo, a moldura textual interna não é uma formulação de uma mensagem aberta, mínima, mas contém todas as unidades de conteúdo que podem aparecer em uma publicidade (proto)típica. De certa maneira, a moldura textual interna contém a estrutura profunda de um informe publicitário típico, as estruturas que nem sempre estão aparentes na estrutura superficial (cf. Nöth, 1977). Mas há um elemento da moldura textual interna que constitui sua semântica *sine qua non,* a saber, a mensagem sobre o produto.

A mensagem publicitária mínima

Entre as mensagens que consideramos típicas do conteúdo de uma publicidade, parece haver apenas uma que jamais pode ser deixada de lado em uma mensagem aberta, ou seja, a mensagem sobre o produto. Essa mensagem pode ser verbal ou visual. A mensagem verbal do produto está no nome da marca ou da empresa. O signo clássico da Coca-Cola ou as publicidades da Benetton, criadas por Oliviero Toscani, que aparentemente não apresentavam o produto, mas apenas o nome da marca, são prototípicos de uma mensagem publicitária aberta, mínima. A alternativa para a mensagem verbal do produto encontra-se na mensagem visual que apresenta a imagem do produto. Via de regra, essa imagem vem acompanhada do nome da marca, de modo que a mensagem verbal aparece como o único elemento prototípico da mensagem mínima, enquanto a mensagem visual é apenas um constituinte opcional.

Entretanto, na história da publicidade, já houve campanhas nas quais os produtos foram mostrados sem qualquer mensagem verbal. Na antiga e famosa campanha para as camisas Hathaway, a empresa de publicidade de David Ogilvy introduziu um homem de bigode com um tampão negro no olho como usuário dessas camisas. Mais tarde, esse homem foi mostrado em publicidades de revistas que não continham uma simples palavra, nem mesmo o nome Hathaway (cf. Packard, 1957, p. 47-8). Encontra-se aí um exemplo, que deixou de ser raro, pois foi muito copiado, de uma publicidade contendo apenas uma mensagem aberta visual. Tomando como base o estudo de Umberto Eco (1979, p. 21-2) sobre molduras intertextuais, pode-se afirmar que, nesses casos, o nome da marca do produto, embora em falta, é, sem dúvida, inferido pelo leitor devido ao conhecimento intertextual construído na campanha prévia. Caso contrário, o texto não poderia ser compreendido como uma publicidade. A versão anterior do texto, indicando o nome da marca, criou uma moldura intertextual capaz de determinar a interpretação do texto no anúncio subsequente.

A moldura textual interna da mensagem

Quando se considera toda a moldura textual interna, deve-se discutir a questão de quais outras unidades de conteúdo são típicas de uma publicidade. A Figura 2.3 apresenta um esboço dessas unidades, mostrando que, além de ser uma mensagem de uma publicidade, é também tipicamente uma mensagem de descrição, predicação, avaliação e persuasão.

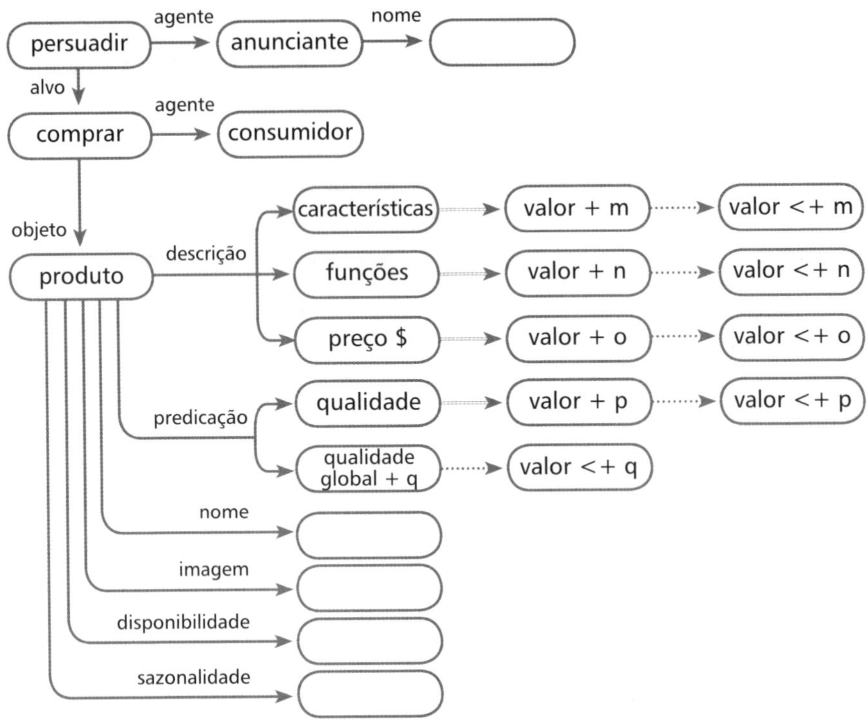

Figura 2.3 A moldura textual interna da publicidade indicando as mensagens de persuasão, da mercadoria, da descrição, da predicação e da avaliação. A linha dupla simboliza a perspectiva do emissor; a linha quebrada, a perspectiva avaliativa do consumidor.

A mensagem de descrição enumera partes, traços e/ou funções do produto. Um desses traços é o preço. A mensagem de predicação atribui qualidades ou valores globais para o produto. A mensagem de avaliação sempre se refere a valores positivos (+m, +n, +o, +p, +q). Além da exceção a essa última regra, quando se dá o reconhecimento de um anunciante sobre as desvantagens de um produto que, aliás, é sempre acompanhado por outras avaliações positivas (ver Settle & Golden, 1974), outra exceção encontra-se na mensagem contramoldura de avisos de perigo à saúde nas publicidades de cigarro que, como sabemos, não são emitidas pelo anunciante, pois são fornecidas por uma moldura externa.

A mensagem de avaliação pode ser global, isto é, simplesmente declarativa da excelência do produto, ou pode se referir a características ou ao preço do produto. Tipicamente, avaliações em publicidades apresentam duas perspectivas divergentes, aquela do anunciante e aquela do consumidor: certo valor +m na perspectiva do anunciante será tipicamente avaliado como sendo inferior a +m (<+m) na perspectiva do consumidor crítico, já acostumado com a linguagem eufórica do comércio. A mensagem de persuasão encontra-se no apelo à venda já esboçado no ato semiótico da moldura pragmática principal. A manifestação textual mais direta dessa mensagem é o imperativo "Compre-o", mas há muitos graus de direcionalidade que começam na mera insinuação do apelo à compra.

A publicidade prototípica

A discussão da mensagem mínima de uma publicidade mostrou que pouquíssimas unidades de conteúdo da moldura interna são constituintes obrigatórios de um informe publicitário. Podemos agora nos voltar para um tipo de publicidade no qual um número máximo dessas unidades de conteúdo está representado na estrutura superficial do texto. Chamaria esse tipo de publicidade prototípica, que se caracteriza como uma mensagem aberta de persuasão, de avaliação e de descrição ou predicação. Publicidades prototípicas são abundantes na linguagem publicitária. Para sermos breves, vamos nos limitar a dois exemplos extraídos da coleção de Hindley (1884) dos vendedores de rua de Londres (p. 300 e 261):

(1) *Compre uma carteira; uma carteira longa e forte!*
Uma carteira de bom couro ou de jeans!

Considerando-se o cenário original desses pregões, o lugar e o tempo de disponibilização do produto são o aqui e o agora do comerciante. Os outros elementos prototípicos desse exemplo são: (a) persuasão na forma do imperativo ("Compre"), (b) o produto (a carteira), (c) sua descrição (características: couro, jeans), (d) sua predicação (qualidade: longo) e (e) sua avaliação (valor característico: forte; valor global: bom).

(2) *Compre minhas deliciosas amoras! Deliciosas amoras!*
Três pences o quarto! Amoras maduras!

Aqui, a mensagem de persuasão é a mesma do anúncio anterior. Os outros elementos prototípicos estão na mensagem do anúncio (as amoras), a mensagem de descrição referindo-se ao preço (três pences por um quarto), a predicação que se refere à qualidade madura, e a avaliação global que atribui às amoras a qualidade de serem deliciosas.

Outros aspectos tipológicos da publicidade

Outros tipos de anúncio podem ser derivados da moldura textual interna da mensagem. Esses tipos podem ser determinados de acordo com a presença e a ausência ou dominância de certos elementos de conteúdo da mensagem interna. Sem pretensão de exaustividade de uma tipologia dos anúncios, a Figura 2.4 fornece um esboço dos elementos da moldura principal de alguns tipos fundamentais de publicidades. A maioria dos tipos que se distinguem na Figura 2.4 parecem ser autoexplicativos e não requerem explicações adicionais sobre isso.

características dominantes / tipo de anúncio	produto	descrição	predicação	avaliação	persuasão	local/tempo do anúncio
de apresentação (= mínimo)	+					
informacional	+	+				
- classificados	+	(+)				+
predicativo	+		+			
avaliativo	+			+		
- hiperbólico	+			++		
persuasivo	+				+	
prototípico	+	+ / +		+	+	(+)

Figura 2.4 Elementos de moldura para alguns dos tipos principais de publicidade.

Para os textos de publicidade mínimos voltados para o produto apenas, sugerimos o termo "anúncios de apresentação". Anúncios classificados distinguem-se de anúncios informacionais como um de seus subtipos. Seu traço adicional encontra-se na referência ao lugar e ao tempo de disponibilização, isto é, na forma de um número de telefone. Anúncios predicativos estão proximamente relacionados com anúncios avaliativos, visto que a avaliação é um tipo de predicação. Nesse contexto, entretanto, a predicação se restringe a uma predicação não avaliativa. As fronteiras são sempre difíceis de ser estabelecidas, mas se o produto é predicado como sendo "novo" ou uma bebida como sendo "ultragelada", a mensagem parece ser mais predicativa do que avaliativa. Anúncios hiperbólicos são um subtipo dos avaliativos que exageram nos traços avaliativos (++).

CONFLITO DE MOLDURA E MOLDURA DETERMINADA

A publicidade, tal como vem sendo tratada neste capítulo, é um gênero textual que deixa poucas dúvidas acerca dos significados que são esperados do texto. Nesse sentido, as publicidades podem também ser definidas como textos semanticamente fechados e, assim, diametralmente opostos à poesia, que cria textos semanticamente abertos, na concepção que Eco consagrou na sua *Obra aberta* (1969, ver também Eco, 1979), ou seja, abertura como porosidade de significados que provém de uma plasticidade estrutural. Por isso, dizer que os textos publicitários são semanticamente fechados não significa que o gênero publicitário deixe de flertar com a poesia e a arte (ver Carrascoza, 2004, p. 111-3; ver também os capítulos 15 e 16 neste volume).

Tanto é que, em algumas publicidades, pode haver uma incerteza temporária acerca da moldura textual da mensagem. Ambiguidades de moldura ou conflitos de moldura deixam o leitor incerto se o texto é uma publicidade ou se ele pertence a outro tipo de gênero textual. Um exemplo desse fenômeno aparece na Figura 2.5. Na moldura textual interna da mensagem, esse anúncio de benevolência é claramente uma prece. O título explicitamente indica esse gênero de texto, e todos os traços de conteúdo, excetuando-se a linha inferior, são compatíveis com a moldura de expectativas para um gênero de prece. A moldura textual externa e a linha inferior, entretanto, indicam claramente o gênero publicitário.

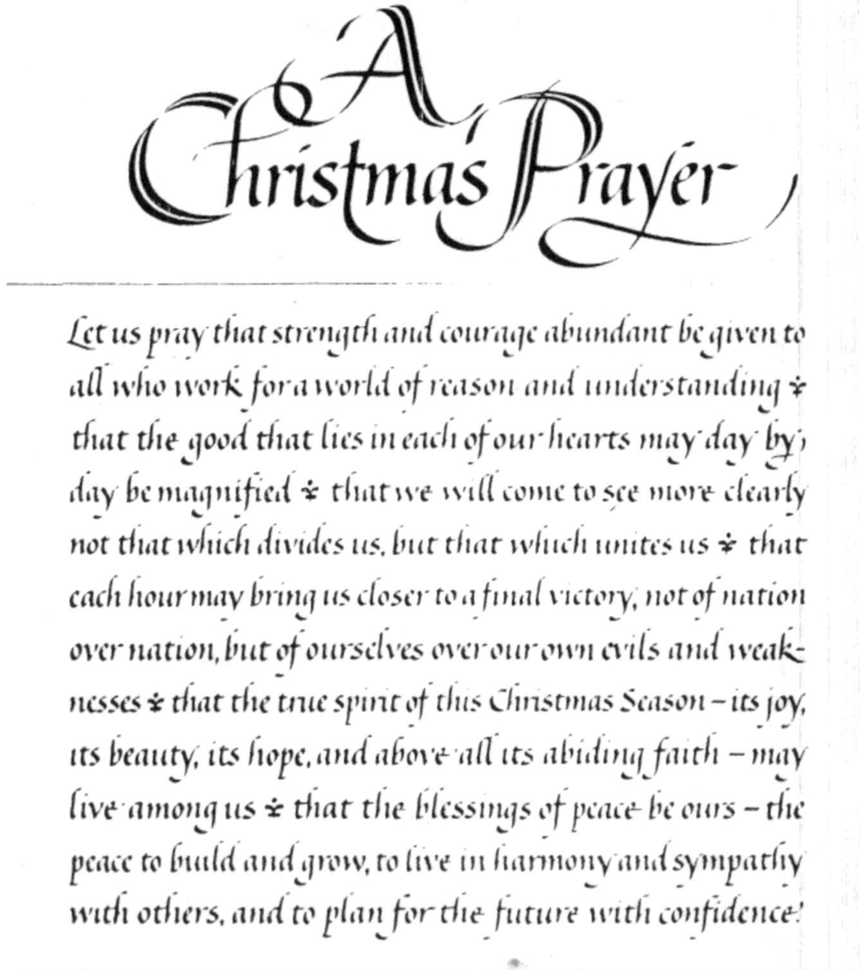

Figura 2.5 Uma publicidade de benevolência criando um conflito entre os gêneros da prece e da publicidade (Fonte: *Time* (Europe), dez. 1985, p. 1).

O texto encontra-se na página 1 de uma revista de notícias. Esse espaço é normalmente ocupado por um anúncio. A tipografia também é diferente daquela que é usada na parte editorial da revista, na qual mensagens não comerciais devem ocorrer. Esses indicadores do gênero publicitário levam o leitor a interpretar a linha inferior "New York Life Insurance Company" como o nome de um anunciante e, assim, como um elemento da moldura textual interior da mensagem (cf. Figura 2.2). Um olhar mais aproximado ao anúncio leva agora a uma reinterpretação da prece de acordo com a moldura de uma publicidade: "Todos aqueles que trabalham por um mundo racional..." agora parece se referir a uma companhia publicitária e aos seus clientes (o consumidor). "O bem que está em cada um de nossos corações" e que "deveria ser engrandecido" agora aparece como a saúde e a vida do consumidor que, se forem boas, aumentam o valor do seguro (e os lucros). Finalmente, "aquilo que nos divide" é evidentemente a relutância do consumidor em contratar um novo seguro com a *New York Life* (o produto), um passo que é aludido como "aquilo que nos une". Em suma, o receptor dessa prece não é Deus, mas o consumidor. Sob o disfarce da prece, aparece o apelo à compra.

Sem entrar em muitos detalhes, comentaremos brevemente o exemplo da Figura 2.6, que indica a importância da moldura da mensagem publicitária ao mostrar um novo caso de ambiguidade. Nessa ilustração, o fumante definitivamente fala a língua da publicidade. Na moldura textual interna da mensagem, o texto é o de um anúncio hiperbólico que fornece uma avaliação exagerada do produto. Contudo, o produto em si ("almoço") é estranhamente não identificável como tal. Nada na mensagem da moldura externa indica o gênero publicitário. Não obstante a ambiguidade, esse texto não é uma publicidade, mas um quadrinho, um gênero para o qual há outras indicações claras, o que vem comprovar a relevância da análise das molduras na publicidade como meio de identificação e discriminação desse gênero textual.

Figura 2.6 Um texto com conflito parcial de moldura entre os gêneros dos quadrinhos e da publicidade (Fonte: Hepner, 1969, p. 495).[1]

1. "Você teve um bom almoço?" – "Sim, certamente. Ele era um pacote da melhor delícia e sabor. Cada mordida estava cheíssima de total nutrição, incluindo energia, minerais, vitaminas e proteínas, os elementos alimentares tão vitais a uma robusta e boa saúde".

PARTE II

SEMIÓTICA DA MERCADORIA

3

Marketing como questão semiótica

Na bibliografia especializada, marketing é definido como a função empresarial voltada para a identificação de necessidades, tendo em vista definir e medir sua magnitude e seu potencial de rentabilidade, especificar quais mercados-alvo serão mais bem atendidos pela empresa, decidir sobre produtos, serviços e programas adequados para servir a esses mercados selecionados, e convocar a todos na organização para pensar no cliente e atendê-lo (Kotler, 2003). A Associação Americana de Marketing apresenta uma definição breve e ampla, com mais ênfase no marketing como atividade e menos como função estritamente empresarial: "o marketing é uma atividade, conjunto de instituições e processos para criar, comunicar, fornecer e trocar ofertas que têm valor para os fregueses, clientes, sócios e a sociedade em geral".

Em uma linha paralela ao marketing como campo especializado de conhecimento e de práticas, o que nos interessa neste capítulo é explorar o viés que a semiótica, na sua natureza de ciência que estuda signos e significações, pode nos fornecer sobre esse campo.

SIGNOS E MENSAGENS DO MARKETING

O marketing não seria possível sem a linguagem. A arte de vender e criar demandas envolve retórica verbal, vocabulários específicos, e a formação de palavras das marcas é um ramo complexo da linguística, de especial relevância para o marketing e a economia em geral (Piller, 2000). Entretanto, o mercado é também o lugar de incontáveis signos não verbais, cujo estudo requer ferramentas analíticas provenientes de uma teoria geral dos signos. Os gestos e expressões faciais dos vendedores e promotores de venda, que apresentam paradigmas similares nos anúncios publicitários fotográficos e videográficos, são partes integrantes de uma retórica não verbal do marketing. Mensagens visuais e sonoras dão suporte não verbal a campanhas publicitárias nas mídias. O design de produtos e de embalagens transforma a mercadoria em uma mensagem material cujo emissor é o complexo produtor e o receptor é o consumidor (Fritz, 1994). Logos e marcas são índices da imagem da marca e de identidades corporativas que contribuem para facilitar a identificação do produto na multidão de mercadorias disponíveis no mercado (Semprini, 1992; Gallert, 1998). Fatos e mitos relativos à utilidade e à qualidade do produto, propagados pelas campanhas publicitárias, criam uma imagem de marca que resulta em uma semântica complexa das mercadorias (Aronoff, 1985). O mercado é um cenário de comunicação não verbal, um espaço comunicativo no qual o complexo produtor e os consumidores trocam não só mercadorias, mas também ideias e valores. Nas sociedades de consumo, o mercado está em todos os lugares, nos lares (correio, jornais, telefone, televisão, internet), nas ruas (máquinas, publicidade externa, vendedores de rua), no supermercado local, nos shoppings, nas feiras industriais, nos escritórios e na WWW.

ESTUDOS SEMIÓTICOS DO MARKETING

A semiótica como ciência geral dos processos sígnicos apresenta os conceitos necessários para a análise dos processos verbais e não verbais da comunicação do marketing. Existe uma semiótica específica do marketing, que se constitui em um ramo da semiótica aplicada, um campo transdisciplinar de pesquisa que investiga os signos, significados e processos comunicativos envolvidos no marketing.

Apresentações gerais e discussões sobre a pesquisa semiótica nesse campo podem ser encontradas em Hetzel e Marion (1995), Mick (1997), Nöth (2000, p. 508-9 e 531), Pasquier (1999), Werner (2004), Perez (2004) e Perez

& Barbosa (orgs., 2007). Volumes contendo coleções de artigos são: Umiker-Sebeok, ed. (1987) e Larsen, Mick e Alsted (1991). Monografias dedicadas ao tópico são Floch (1990), Semprini (1992, 2006), Pasquier (1999) e Werner (1999). Números especiais de periódicos dedicados ao marketing são: *International Journal of Research in Marketing 4.1-2* (1988), *Quaderni di Ricerche Semiotiche 1.2* (1987) e *Semiotic Inquiry 8.3* (1988).

Muito proximamente relacionados à semiótica do marketing, há três campos de pesquisa na economia que buscam interpretar o fluxo de mercadorias e serviços dos produtores aos consumidores não como um processo de produção e distribuição para satisfazer as demandas dos consumidores, mas como uma troca de símbolos entre emissores e receptores. São eles: a teoria do consumo simbólico (Levy, 1959, 1978), do consumo estético (Hirschman & Holbrook, eds., 1981) e a semiótica do comportamento do consumidor (Holbrook & Hirschman, 1993; Lambkin et al. 1998).

TROCAS VERBAIS E TROCAS DE MERCADORIAS

Há semelhanças e diferenças entre o fluxo de palavras no diálogo e o fluxo de mercadorias dos produtores aos consumidores em retorno ao fluxo de dinheiro na direção oposta. Traços semióticos de semelhança encontram-se no fato de que palavras e linguagens não verbais, de um lado, e mercadorias, do outro, são signos e constituem sistemas de valores (ver Capítulo 4). As diferenças são mais ou menos óbvias: palavras e sentenças, na troca que é própria do diálogo, gozam de uma imaterialidade se comparadas às mercadorias e ao dinheiro cuja materialidade paradoxal, no seu papel de equivalente universal, está na base dos processos de troca. Além disso, os participantes de um diálogo falam a mesma língua, enquanto produtores e receptores de mercadorias falam e respondem em duas "línguas" distintas: a língua da mercadoria, tal como ela aparece fisicamente, e a língua do capital, naquilo que este oculta (Coulmas, 1992).

É na teoria marxista do fetichismo da mercadoria que fica exposto, de maneira privilegiada, o ocultamento próprio da produção capitalista. O modo de funcionamento da economia capitalista leva as pessoas a crerem, por uma espécie de magia, que suas relações sociais são mediadas por objetos físicos em seu valor de uso, isto é, na utilidade real e imediata dos objetos de que precisamos para viver, quando, na verdade, todo objeto é necessariamente mercadoria, pois sobre esse valor de uso se sobrepõe o valor de troca, um valor que é estabelecido em função do trabalho abstrato. Objetos possuem valores apenas porque neles está objetivado ou materializado o trabalho humano abstrato (Marx, 1973; ver também Jappe, 2004).

A leitura semiótica das mercadorias foi feita por Karl Bühler quando discutiu "a troca de mercadorias" como "a contraparte da circulação de signos", descrevendo as mercadorias como signos com "valores simbólicos" (1934, p. 60-1). Conforme será mais bem explicitado no Capítulo 4, seu foco estava voltado para as mercadorias de marca que apresentam dois paralelos suplementares com as palavras, a convencionalidade e a estrutura de tipo, e *token*, quer dizer, a marca como tipo geral e suas réplicas ou manifestações singulares nas mercadorias específicas. A convencionalidade das marcas garante a aderência de seus valores no mercado e no consumo. Um produto de marca é um *token* de um tipo semiótico geral, a saber, sua marca.

Para Bühler, uma das diferenças entre os signos verbais e as mercadorias encontra-se na qualidade material de cada um. Enquanto a similaridade material é decisiva para o valor e a identificação do produto de marca, as palavras são relativamente flexíveis quanto à sua realização fonética, visto que elas permitem muitas variações de voz, tom e articulação.

Quando Bühler desenvolveu suas ideias a respeito da qualidade material dos produtos, na década de 1930, a sociedade de consumo estava longe da maximização que vem alcançando nestes tempos de megamarcas e hipermarcas que, "presentes nos cinco continentes, se baseiam em um marketing global, em produtos e *slogans*, logotipos e imaginários geridos de maneira internacional e mais ou menos adaptada às especificidades locais" (Lipovetsky, 2008, p. 77). Com a corrida desenfreada para a renovação acelerada dos produtos e modelos, a similaridade material não mais se configura como decisiva na identificação dos produtos de marca. Como prova disso, basta seguir o arrazoado que nos faz Lipovetsky (ibid., p. 87) sobre algumas marcas no setor de vestuário: "a Zara renova seus modelos a cada duas semanas, produzindo cerca de 12 mil designs por ano, diferenciados segundo os países. Mesmo a Lacoste realiza dois desfiles por ano para apresentar suas novas coleções. As roupas íntimas já não escapam ao ritmo de lançamento da moda: a Calvin Klein renova suas linhas de lingerie todos os meses. A Reebok lança uma coleção de calçados a cada três meses".

SIGNOS VERBAIS, MERCADORIAS COMO SIGNOS E MERCADO COMO SISTEMA DE SIGNOS

Dois autores em áreas bem distintas, Karl Marx, na economia política, e F. de Saussure, na linguística, trataram da comparação do conceito de valor, no dinheiro e na linguagem. Marx estabeleceu o seguinte paralelo entre mercadorias e signos da linguagem: "O valor [...] converte todo produto em um hieróglifo social. Mais tarde, tentaremos decifrar o hieróglifo, para penetrar por trás do segredo de nossos próprios produtos sociais; pois um objeto utilitário como um valor é um produto social tanto quanto a linguagem" (1867, p. 79).

Ao estender a analogia entre palavras e mercadorias para o nível de sistemas, F. de Saussure defendeu que a linguística e a economia estão ambos preocupados "com um sistema de equivalência entre coisas de ordens diferentes: numa, um trabalho e um salário; noutra, um significado e um significante" (1916, p. 95).

Comparando o valor de um pão, de cinco francos, e o valor de uma palavra na língua, Saussure concluiu que ambos, mercadoria e palavras, são signos que evidenciam relações de similaridade e dissimilaridade dentro do sistema ao qual pertencem (ibid., p. 134). Ambos consistem de significantes e significados que são dessemelhantes: o valor de uso do pão é dissimilar ao seu valor monetário de troca, assim como uma palavra é dissimilar ao seu conteúdo. Ao mesmo tempo, há relações de equivalência. No sistema de objetos econômicos, todas as mercadorias de mesmo valor monetário de troca são equivalentes nesse respeito, assim como sinônimos verbais são equivalentes no seu valor semântico ou categorias de palavras são equivalentes no seu valor sintático. Da mesma maneira que os fonemas e as palavras de uma língua, as mercadorias não apenas formam um sistema de relações paradigmáticas, que consiste de suas estruturas de equivalência, mas também um sistema de relações sintagmáticas.

Relações paradigmáticas e sintagmáticas são fundamentais na língua. Tendo chegado ao signo como unidade mínima que opera no sistema da língua, Saussure buscou compreender como essas unidades ou esses signos se juntam uns aos outros. Chegou à conclusão de que há dois eixos estruturadores dos signos linguísticos: o paradigma, eixo da seleção, e o sintagma, eixo da combinação. O primeiro age sob a lógica da similaridade e o segundo, sob a lógica da contiguidade.

Em qualquer frase estruturada da língua, "O bandido fugiu", por exemplo, no lugar do artigo "o" poderia ter aparecido "um", "aquele" etc. No lugar de "bandido" poderia ter entrado "malfeitor", "marginal" entre outros. Quando escolhemos uma palavra, deixamos de escolher outras que ficam latentes. Essas palavras, que concorrem em uma mesma posição, mantêm entre si uma relação de similaridade, pois uma poderia substituir a outra na posição que ela ocupa na frase. Por outro lado, as palavras, que se seguem umas às outras no discurso manifesto, estão numa relação de contiguidade, uma depois da outra, formando uma sequência de elementos em presença: O bandido fugiu. Essa cadeia de signos é linear e irreversível, um elemento depois do outro, um cedendo passagem ao outro, pois dois elementos não podem ser pronunciados ao mesmo tempo.

Tais relações não são privilégio da estruturação linguística, mas aparecem em incontáveis situações da realidade. Assim, por exemplo, paradigmas e sintagmas podem ser percebidos de maneira bem simplificada na fabricação de produtos pela linha de montagem. Em uma fábrica de automóveis, por exemplo, as partes do carro (paradigmas) são produzidas separadamente e o momento da montagem corresponde à disposição dessas peças em uma sequência de partes e peças que compõem o carro com um todo, o sintagma-carro. Embora sigam a mesma lógica de agenciamento da linguagem verbal, parece evidente que, em fenômenos culturais, os dois eixos se manifestem de maneira muito mais simplificada do que na língua. Montar um sintagma na língua falada é muitíssimo mais complicado do que montar um carro. O eixo paradigmático na língua também tem uma complexidade que a fabricação das partes de um carro desconhece.

No sistema mercadológico, relações desse tipo aparecem de maneira abundante. As mercadorias não apenas formam sistemas de relações paradigmáticas como também sintagmáticas. A ordem e o arranjo de produtos comestíveis em um supermercado, ou em uma mesa de jantar, a mobília de uma sala, ou as roupas que são usadas, de acordo com as regras da cultura e as leis da moda, testemunham uma sintaxe de combinações possíveis nas mercadorias da vida cotidiana.

Como as palavras, as mercadorias são signos polissêmicos, associados a uma pluralidade de significados que não são inerentes à mercadoria em si, mas são gerados nas vias intrincadas do mercado. Os produtos não apenas denotam seu uso e valores de troca, mas também conotam significados estéticos, emocionais e míticos (ver Capítulo 4). Enfim, o sistema semiótico das mercadorias e serviços é um sistema de diferenças por excelência, visto que o discurso do marketing tende a maximizar as diferenças e minimizar as semelhanças entre os produtos na sua tentativa de fazer com que suas ofertas pareçam únicas.

PALAVRAS E MERCADORIAS AUTORREFERENCIAIS

As palavras se referem a determinados objetos (seus referentes). Do mesmo modo, mercadorias, em princípio, referem-se, no seu nível mais denotativo, à utilidade prática das necessidades que elas podem satisfazer (seu valor de uso). Assim sendo, ambos os tipos de signos têm relação com algo que não lhes é inerente. Na poesia e na arte, signos se tornam autorreferenciais quando seu propósito não é mais transmitir uma mensagem, mas comunicar palavras na sua natureza de palavras e formas na sua natureza de formas: "A rose is a rose is a rose", de Gertrude Stein, por exemplo, e formas visuais puras, não representativas, como nos quadros de Kandinsky.

É uma das características das sociedades de consumo que as mensagens mercadológicas também se tornem autorreferenciais. Mercadorias que não são vendidas e compradas para atender a propósitos práticos, tais como *gadgets* ou objetos de moda e luxo, são signos autorreferenciais cujo valor existe apenas dentro do sistema criado pelo mercado. Os consumidores adquirem essas mercadorias não em razão de alguma necessidade ou apreciação, mas porque o mercado dita seu valor e prescreve sua compra como uma necessidade, conforme foi lucidamente antecipado por Marx na sua célebre afirmação de que, no mercado capitalista, não é a necessidade que cria o objeto, mas sim o contrário.

As implicações semióticas dos mercados afluentes, determinados por tais princípios de autorreferencialidade econômica, foram um tópico constante na crítica ideológica de Baudrillard, que será mais detalhadamente discutida no Capítulo 4, de modo que nos limitaremos aqui a mencionar apenas o aspecto de autorreferencialidade presente nessa crítica. O ponto mais crucial do argumento de Baudrillard (1973, p. 127-8) encontra-se na afirmação de que as mercadorias, nas sociedades de consumo, são signos cujo significado é abolido em favor de um puro "jogo de significantes" no qual "o significante se torna seu próprio referente e o valor de uso desaparece em benefício apenas de seu valor de troca". Desse modo, o signo perde seu poder de referência, não designa mais qualquer coisa, apenas se refere aos signos antecedentes, manifestando, portanto, a autorreferencialidade em seu extremo mais radical.

Disso resulta que mercadorias cujas marcas, despidas de seu valor de uso, conotam apenas *status*, prestígio ou moda, são signos que se tornaram mutuamente intercambiáveis (Baudrillard, 1972, p. 64): "dissociado de seu valor de uso, o objeto pode agora facilmente ser um vaso ou um refrigerador, ou qualquer outra coisa. Na verdade, sua existência é tão relativa quanto a existência de um fonema na língua que encontra seu significado na diferença, em um código de significações".

Bastante influente durante algum tempo, a visão de Baudrillard – da pulverização do valor de uso das mercadorias na sociedade de consumo – encontra uma versão bem mais branda naquilo que Lipovetsky (2008, p. 76) chama de sociedade do hiperconsumo, como terceira etapa histórica do capitalismo de consumo, com suas novas maneiras de consumir, novos modos de organização das atividades econômicas, novas maneiras de produzir e de vender, de comunicar-se e de distribuir, mudando o caráter de todo o sistema de ofertas.

Inseparável da hipersegmentação do mercado, o hiperconsumo coloca em xeque a tese agora enganadora, segundo o autor, do eclipse do produto, "como se o valor imaterial houvesse conseguido reduzir a nada ou a quase nada o valor funcional". Ao contrário, a qualidade hoje se impõe como uma condição necessária para que o produto sobreviva no mercado. Portanto, não é mais verdade, se algum dia o foi, que "tudo está na imagem". Sendo também "inseparável da busca de excelência técnica, dos controles de qualidade, do desempenho dos produtos, o universo da hipermercadoria não pode, evidentemente, ser reduzido aos jogos da imagem da marca" (ibid., p. 93).

Isso, por seu turno, não significa minimizar a atual "inflação e excrescência publicitária do mundo como marca e como representação", quando os objetivos da publicidade se mostram cada vez mais ambiciosos na sua busca de penetração no âmago da afetividade humana, por meio da criação de laços emocionais. Para isso, "a publicidade se imiscui em todos os interstícios da vida, inunda todos os continentes, apodera-se de todos os referenciais, tira partido de todos os registros", desenvolvendo "um processo de promoção das marcas por todos os meios, fazendo a forma ou a lógica publicitária [...] entrar numa dinâmica diversificada, ininterrupta, hipertrófica" (ibid., p. 177).

Embora seja, de fato, hipertrófica, para Lipovetsky seria equivocado continuar batendo na velha tecla do totalitarismo publicitário, pois o que se tem agora é

> uma hiperpublicidade espetacular e deslocada, onírica e cúmplice; hiperpublicidade irônica que olha para si própria, joga consigo mesma e com o consumidor. Impõe-se uma nova era de publicidade que, alinhando-se pelos princípios da moda (mudança, fantasia, sedução), está em sintonia com o comprador emocional e reflexivo da fase III. A força das imagens que contribui para edificar as grandes marcas não institui uma ordem tirânica, mas o universo das marcas-estrelas planetárias (ibid., p. 97).

Nem a publicidade, embora hiper, é tirânica, nem, como pensou Baudrillard, desaparece a materialidade da mercadoria. Ao contrário, a exigência de qualidade, por se tornar um valor, modificou "de modo fundamental, a organização da produção e dos serviços". Mesmo tendo acelerado a lógica-moda da produção, sob os signos do "defeito zero" e da "qualidade total", nesta era de "turboconsumismo", a mercadoria tem conseguido realizar a proeza de combinar "impermanência perpétua e princípio de qualidade".

4

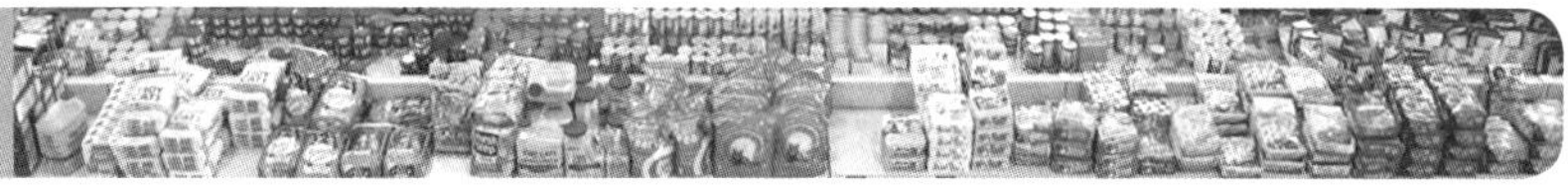

A natureza sígnica das mercadorias

Falar em mercadorias e não em produtos já indica um *parti-pris* crítico que, longe de se limitar à visão do produto como valor de uso que atende a pretensas necessidades dos consumidores, ao contrário, busca esmiuçar as contradições que se ocultam por trás da mercadoria como valor de troca. Nessa linha de pensamento, Jean Baudrillard (1968, p. 9-10) abriu sua discussão sobre a questão se bens e mercadorias podem ser descritos como signos com a seguinte declaração:

> Pode-se classificar a imensa vegetação dos objetos como uma flora ou uma fauna, com suas espécies tropicais, glaciais, suas mutações bruscas, suas espécies em vias de desaparição? A civilização urbana vê sucederem-se, em ritmo acelerado, gerações de produtos, de aparelhos, de *gadgets* [...]. Os objetos cotidianos [...] proliferam, as necessidades se multiplicam, a produção lhes acelera o nascimento e a morte, falta vocabulário para designá-los. Pode-se esperar classificar um mundo de objetos que se modifica diante dos nossos olhos e chegar a um sistema descritivo?

Além de Baudrillard, na década de 1960, o problema das mercadorias se tornou central nos trabalhos de outros semioticistas sociólogos e dos críticos da cultura que o discutiram na moldura da teoria marxista do valor de uso e de troca em conjunção com a teoria diádica dos signos de Saussure (cf. Ponzio, 1993).

ANALOGIAS SAUSSURIANAS ENTRE A LINGUÍSTICA E A ECONOMIA

A visão das mercadorias como signos, conforme será discutido a seguir, encontra sua contraparte na visão dos signos, em particular dos signos verbais, como mercadorias. Como já foi visto brevemente no Capítulo 3, essa é a visão que foi apresentada por Saussure no contexto de sua teoria do valor linguístico, desenvolvida por meio da analogia entre a linguística e a economia política. Ambas as ciências, ele argumentou, estão preocupadas "com um sistema de equivalência entre coisas de ordens diferentes: numa, um trabalho e um salário; noutra, um significado e um significante" (Saussure, 1916, p. 79).

Na sua elaboração de uma ciência da língua, Saussure chegou à delimitação da unidade mínima do sistema da língua, o signo linguístico, unidade inseparável de duas faces, a do significante e a do significado. O significante é a imagem acústica, isto é, imagem psíquica do som. Por exemplo, a palavra "p-o-r-t-o" tem uma imagem acústica diferente da imagem acústica de "p-o-r-c-o", ambas se distinguindo apenas em um traço mínimo, "t" na primeira e "c" na segunda. O significado, o outro lado da moeda, é o conceito, também psíquico. "Porto" significa o que significa porque não é "porco", e assim por diante. A língua é, em suma, um jogo combinatório de diferenças. Tendo essa oposição em mente, Saussure ilustrou, então, o paradoxo semiótico da dissimilaridade e similaridade, tanto no verbal como na troca mercadológica, com o seguinte exemplo:

> Para determinar o que vale a moeda de cinco francos, cumpre saber: 1.º que se pode trocá-la por uma quantidade determinada de uma coisa diferente, por exemplo, pão; 2.º que se pode compará-la com um valor semelhante do mesmo sistema, por exemplo uma moeda de um franco, ou uma moeda de algum outro sistema (um dólar etc.). Do mesmo modo, uma palavra pode ser trocada por algo dessemelhante: uma ideia; além disso, pode ser comparada com algo da mesma natureza: uma outra palavra (Saussure, 1916, p. 134).

A díada do significante (palavra) e seu significado (ideia), quando aplicada ao domínio da economia política, funciona como um modelo para a relação entre salário e trabalho e, no domínio das mercadorias, para a relação entre dinheiro e a mercadoria que pode ser obtida na troca (no seu exemplo, o pão). Chegamos assim a três modelos similares de signos, na língua, na economia política e na troca das mercadorias, como aparece na Figura 4.1:

Figura 4.1. Três analogias saussurianas entre signos, na linguística e na economia.

A relação entre os dois lados desses signos, que Saussure caracteriza por meio de duas flechas verticais, é uma relação de dissimilaridade. Significante e significado, dinheiro e mercadoria, salário e trabalho são de ordens diferentes. Contudo, entre esses dois lados dissimilares do signo, não há um hiato intransponível, como estruturalistas tardios postularam. Na língua, o significante (palavra) não apenas deriva seu valor do seu significado dissimilar, mas, ao mesmo tempo, também de todos os outros significantes com os quais está relacionado por oposição ou equivalência dentro do sistema da língua. Nele, de acordo com Saussure (1916, p. 133), "o valor de um termo resulta tão somente da presença simultânea dos outros". Essa relação de coexistência de significantes com significantes, que determina o valor das palavras, é uma relação entre "coisas semelhantes" (ibid., p. 115).

Uma ilustração dessa determinação de palavras, pela coexistência similar de valores dentro do sistema, encontra-se na comparação que Saussure estabelece entre *mutton* (carne de carneiro) em inglês e *mouton* (carneiro) em francês (ibid., p. 115). O significante *mouton* não tem o mesmo valor linguístico de *mutton* em inglês, visto que o valor da palavra inglesa *mutton* está restrito à sua oposição à palavra *sheep*, ao conceito "carne que vem do carneiro", uma oposição que não existe em francês nem em português, em que *mouton* (carneiro) engloba tanto a ideia do animal quanto a de sua carne comestível. Assim, o valor de um signo linguístico advém tanto do significado ao qual o significante é dissimilar como de outros significantes e signos aos quais ele é similar. Enquanto no modelo saussuriano da relação entre valores dissimilares dentro dos signos a flecha é vertical, no modelo da relação entre valores similares dentro do sistema ela é horizontal, como se pode ver na Figura 4.2.

Figura 4.2. A segunda dimensão saussuriana (1916, p. 133) dos valores dos signos, baseada na relação entre valores similares dentro do sistema.

Quais são as implicações desta segunda dimensão da estrutura sígnica para o modelo saussuriano dos valores econômicos (Figura 4.1)? A linha divisória entre o significante dinheiro e a significada mercadoria não é o único fator que determina seus valores mútuos. O valor do dinheiro não apenas deriva da mercadoria, mas também de outras moedas, como fica evidente nos câmbios comerciais, nos quais o dinheiro também se torna uma mercadoria. Do mesmo modo, a mercadoria não requer necessariamente o dinheiro como medida do seu valor. Em negociações, o valor de uma mercadoria deriva diretamente de outras com as quais pode ser trocada. Se, no entanto, o dinheiro pode funcionar como uma comodidade, e uma comodidade como dinheiro natural, então temos aí uma reversão do modelo saussuriano, agora com a mercadoria como um significante e o dinheiro como seu significado (ver Ahonen, 1989, para uma análise detalhada da semiótica do dinheiro).

Além disso, sabemos, com base no comportamento do consumidor, que as mercadorias podem, de fato, ser usadas como signos de seu valor monetário. Algumas mercadorias têm a conotação (reputação) de serem baratas, outras, de serem caras, e, de acordo com a teoria do consumo conspícuo de Veblen (1899, ver Baudrillard, 1968), algumas mercadorias são consumidas pelo único propósito de serem caras, pois elas servem prioritariamente como demonstração da riqueza do consumidor. A mercadoria é, assim, o significante do dinheiro que ela custa. Chegamos, portanto, a dois modelos sígnicos legítimos do dinheiro e das mercadorias (Figura 4.3), sendo a diferença a perspectiva. O foco de avaliação, em um caso, recai sobre o dinheiro, no outro, sobre a mercadoria.

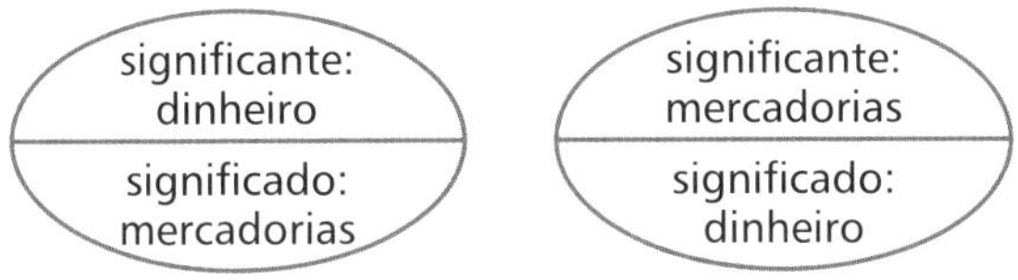

Figura 4.3. Duas perspectivas semióticas da relação entre dinheiro e mercadoria: dinheiro como um signo da mercadoria e as mercadorias como signos do dinheiro.

O MODELO DO DINHEIRO E DA MERCADORIA DE BÜHLER

Depois de Saussure, Karl Bühler, na sua *Sprachtheorie* ou *Teoria da linguagem,* retornou à ideia de uma analogia entre a linguística e a troca econômica, especificando alguns de seus aspectos. De acordo com o autor (1934, p. 60), "a troca de mercadorias é uma contraparte da circulação de signos". Ele investigou tanto as similaridades como as diferenças entre três "objetos de circulação", mercadorias de marca, moedas e palavras. Nessa analogia, o dinheiro, assim como as mercadorias, são descritas como significantes com significados próprios, e não, segundo o modelo de Saussure (cf. Figura 4.3), como contrapartes mútuas de um signo de economia. Como as palavras, os significantes em Bühler são associados aos seus próprios "valores simbólicos" (significados), valores de uso, no caso das mercadorias, e valores monetários, no caso da moeda (Figura 4.4).

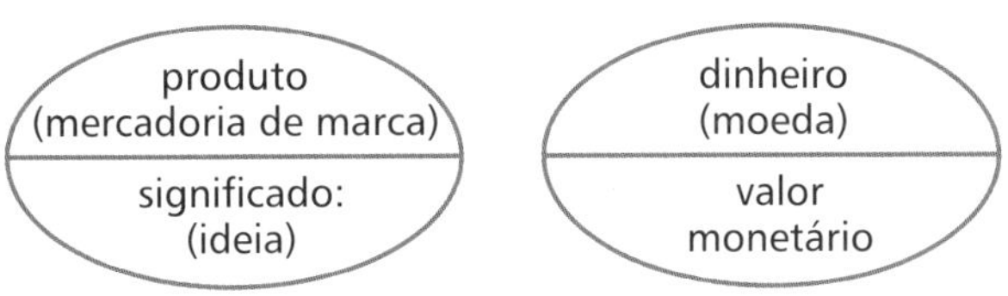

Figura 4.4. Os modelos de signos de Bühler na troca de mercadorias.

Bühler se detém nas mercadorias de marca, e não em outras mercadorias, a fim de chamar atenção para dois outros paralelos entre os signos linguísticos e os da economia: sua convencionalidade e sua natureza de tipo e *token*, o tipo, como já foi mencionado no Capítulo 3, referindo-se à marca no seu caráter geral e o *token*, às suas réplicas ou manifestações singulares nas mercadorias específicas.

A convencionalidade das moedas e das mercadorias de marca garante a igualdade de seus valores em todos os casos de "realização" desses valores em atos de troca de mercadoria e consumo (cf. Bühler, 1934, p. 61). Em um ato individual de troca, a mercadoria de marca e a moeda, de modo similar à palavra falada, são *tokens* (réplicas) de um tipo semiótico geral, determinado dentro de todo o sistema econômico. Bühler (ibid.) epitomiza o caráter de tipo-*token*, tanto da moeda quanto das mercadorias de marca, com a frase "Um dólar é um dólar" e com o *slogan* de publicidade para uma marca de cigarros de sua época: "*Khedive is Khedive*". Se a analogia entre as equivalências das mercadorias de uma e mesma marca e as réplicas verbais de uma palavra ou expressão-tipo precisam de um exemplo linguístico, basta lembrar o poema de Carlos Drummond de Andrade: "No meio do caminho tinha uma pedra, tinha uma pedra no meio do caminho, no meio do caminho..."

Bühler também lida com as diferenças entre os objetos de troca linguística e econômica. Palavras são mais abstratas e mais indiferentes ("stoffgleichgültiger, entstofflichter"; Bühler, 1934, p. 60) com respeito a suas qualidades materiais do que são as mercadorias e as moedas. Esse aspecto da identidade material é a razão por que Bühler (1934, p. 61) favorece a visão daqueles economistas que consideram o dinheiro mais similar a uma mercadoria do que pertencente ao domínio dos signos puros ou abstratos (como são as palavras faladas).

MODELOS SEMIOLÓGICOS DAS MERCADORIAS

Enquanto Saussure e Bühler primariamente visavam elucidar a natureza do signo verbal, tomando como referência o sistema das mercadorias, cientistas sociais semiológicos dos anos 1960 procuraram interpretar a natureza sígnica das mercadorias, tomando como referência o modelo saussuriano do signo linguístico. Um dos primeiros foi Henri Lefebvre, que descreveu "o mundo das mercadorias [...] como constitutivo de um sistema de signos, uma linguagem, um campo semiótico". Como um signo, ele argumentou, a mercadoria "engloba um significante, que é o objeto suscetível de troca, e um significado, que é a possível [...] satisfação derivada da compra" (Lefebvre, 1966, p. 342).

Contrastando com Saussure, que postulou uma relação sígnica entre duas entidades desiguais, o valor de uso e o valor de troca, a mercadoria e o dinheiro pelo qual ela é trocada (ver Figura 4.1), Lefebvre definiu a relação sígnica da mercadoria como aquela entre o objeto como mero significante material e seu valor de uso como o significado. Contudo, concordando com Saussure, Lefebvre (1966, p. 343) enfatizou que a mercadoria também deriva seu valor semiótico da sua relação paradigmática com todo o sistema de mercadorias. A Figura 4.5 mostra esse modelo de mercadoria como signo.

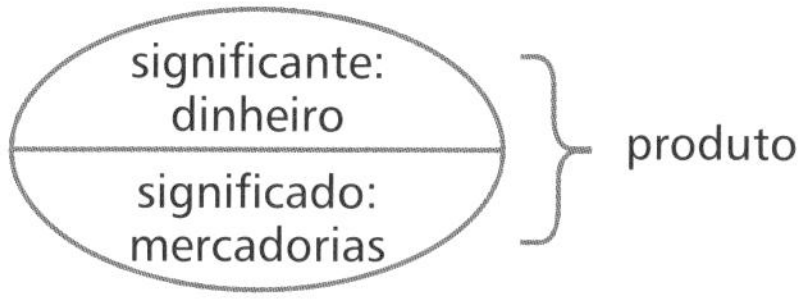

Figura 4.5. O modelo de mercadoria como signo, de Lefebvre.

Um modelo ainda diádico, mas bem distinto dos anteriores, da mercadoria como signo foi proposto por Rossi-Landi (1968, p. 71; 1977, p. 127-33), um semioticista que também descreveu o mercado como um sistema semiótico de equivalências e diferenças. Conforme esse modelo, a mercadoria é um significante não verbal de uma mensagem cujo único significado encontra-se no seu valor de troca. No tópico sobre "Fetichismo da mercadoria e o seu segredo", no primeiro capítulo de *O capital*, de Marx (1973), este valor é definido como derivado da quantidade de trabalho requerida para a sua produção. Uma vez que a força de trabalho é a força motriz da produção, o custo de produção de uma mercadoria só pode ser medido pela quantidade de trabalho que foi a ela devotada.

Tendo sua base conceitual no marxismo, Rossi-Landi não nega que as mercadorias estejam, de algum modo, associadas aos seus valores de uso, mas argumenta que os objetos materiais, na medida em que têm valor de uso, são bens ou produtos, e apenas no momento em que são trocados passam a funcionar como mensagens mercadológicas. Temos, assim, dois modelos sígnicos, um das mercadorias e outro dos bens, como aparece na Figura 4.6. Essa oposição entre mercadorias e bens tem suas raízes na teoria econômica desde Adam Smith (cf. Milgate, 1987, p. 547).

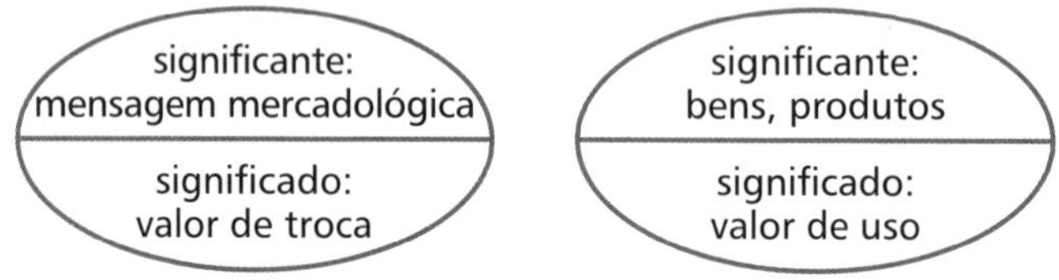

Figura 4.6. Modelos de mercadorias e bens como significantes de signos na troca econômica e no consumo.

A DESCONSTRUÇÃO DA MERCADORIA COMO SIGNO DE BAUDRILLARD

Depois de Lefebvre, Rossi-Landi e Eco, Baudrillard também tomou como ponto de partida o modelo saussuriano da mercadoria como signo, muito embora ele não estivesse satisfeito com a construção desse modelo, de modo que o desconstruiu. Concordando com a terminologia histórica da economia desde Adam Smith, especialmente com as novas inflexões conceituais que lhes foram dadas por Marx, Baudrillard restringiu o termo "mercadoria" a objetos econômicos apenas na medida em que são considerados do ponto de vista de seu valor de troca. Na sua lógica de significação dos objetos, contudo, ele postulou ainda quatro valores tipicamente associados com os objetos cotidianos (Baudrillard, 1972, p. 62).

O primeiro é o valor de uso. A esse respeito, um objeto serve como um instrumento que está submetido à lógica utilitária e a operações práticas. O segundo é o valor de troca pelo qual o objeto é uma mercadoria que participa da lógica do mercado, que é a lógica da equivalência, uma vez que todos os bens são "universalmente comutáveis" do ponto de vista de seus preços (cf. ibid., p. 65). O terceiro valor pontencial dos objetos, que Baudrillard chamou "simbólico", é relevante no caso de presentes e rituais de troca. Um objeto dessa categoria, por exemplo, um anel de casamento, cria e significa, sobretudo, relações interpessoais. O quarto tipo de valor, chamado "valor-signo", de fato, caracteriza a dimensão paradigmática dos objetos de consumo. De acordo com a crítica do consumo de Baudrillard (1972, p. 60), um objeto desse tipo é "especificado pela sua *marca*, carregado de conotações diferenciais de estatuto, de prestígio e de moda. É este o 'objeto de consumo'. Pode ser um frigorífico, um vaso ou outra coisa qualquer. Falando com propriedade, ele não existe, tal como o fonema, em linguística, não tem sentido absoluto. Este objeto [...] só ganha sentido na diferença com outros objetos, segundo um código de significações". A lógica da diferença inerente ao valor-signo dos objetos de consumo é ilustrada de uma maneira muito típica pela permanente "compulsão para inovar os signos" no domínio da moda (cf. ibid., p. 78).

Contra esse panorama, Baudrillard (1972, p. 155) reinterpretou a díada dos valores econômicos de uso e de troca como uma relação sígnica na qual o valor de uso corresponde ao significado e o valor de troca, ao significante (Figura 4.7).

Figura 4.7 O ponto de partida de Baudrillard: o modelo da mercadoria como signo.

Depois desse modelo do objeto de consumo, que se assemelha ao modelo sígnico da mercadoria de Lefebvre (ver Figura 4.5), Baudrillard deu início à sua desconstrução cada vez mais radical. Ele continuou a especificar que valor de uso e valor de troca não são planos autônomos de um signo bifacial, visto que há, na realidade, "uma bipolaridade funcional, mas hierarquizada, e na qual a proeminência absoluta cabe ao valor de troca e ao significante. Valor de uso e necessidades não são mais (sic) que um *efeito* do valor de troca. Significado (e referente) não são mais que um *efeito* do significante [...]. Nem um nem outro são uma realidade autônoma [...]; são, no fundo, apenas *modelos de simulação*, produzidos pelo jogo do valor de troca e do significante" (ibid., p. 170).

Com essa crítica ideológica da sociedade de consumo na qual o valor de uso dos objetos foge à determinação das necessidades dos consumidores, submetidas às tiranias do mercado e a sistemas semióticos que produzem necessidades que são do próprio mercado, na visão de Baudrillard (1973, p. 127-8), mercadorias não são mais signos verdadeiros, mas simulações de relações sígnicas nas quais o significado desvanece, restando apenas o puro jogo dos significantes. No fim, o significante torna-se seu próprio referente, nada mais designa e o signo se aproxima de seu verdadeiro limite estrutural, que é o de se referir retroativamente a outros signos. Com isso, as mercadorias tornam-se puras fantasmagorias, pois o valor de uso desaparece em benefício apenas de sua comutação e valor de troca.

Assim, a desconstrução do modelo da mercadoria como signo que havia começado pela rejeição, nesse ponto do seu argumento desconstrutivo, Baudrillard paradoxalmente acaba por retornar aos fundamentos básicos do pensamento estruturalista de Saussure: o significado de um signo tem sua origem na sua diferença em relação a outros signos (cf. Figura 4.2), e isso explica por que o signo necessariamente "se refere retroativamente a outros signos". Vejamos isso em mais detalhes.

Da primeira dimensão do signo saussuriano, que especifica o signo como uma relação entre um significante e um significado (Figura 4.1), Baudrillard adotou um modelo sígnico que apenas reconhece a segunda dimensão saussuriana dos signos, determinada por suas diferenças e oposições a outros signos (Figura 4.2).

Isso realmente significa que o sistema de valores aos quais mercadorias e objetos de consumo se referem não é outra coisa senão um sistema de troca de valores como Baudrillard requer? Os valores de troca que ele tem em mente nesse ponto não podem mais ser os clássicos valores de troca monetária aos quais Saussure e Rossi-Landi se referem. Mas se o valor de troca é muito mais, a saber, qualquer outro signo ao qual a mercadoria se refere retroativamente em um sistema semiótico mais vasto, então o valor de troca em Baudrillard acaba sendo um sinônimo de valores "culturais" e, no caso, o valor da mercadoria como signo pode ser reinterpretado dentro de uma moldura semiótica mais vasta do que aquela da troca comercial.

INTERPRETAÇÕES ANTROPOLÓGICAS DAS MERCADORIAS

A crítica de Baudrillard à concepção ingênua da necessidade natural e à utilidade como determinantes autônomos do sistema de trocas econômicas apresenta um paralelo independente na pesquisa de antropólogos que, como Marshall Sahlins (1976), buscaram determinar o status dos bens, de um lado na cultura, de outro nas razões práticas. Enquanto a lógica da razão prática interpreta os bens como possuidores de valores de uso naturais (cf. Figura 4.6), a lógica da cultura descreve os bens como signos arbitrários dentro de um sistema sociocultural de valores. Sahlins (1976, p. 169) opta pela segunda alternativa e conclui: "O significado social de um objeto, que o torna útil para certa categoria de pessoas, não é mais aparente em suas propriedades físicas, mas depende do valor que lhe pode ser acrescido na troca. O valor de uso não é menos simbólico ou menos arbitrário do que o valor da mercadoria". Chegamos, assim, à Figura 4.8 como um modelo de ambos os bens (objetos de consumo) e mercadorias (objetos de troca).

Essa tese do caráter semiótico dos bens e mercadorias nunca foi mais radicalmente defendida do que por Mary Douglas & Baron Isherwood (1979). Na sua antropologia dos bens, eles vão tão longe a ponto de rejeitar por completo (como Baudrillard, mas sob um outro ponto de vista) a ideia do valor de uso:

> A função essencial do consumo está na sua capacidade de fazer sentido. Esqueçamos a ideia de irracionalidade do consumo. Esqueçamos a ideia de que as mercadorias são boas para comer, vestir, proteger; esqueçamos sua utilidade e tentemos, em lugar disso, pensar na ideia de que as mercadorias são boas para pensar, tratá-las como um meio para a faculdade criativa humana (Douglas & Isherwood, 1979, p. 62).

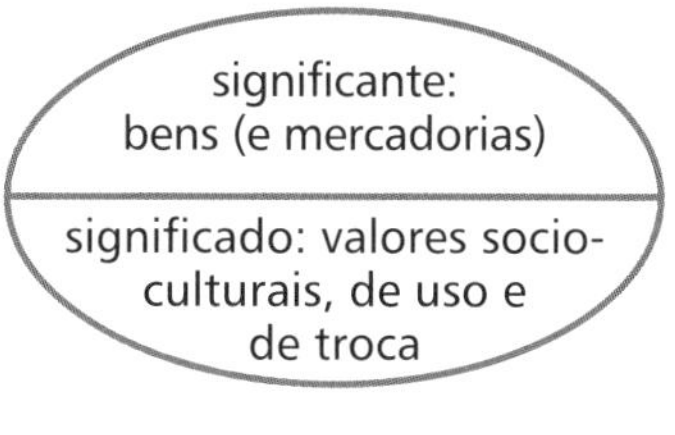

Figura 4.8. O modelo sígnico de bens e mercadorias de acordo com a antropologia do consumo.

A MERCADORIA COMO SIGNO MULTIPLAMENTE CONSTRUÍDO

Para concluir, gostaríamos de argumentar que os vários modelos semióticos clássicos da mercadoria como signo sofreram de uma fixação estreita nos seus aspectos de uso e valor de troca. Se a mercadoria é uma mensagem apresentada ao consumidor no mercado, temos de dar conta da pluralidade de significados associados a ela. A publicidade e o comportamento do consumidor refletem esses significados, embora não os espelhem com fidelidade, mas geram ou colocam alguns à mostra, enquanto ao mesmo tempo ocultam outros (ver Capítulo 2).

De qualquer maneira, os significados das mercadorias não são inerentes aos produtos eles mesmos. Eles são gerados pelos discursos da produção, em todos os seus níveis – sobretudo os discursos publicitários –, sobre o produto, na interação do consumidor com ele e nas avaliações que faz dele contra o pano de fundo do sistema de mercadorias. A despeito da pluralidade de significados, construções prototípicas dos significados das mercadorias podem ser distinguidas, como aparece no Capítulo 5. A utilidade ou valor de uso e o valor de troca monetária são apenas duas dessas construções da mercadoria como signo. Outras incluem suas construções socioculturais e míticas derivadas da cultura ou geradas em mitos narrativos nos quais a mercadoria aparece como um objeto de desejo. Com todos esses significados, pode-se concluir que o sistema de mercadorias é, sem dúvida, um sistema semiótico por excelência.

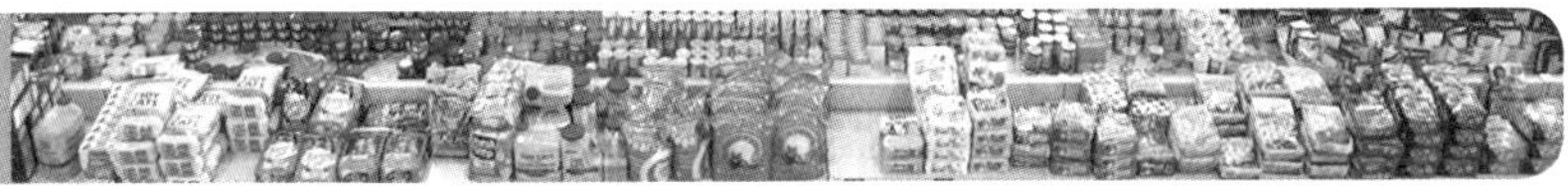

5 A linguagem das mercadorias

SEMIÓTICA DAS MERCADORIAS: ESTADO DA ARTE

O caráter sígnico das mercadorias – tema já apresentado nos Capítulos 3 e 4, e que será aqui ampliado – tem sido analisado em estudos semióticos explícitos e em um bom número de trabalhos de semiótica implícita, desenvolvidos no campo da pesquisa de marketing, economia política e antropologia.

Semiótica das mercadorias na pesquisa de marketing

Na pesquisa de marketing, os aspectos semióticos das mercadorias vêm sendo estudados primariamente dentro de três campos complementares de pesquisa: publicidade, pesquisa de imagem de marca e teoria do consumo simbólico. Uma revisão da pesquisa nessa área não cabe no presente contexto, mas suas implicações semióticas devem ser comentadas mesmo que de modo breve.

Publicidade

Gomes & Castro (2007, p. 8) chamam a publicidade de persuasão comercial, considerando-a, de uma perspectiva técnica e à luz de Brewster Smith (2006, p. 76), como "um conjunto de técnicas que se compõe de regras e procedimentos de persuasão com os quais dá a conhecer, a partir de anúncios, que em conjunto chamamos de campanha, um produto ou serviço, para que se consuma ou utilize".

De um ponto de vista semiótico, a pesquisa em publicidade põe ênfase nas mensagens que são criadas sobre as mercadorias. Tais mensagens são o discurso de um produtor, de um anunciante que se dirige a consumidores potenciais. As mensagens consistem de signos verbais e não verbais, impressos, áudio, audiovisuais e mesmo hipermidiáticos, e o produto anunciado é o objeto referido por esses signos. Pesquisas da imagem de marca e do consumo simbólico, por seu lado, estudam as estratégias comunicativas das mercadorias como mensagens.

Pesquisa de imagem de marca

Dessa perspectiva, as mercadorias são estudadas como signos cujo significado está na "imagem de marca" escolhida pelo consumidor diante de um elenco de ofertas (ver Perez, 2004). Os componentes semânticos de uma imagem de marca, de acordo com Levy (1978, p. 168), incluem questões técnicas, características do produto, valor financeiro e adequação social. Semioticamente, tais componentes constituem o significado (ou conteúdo) do produto, enquanto o objeto material é o significante da mercadoria como um signo.

Pesquisa sobre consumo simbólico

O consumo simbólico (cf. Hirschman & Holbrook, 198l), já descoberto por Veblen (1899), na forma de consumo conspícuo, é um ato de comunicação, não entre anunciante e consumidor, mas entre este e quaisquer outros membros da sociedade, possivelmente entre o consumidor e seu próprio ego. O signo, no consumo simbólico, é menos a mercadoria ela mesma do que o ato de consumir. Como foi sumarizado por Belk et al. (1982, p. 6), a teoria do consumo simbólico tem o seguinte pressuposto a respeito de tal signo: quer o consumo comunique claramente o status do consumidor quer não, fica claro que ainda há um número de inferências sobre as pessoas que são afetadas por essas mercadorias e esses serviços que elas presumivelmente selecionaram. Se as inferências são extraídas das mercadorias (por exemplo, carros) em relação aos seus usuários (por exemplo, seu tipo de personalidade), as mercadorias são interpretadas como signos indexicais. O significado desse índice não é um traço característico do objeto comercial ele mesmo (quer dizer, sua utilidade ou beleza de estilo). Tomada como um índice, a mercadoria refere-se a um atributo que supostamente caracteriza seu consumidor. Uma linguagem das mercadorias, baseada em tais signos indiciais, é uma linguagem sobre os usuários das mercadorias.

Teorias semióticas das mercadorias

Uma vez que todo o universo está permeado de signos (Peirce, CP 5.448n., 1906) e a semiótica é a ciência que estuda a vida dos signos na sociedade (Saussure, 1916, p. 24), essa ciência, assim caracterizada por seus fundadores, parece estar predestinada ao estudo dos signos no mercado. Mas não faz muito tempo que a pesquisa nesse campo descobriu os métodos da semiótica (cf. Mick, 1986; Umiker-Sebeok, 1987), muito embora alguns semioticistas tenham trabalhado nessa área já nos anos 1960, exemplarmente Barthes (1964b).

A pesquisa de semiótica explícita mais extensiva sobre mercadorias tem sido realizada no contexto da semiótica da publicidade, que é o estudo das mensagens sobre mercadorias. O estudo das mercadorias elas mesmas como mensagens tem permanecido menos explorado. Esse seria um ramo de uma teoria mais geral dos objetos (Krampen, 1979, p. 6-21). Um tópico central nesse campo de pesquisa tem se voltado para a busca de um limiar semiótico entre a esfera de objetos não semióticos e objetos com função sígnica, como quer Eco (1976, p. 19-28). Duas propostas para tal limiar, um alto e um baixo, serão discutidas a seguir.

Publicidade e mitos da mercadoria

Embora não esteja nos objetivos deste capítulo apresentar a semiótica da publicidade (ver Capítulo 6), ela é muito relevante para a questão sob discussão. O discurso público sobre a mercadoria gera significados que transformam o objeto comercial em signo. Tendo o consumidor absorvido esses significados, ele provavelmente, em certo nível de sua consciência, redescobrirá esse signo no mercado, dentro do sistema de mercadorias. Entre esses significados textualmente gerados, os semioticistas têm prestado atenção especial às conotações, significados secundários, subsentidos que são interpretados como estando, por assim dizer, incrustados, de modo parasitário, nos significados primários da mercadoria. Seguindo Barthes (1964a,b), sistemas com tais significados foram interpretados como mitos (Langholz-Leymore, 1975) ou ideologias (Williamson, 1978), conforme também será discutido mais adiante.

Semiotização sociocultural

Uma das primeiras interpretações semióticas das mercadorias como signos foi proposta por Barthes (1964a, p. 41-2). Para ele, o limiar entre o semiótico e o não semiótico parece estar no aspecto utilitário ou funcional dos objetos (embora ele chame esses aspectos de funções sígnicas) (ibid., p. 41 e 68). Barthes reconheceu que as mercadorias e outros objetos da cultura "têm uma substância de expressão cuja essência não é significar", por exemplo, "roupas são usadas para a proteção e comida, para alimentar, mesmo se elas forem também usadas como signos". Mas, em um inevitável processo de semantização, esses objetos utilitários ficam "permeados de significados". "Tão logo exista uma sociedade, todo uso é convertido em um signo de si mesmo".

Barthes (ibid., p. 41) discutiu dois aspectos dessa semantização. O primeiro pode ser chamado de signo sociocultural. Seu exemplo: "o uso de uma capa de chuva não pode ser dissociado dos próprios signos de uma situação atmosférica". O segundo pode ser chamado signo econômico. Sua moldura de referência é o sistema de mercadorias:

> Uma vez que nossa sociedade produz apenas objetos padronizados, normalizados, esses objetos inevitavelmente são atualizações de um modelo, as substâncias de uma forma significante. Para descobrir um objeto não significativo, deve-se imaginar um utensílio absolutamente improvisado que não apresenta qualquer similaridade com um modelo existente (ibid., p. 41-2).

O limiar semiótico, que Barthes caracteriza entre os aspectos utilitário e sociocultural dos objetos, foi visto da mesma maneira por vários outros semioticistas, em especial na semiótica funcional de Mukařovský (1978, p. 40), desenvolvida entre 1930 e 1940, que estabelece uma linha divisória muito clara entre as esferas do prático, no qual a manipulação dos objetos ocorre, e a esfera semiótica que implica uma consideração mediada dos objetos.

Semiotização do utilitário

Muito raramente, a esfera semiótica tem sido estendida para o campo da utilidade funcional, mas Moles (1972) propõe tal extensão na sua teoria dos objetos. O autor define o significado de um objeto como sendo "largamente ligado à sua função, sua utilidade em relação ao repertório das necessidades humanas" (1972, p. 48). Para ele, a função prática de uma mercadoria encontra-se no seu significado denotativo. No seu estudo de tal significado, Moles combina princípios da semântica estrutural com métodos de psicossemântica. O significado de um objeto assim descoberto é similar ao significado lexicográfico da palavra, pela qual o objeto é designado. Por exemplo, o significado do objeto "faca", de acordo com essa teoria, poderia ser "corte agudo com um pegador, usado como um instrumento cortante". Em adição a essa camada primária de significado, Moles também estuda camadas secundárias de significado que são definidas como "estéticas ou conotativas".

A semiótica da economia política

Outras abordagens semióticas dos bens de consumo foram desenvolvidas na moldura da economia política na qual a essência semiótica da mercadoria foi primeiramente buscada no seu valor de uso e seu valor de troca. Os principais representantes de uma semiótica da economia política, como vimos nos Capítulos 3 e 4, são Lefebvre (1966, p. 342), Rossi-Landi (1975, p. 128) e Baudrillard (1968; 1972). Cumpre acrescentar aqui que, para este último, as mercadorias tornam-se signos dentro do processo de consumo, que é por ele considerado como "uma atividade de manipulação sistemática de signos" (1968, p. 206). Sob esse ponto de vista, o objeto material e funcional adquire significado "em uma relação abstrata e sistemática com todos os outros objetos-signos [...] – jamais na sua materialidade, mas na sua diferença" em relação a todas as outras mercadorias (1968; 2007). Como na língua, na qual a substância material (fonética e escrita) das palavras é essencialmente irrelevante (arbitrária) para o seu conteúdo, as mercadorias são signos cuja substância material é igualmente arbitrária: "Vê-se que o que é consumido nunca são os objetos e sim a própria relação [...]; é a *ideia da relação* que se consome na série de objetos que a deixa visível". Com essa visão radical da semiótica do consumo, conforme já foi apontado nos Capítulos 3 e 4, a semantização dos objetos atingiu um clímax insuperável de modo que não parece mais haver traço material de funcionalidade prática nos objetos.

Abordagens antropológicas

A extrema insistência de Baudrillard na essência semiótica das mercadorias em detrimento de sua função utilitária encontra paralelo na proposta de alguns antropólogos, como Sahlins (1976, p. 55) e Douglas & Isherwood (1979, p. 62), já apresentados no Capítulo 4. Outros antropólogos que trabalharam na mesma direção, defendendo a dimensão não utilitária dos objetos de troca cultural são Csikszentmihalyi & Rochberg-Halton (1981), no seu estudo da significância psicológica e cultural do apego que os norte-americanos têm aos objetos em seus lares. Wallendorf & Arnould (1988) apresentam uma perspectiva cultural comparativa dos comportamentos em relação a "coisas favoritas". Também antropológica é a pesquisa sobre a evolução dos valores culturais associados com as mercadorias, realizada por Appadurai (1986).

A partir dos anos 1980 e, mais acentuadamente, dos anos 1990, com a crescente complexidade do mundo globalizado, a expansão dos mercados e a emergência de novos hábitos de consumo, a pesquisa etnográfica, tradicionalmente uma modalidade da antropologia aplicada, passou a ser utilizada como ferramenta do marketing.

A etnografia é um método antropológico em que os pesquisadores convivem com um grupo humano tendo em vista compreender – por meio da observação atenta, participativa, mas não interferente – seus hábitos, costumes, crenças, rituais, enfim, seu modo de vida. Quando transposto para o mercado, o pesquisador se insere no ambiente do consumidor, buscando observar e identificar o comportamento de uso que exibe na sua vida cotidiana.

Embora não substitua os métodos mais convencionais de pesquisa de mercado, a pesquisa etnográfica, como uma modalidade específica de pesquisa qualitativa, tem se consagrado no contexto do consumo. Uma vez que, depois de registradas pelos pesquisadores, as observações têm de ser devidamente interpretadas, nesta fase da pesquisa, o método etnográfico faz fronteira com a semiótica, na medida em que ela se caracteriza, sobretudo, como método de interpretação dos processos de significação dos signos (esse tema será mais demoradamente tratado no Capítulo 10).

MERCADORIAS COMO SIGNOS EM UMA VISÃO PLURALISTA

Para superar visões parciais dos processos de semiotização das mercadorias, é preciso lembrar que a utilidade prática também é uma dimensão relevante, sem a qual as mercadorias não poderiam ser também signos. Pesquisas de imagem de marca mostraram que os consumidores certamente associam significados utilitários ou práticos com as mercadorias. Esses significados são constituintes das mercadorias como signos, significados que são apreendidos pelos consumidores tanto por meio das publicidades como por meio de sua experiência prática em atos individuais de compra. A essência semiótica dos bens de consumo não pode, portanto, ser esgotada por dicotomias como "utilitário x semiótico" ou "signo x não signo". Assim também a dicotomia entre denotação e conotação não é uma ferramenta suficiente para a descrição da pluralidade de significados associados com as mercadorias.

O signo multimolduras: pressupostos básicos

Em lugar de visões dicotômicas, uma abordagem pluralística da semiótica dos bens de consumo será proposta a seguir. O pressuposto básico é que as mercadorias são objetos percebidos pelos consumidores de várias perceptivas (cf. Eco, 1976, p. 24-7) ou, na terminologia das ciências cognitivas, com base em várias molduras (ver Capítulo 2).

Molduras semióticas das mercadorias

Há três molduras semióticas prototípicas: a utilitária, a comercial e a sociocultural, esta última em um sentido estreito. As esferas de significado associadas com essas molduras não são desconhecidas do consumidor e da pesquisa de marketing, mas os semioticistas tendem a negligenciar as molduras utilitárias e comerciais.

O número de possíveis molduras que determinam a percepção das mercadorias não se limita necessariamente a três. Uma das molduras adicionais que poderia ser estabelecida por uma diferenciação mais detalhada seria a psicológica. De um ponto de vista filosófico, tem havido propostas para o estabelecimento de molduras universais de visão de mundo, desde os três mundos de Popper & Eccles (1977) até os sete níveis de semiogênese de Koch (1986, p. 167).

A mercadoria como signo multimolduras

Dentro de cada moldura, a mercadoria é vista como um signo que, na tradição saussuriana, consiste de um significante e um significado. O significante é a substância significativa e a forma da mercadoria, o veículo ou meio pelo qual a mensagem é transmitida. O significado é o conteúdo específico de cada signo. Em outras palavras, argumenta-se que a mercadoria como signo multimolduras está tipicamente associada a três campos semânticos.

Signos atuais e potenciais

Toda mercadoria é apenas um signo potencial e cada uma de suas quatro perspectivas são dimensões semióticas apenas virtuais. Em situações de compra ou uso, a mercadoria pode aparecer dentro de molduras não semióticas. A mercadoria não é sempre um signo nem é apenas um não signo *per se*. É apenas em um contexto pragmático dado que o signo potencial se torna um signo atual. Entretanto, no marketing e na publicidade, o foco volta-se tipicamente para o caráter sígnico da mercadoria.

Fontes dos significados das mercadorias

Há três fontes principais dos significados das mercadorias:

(a) o discurso do anunciante (descrições e anúncios) sobre o produto e a interpretação desse discurso pelo consumidor, que pode aceitar, rejeitar ou ignorar os significados propostos;
(b) as preferências pessoais do consumidor ou experiências com o produto em seus atos prévios de consumo;
(c) o conhecimento que o consumidor tem do sistema de mercadorias que consiste do seu conhecimento dos produtos concorrentes no mercado.

Os significados gerados pelo anunciante e pelo consumidor refletem dois interesses antagônicos e perspectivas da mercadoria. Enquanto os significados do anunciante são tipicamente eufóricos com respeito ao produto, nunca focalizando quaisquer de seus possíveis traços negativos, o consumidor idealmente crítico vê com ceticismo os argumentos autointeressados do anunciante.

O signo utilitário e o limiar semiótico

Para aqueles que advogam uma separação nítida entre o prático e o semiótico ou mesmo definem o semiótico como não utilitário, a simples expressão "signo utilitário" soa como uma contradição de termos.

O limiar semiótico e o não semiótico

Em oposição àqueles que assumem a existência de um limiar semiótico entre as esferas do utilitário e do semiótico, assumimos que os objetos utilitários podem ser vistos como semióticos ou não semióticos. A diferença não é a de um limiar entre duas classes de objetos ou eventos, mas é aquela da perspectiva do usuário ou percipiente: em uma perspectiva utilitária, a mercadoria é usada (por exemplo, uma bicicleta ou um carro) ou é consumida (por exemplo, uma lata de cerveja). Uso e consumo envolvem uma manipulação imediata ou transformação do objeto (cf. Mukařovský, 1978), porém as características de uso e consumo também podem ser referidas como um ato de semiose, isto é, de ação sígnica que é a ação de produzir uma interpretação.

O signo utilitário

No nível utilitário da semiose, há duas perspectivas da mercadoria como signo. Na perspectiva do consumidor, a mercadoria como signo utilitário está associada com aspectos relacionados ao seu valor de uso prático. Em adição, a perspectiva do produtor inclui a quantidade de trabalho ou o material requerido para a sua produção. Entretanto, vamos nos concentrar aqui na perspectiva do consumidor. Para ele, a mercadoria como signo apresenta traços de confiabilidade técnica, durabilidade, uso prático, adequação e ajustamento ao gosto. Uma máquina de lavar, por exemplo, cuja marca inclui traços como "alta qualidade", "confiabilidade" ou "economia", torna-se um signo desses conceitos utilitários mesmo que o usuário nunca tenha utilizado uma máquina dessa marca. Um exemplo típico desse funcionamento sígnico encontra-se na campanha, lançada pela Brastemp no Brasil, há alguns anos. O consumidor poderia não ter o produto da marca Brastemp, mas a publicidade visava transformar o signo da Brastemp em seu ponto de referência máxima.

Outros exemplos de significados utilitários são o gosto e os valores nutricionais dos produtos de alimentação, as qualidades de proteção ao corpo das vestimentas (cf. Holman, 1981a), as instruções para o cuidado dos tecidos etc. Esses traços semióticos não necessariamente têm de coincidir com quaisquer características reais ou qualidades verdadeiras do produto, tal como eles se revelariam em testes científicos. Por isso mesmo, para dar credibilidade ao produto, muitas campanhas publicitárias, por exemplo, na categoria higiene e *laundry*, colocam ênfase nos laboratórios de pesquisa que deram origem ao produto.

Fatos e signos utilitários

As características referenciais do signo utilitário não são idênticas aos "fatos utilitários", isto é, as características e funções do produto no seu uso prático. Não estamos negando o estatuto não semiótico desses "fatos reais" físicos, técnicos, bioquímicos ou outros. Com o devido ceticismo sobre a possibilidade de se atingir objetividade científica, pode-se afirmar que as características do produto reveladas nos testes com os consumidores chegam muito perto da representação das características utilitárias não semióticas de uma mercadoria. Apenas um consumidor crítico ideal, que estuda e aprende sobre essas características, pode desenvolver um signo utilitário da mercadoria cujas características correspondem muito proximamente a esses "fatos" não semióticos, embora não seja uma questão semiótica se a máquina de lavar é realmente durável e confiável no seu uso cotidiano, ou não. Uma questão realmente semiótica é se os consumidores estão convencidos da durabilidade da máquina de lavar de uma marca específica.

No nível da semiose, deve ser considerado que tais convicções podem ser baseadas em pressupostos falsos, como foi apontado por Eco:

> Um signo é tudo aquilo que pode ser tomado como significativamente capaz de substituir uma outra coisa. Esta outra coisa não precisa necessariamente existir ou estar efetivamente em um determinado lugar no momento em que o signo se refere a ela. Assim, a semiótica é, em princípio, também uma disciplina que estuda tudo aquilo que pode ser utilizado para se mentir (Eco, 1976, p. 7).

O signo comercial

Como um signo comercial, uma mercadoria significa seu valor de troca, seu valor comercial em relação a outros produtos no sistema de mercadorias. O indicador mais direto desse valor é o preço, mas ele também inclui outros fatores que aumentam ou diminuem os custos do produtor e do consumidor, tais como escassez, liquidações e garantias de serviços. Alguns produtos apresentam um valor de troca que é inerente à imagem de marca do consumidor, por exemplo, uma Ferrari conota luxo, enquanto o carro Lada era conhecido como o produto mais barato dentro da categoria. Outros significados comerciais são gerados pelas estratégias de preços do vendedor (por exemplo, a promessa de uma boa barganha ou a concessão na desculpa de que boa qualidade tem seu preço). Muitas campanhas publicitárias para produtos de massa omitem a perspectiva comercial e criam a imagem de um produto sem preço. Nesses casos, a mercadoria torna-se um signo comercial potencial, atualizando-se apenas nas lojas ou supermercados que constroem seus próprios sistemas variáveis de mercadorias como signos comerciais.

O signo sociocultural

O anunciante que apresenta e o consumidor que percebe uma mercadoria como um signo sociocultural correlacionam o produto com o grupo social ou cultura que, sob seus pontos de vista, estão tipicamente associados com ele. Deve ser enfatizado que o termo cultura, neste contexto, é usado em um sentido estreito. Em um sentido mais vasto, cultura, certamente, inclui tanto esferas do comércio como da utilidade prática (por exemplo, tecnologia).

A moldura sociocultural engloba um grande número de submolduras ou, possivelmente, supermolduras, cujas inter-relações precisas não desenvolveremos neste trabalho, mas duas entre essas molduras socioculturais serão brevemente discutidas a seguir. Outras submolduras socioculturais importantes para a semiotização das mercadorias são, por exemplo, a moldura estética, como será vista nos Capítulos 15 e 16, e a moldura do sagrado (cf. Kopytoff, 1986, p. 73-6). Dentro dessas duas molduras, o estatuto de mercadoria do produto fica obliterado até o ponto de transformá-lo em um objeto não comercial.

A submoldura sociológica

Os produtos podem ser consumidos para indicar a afiliação do consumidor a certo grupo sociológico (cf. Holman, 1981b). Mesmo que o consumidor não pretenda que tal signo sociológico indicador apareça, um observador muitas vezes decodificará tais atos de consumo dessa maneira. Nesses casos, o produto funciona como um signo sociológico.

O grupo social ao qual a mercadoria está relacionada pode ser pequeno (adolescentes de certo estrato social) ou pode se referir a toda uma cultura (*the American way of life*). Mais do que quaisquer outros aspectos das mercadorias como signos, os signos sociológicos estão submetidos a mudanças históricas. Tais mudanças podem ser rápidas, como ocorre com produtos ligados à moda ou a estilos, ou podem ser mais lentas, como é o caso de produtos relacionados com estereótipos nacionais.

O ritmo de transformação das sociedades no capitalismo tardio tem se acelerado cada vez mais, trazendo mudanças profundas na antiga estabilidade dos grupos sociais. Nas palavras de Carreira:

> A sociedade industrial massificada da modernidade colocava o indivíduo como participante de grupos contratuais, com função específica: trabalhador, pai, sócio de clube etc. Todos com seus estilos de vida definidos e perenes com uma identidade clara. A sociedade complexa pós-moderna deslocou essa lógica do indivíduo, com uma identidade, para pessoas que assumem um papel efêmero, como participantes das tribos urbanas (Carreira, 2007, p. 105).

Citando Di Nallo (1999), o autor identifica as tribos do consumo como partes dos pontos de encontro, "ou bolhas que se formam na superfície de estruturas que se distinguem umas das outras por meio de vários critérios, mas sem apresentar um denominador comum entre elas que possibilite uma segmentação. Essas estruturas representam a complexidade da sociedade de consumo atual".

De qualquer maneira, há ainda mercadorias detectáveis como signos sociológicos, como é o caso de carros, alimentação e produtos de moda. Exemplos disso podem ser encontrados na pizza e no hambúrguer como se referindo aos modos de vida italiano e americano; a BMW e o Renault como se referindo aos estilos de padrões tecnológicos alemães e franceses. Mais evidente é o valor do signo sociológico das vestimentas (cf. Barthes, 1967; Holman, 1981a). Suas dimensões sociais se estendem das profissões (o chapéu do homem de negócios londrino) ao folclore regional (a roupa bavarense) e da cultura de massa (a cultura do *blue jeans*).

Como já foi afirmado, nenhum produto é, por definição, consumido como um signo. Alguns produtos parecem mesmo totalmente restritos a uma perspectiva utilitária não semiótica. Ferramentas, tais como martelo, pregos, parafusos, são típicas dessa categoria de mercadoria. Entretanto, mesmo esses produtos podem se tornar signos socioculturais. Pregos e martelos têm um potencial natural de serem associados a marceneiros e não a aristocratas ou acadêmicos. Outros exemplos de semiotização sociológica podem ser encontrados na lexicologia. Assim, a língua alemã distingue algumas ferramentas de acordo com as profissões às quais elas estão tipicamente associadas. Há, por exemplo, o martelo de um sapateiro, de um pedreiro, de um serralheiro, há o martelo de um serralheiro americano e o alicate inglês e o francês. Até os parafusos estão relacionados com seus países de origem. Sobre isso, basta também observar a diferença entre as polegadas das roscas inglesas Whitworth e as americanas Sellers. Os traços técnicos pelos quais esses tipos de parafusos diferem são apenas signos utilitários potenciais. Apenas quando são associados com as tecnologias da Europa continental, com as inglesas ou com as americanas, ou com as de outros países, eles se tornam signos socioculturais.

O signo mítico

O estudo dos mitos conectados com as mercadorias tem sido um tópico favorito na pesquisa semiótica da publicidade. No entanto, a definição de mito nesse contexto tem permanecido bem vaga. Barthes (1964a) e outros discutiram os significados mitológicos sem diferenciá-los das conotações simples e, em particular, dos significados ideológicos. Para evitar essas ambiguidades, definiremos o signo mítico no sentido mais próximo de "mythos", na Grécia antiga, que significa "uma narrativa poética e legendária", em oposição a um relato histórico: mito, nesse sentido, é uma narrativa com um nível secundário de significado, em adição ao significado primário. Refere-se, assim, a estórias e fragmentos de estórias com uma dimensão metafórica. Há velhos e novos mitos. Os antigos se desenvolveram dentro das tradições religiosas e literárias da cultura. Os novos estão sendo criados pelos meios de massa, inclusive a publicidade.

Exemplos de novos mitos podem ser encontrados nas campanhas publicitárias, agora proibidas, como as dos cigarros Camel e Marlboro (ver Capítulo 11): cada novo anúncio trazia um episódio subsequente de uma estória de aventuras aparentemente sem fim. Os episódios dessas sequências eram apresentados sob a forma de imagens e seu conteúdo narrativo sugestivo permanece por ser escrito. É a narrativa de um herói solitário em uma luta bem-sucedida contra as forças da natureza, seja ele um *cowboy* laçador que prova seu domínio sobre um rebanho de gado selvagem ou o corajoso aventureiro que alcança margens exóticas em seu barco primitivo. Não obstante o cenário variável do oeste americano ou das regiões exóticas, a mensagem mítica permanece imutável: é o mito da autorrealização sem rédeas, em harmonia com a natureza, como uma contraimagem da vida real confinada ao mundo industrializado poluído.

Outro mito moderno com uma dimensão histórica, ou melhor, pseudohistórica foi criado em muitos dos episódios da campanha do cigarro

Virginia Slims. O tópico desse mito era a história do progresso na emancipação das mulheres, uma história que, da perspectiva interessada do anunciante, está conectada com a propagação do ato de fumar. Esse falso mito, condensado no slogan "*You've come a long way baby*" (Você percorreu um longo caminho, queridinha) foi muito acertadamente rejeitado por consumidoras críticas que se ressentiram do fato de que o predicado de progresso para o desenvolvimento de fumar tenha resultado simplesmente em "*baby*" (queridinha).

Antigos mitos referem-se a histórias conhecidas independentemente de qualquer associação com as mercadorias. Alguns produtos se referem a tais mitos no seu nome de marca, por exemplo, *Cognac* Napoleon (Figura 15.1) ou Highland Queen Scotch Whisky (Figura 9.3). Frequentemente, os anúncios descrevem tais mitos em contiguidade com o produto, tendo por finalidade produzir uma transferência de significado da narrativa imagética para o produto. Um bom exemplo encontra-se no anúncio de uma publicidade para o Highland Queen Scotch, mostrando o produto contra o fundo de uma pintura que se refere ao mito nacional da Escócia, a rainha Mary, aclamada por suas tropas em frente ao Castelo de Edinburgh, em 1561.

Um exemplo

As quatro molduras semióticas da mercadoria como signo, discutidas anteriormente, podem ser brevemente ilustradas em uma antiga publicidade de carro que uniu essas molduras de modo exemplar. Trata-se do Thunderbird Esporte, da Ford. A mensagem buscava criar um signo multimolduras cujo foco principal estava no signo utilitário com componentes semânticos do tipo "Motor 6.0, litro V-8, 150 hp, equipamento-padrão etc." O signo econômico consistia na oferta de três anos de garantia e serviços para a vida toda. O signo sociocultural encontrava-se no nome da marca associada com esportes (Thunderbird Esporte) e na referência textual a passeios e viagens. O signo mítico estava também relacionado ao nome da marca, visto que *thunderbird* é um pássaro mítico que, para os índios americanos, provoca relâmpagos e trovões. Esse signo também aparecia na marca, sob a forma de um pássaro de asas estendidas. Além disso, esse mesmo signo ficava implícito no *slogan*, "Ir como o vento". Esses significados intencionados não eram inerentes à mensagem. Aos consumidores que não tinham familiaridade ou tinham apenas vago conhecimento do mito indígena, o signo mítico não se atualizava ou permanecia fragmentário. Aqueles que nada sabiam sobre motores e outros detalhes técnicos também não desenvolviam um signo utilitário.

PROCESSOS DE SEMIOTIZAÇÃO DAS MERCADORIAS

Depois de discutir as molduras semióticas mais típicas, a relação dessas molduras no processo de semiotização das mercadorias deve ser determinado. Essa relação depende do tipo de mercadoria e será discutida mais adiante, depois da apresentação das categorias prototípicas de produtos.

Categorias prototípicas de produtos

Embora tenha sido mostrado que todas as mercadorias podem ser decodificadas dentro de suas três principais molduras, discutiremos agora que há molduras semióticas prototípicas para muitas categorias de produtos, apesar de que possa haver imprecisão tipológica em alguns casos. Assim, há produtos prototipicamente utilitários e prototipicamente socioculturais. A primeira categoria inclui ferramentas, máquinas e alimentos básicos. A segunda compreende produtos como vestimentas excêntricas, flores, *souvenirs*, romances, pinturas ou *performances* de ópera. A terceira categoria maior de produtos prototipicamente comerciais, compreendendo mercadorias tais como ações, títulos do Estado, moedas estrangeiras e dinheiro em geral, não será discutida em detalhes aqui.

A categoria à qual um produto prototipicamente pertence não é inerente a ele mesmo, mas observável empiricamente pelo modo de consumo prevalecente e pela primazia histórica ou genética na evolução de uma mercadoria. Para um produto predominantemente utilitário, a dimensão cultural é secundária no seu uso atual e/ou na sua história. Assim, liquidificadores são prototipicamente produtos utilitários. O design industrial deles é secundário em relação à sua utilidade. Moedas são prototipicamente produtos comerciais. O fato de alguns indivíduos usarem moedas na forma de braceletes tem pouco a ver com a evolução e o uso predominante dessa mercadoria. Entretanto, as mercadorias podem mudar sua classe prototípica. Assim, máquinas de escrever, que são colecionadas devido ao seu design industrial fora de circulação, mudaram da categoria utilitária para a sociocultural.

Processos prototípicos de semiotização

O processo típico de semiotização de produtos predominantemente utilitários, discutido anteriormente, é diferente daquele das mercadorias prototipicamente socioculturais.

Produtos prototipicamente utilitários

O processo prototípico na gênese dos signos das mercadorias primariamente utilitárias segue a seguinte ordem: signo utilitário (u), signo econômico (e), signo sociocultural (sc). A maioria das discussões sobre semiotização das mercadorias, via de regra, concentra-se na terceira fase do processo. McCracken (1986, p. 74), por exemplo, estuda a fase de semiotização na discussão da transferência do significado cultural para os produtos.

A semiotização prototípica dessa categoria de produtos é característica da semiose em um mundo econômico de "razão prática". Isso pode ser mais bem ilustrado pelo exemplo de simples ferramentas e instrumentos técnicos. Se vistos de algum modo como signos, martelos e pregos são, antes de tudo, signos utilitários. Como signos comerciais, eles dependem de suas qualidades utilitárias: um consumidor racional avalia seu preço na base de seu valor de uso. O produtor também avalia o significado comercial da mercadoria como signo (isto é, custos e lucro) em termos de uma semântica utilitária relacionada com materiais, produção e distribuição no varejo. Os significados socioculturais mais raros associados com ferramentas, como pregos e parafusos, resultam de uma adição semântica (uma conotação terciária) aos outros dois níveis. Eles pressupõem o signo utilitário (de cujos traços técnicos eles derivam) e são secundários ao signo comercial.

Outro produto utilitário que é prototipicamente semiotizado na ordem u → e → sc é o leite: seu valor nutricional e gosto são primariamente (u), por exemplo, isso é o que conta para a criança, seu preço (e) é secundário, tanto é que o comércio do leite veio mais tarde na evolução da cultura do que seu consumo, e as conotações socioculturais, tais como "vida do campo" ou "natureza" (sc) vieram ainda mais tarde e são assim terciárias na evolução desse produto. Mas nem todos os alimentos seguem a ordem dessa semiotização prototípica. Refrigerantes, por exemplo, são mercadorias cuja imagem de marca é criada em um processo de semiotização que é atípico nos produtos alimentícios.

Alguns produtos que devem preencher uma função utilitária no seu uso prático, apesar disso não são semiotizados na ordem de u → e → sc, mas na ordem u → sc → e. Nessa classe de mercadorias, não apenas a utilidade prática (u), como também o estilo ou o design industrial (sc) são fatores essenciais que determinam o valor comercial (e) do produto (por exemplo, um móvel da moda ou uma porcelana ornamentada). Essas mercadorias utilitárias são menos prototípicas. Elas se situam entre a categoria prototipicamente utilitária e a sociocultural.

Produtos prototipicamente socioculturais

A ordem prototípica de semiotização dessa categoria de produto é sc → e. Por exemplo, distintivos ou romances são objetos primariamente de cultura e seu valor comercial vem em segundo lugar. Às vezes, há uma terceira fase de semiotização (sc → e → u): um livro de capa dura tem uma utilidade prática maior (u) do que uma edição de capa mole. Distintivos de um tipo são mais duráveis do que outros que podem quebrar facilmente. Um signo prático utilitário associado com uma escultura de barro, em contraste com uma de bronze, é que aquela se quebra com mais facilidade. Se o objeto material é predominante até o ponto de afetar essencialmente o seu preço, por exemplo, uma escultura de ouro, a ordem de semantização pode ser sc → u → e.

Modos desviantes de semiotização

São três os modos desviantes de semiotização: o atípico, o falacioso e o degenerado.

Semiotização atípica do produto

Esse processo pode ser encontrado na esfera sociocultural. Ele caracteriza objetos cujo status de mercadoria é objetado ou rejeitado pelas sociedades ou culturas. Nesse sentido, um ser humano vendido como um escravo é uma mercadoria atípica nos nossos tempos. Objetos sagrados são igualmente mercadorias atípicas em culturas que acreditam que relíquias e igrejas não deveriam ser vendidas (sc → e). Até certo ponto, objetos de arte são mercadorias atípicas também (ver Capítulo 15). Distinguindo-se de qualquer outra transação comercial, a venda de um Rembrandt a um país estrangeiro, por exemplo, é vista como um ato não patriótico.

Em um caso extremo de semiotização atípica, o objeto de arte pode mesmo se tornar um signo utilitário (sc → u) quando, por exemplo, ele é considerado de um ponto de vista puramente utilitário, no caso em que um consumidor compra uma pintura pelo motivo primário de pendurá-la na parede a fim de cobrir manchas de infiltração.

Falácias semióticas

Reversões na ordem de semantização nas quais o consumidor toma o signo prototipicamente secundário da mercadoria como base de avaliação do signo primário constituem falácias semióticas. Há muito tempo, Veblen (1899) descreveu um desses tipos de falácias: compra de uma mercadoria de acordo com o princípio "caro, portanto, bom" (e → u).

Uma outra falácia clássica na semiotização de mercadorias foi estudada na conexão com o marketing das marcas cola (Coca, Pepsi). Pressupõe-se que muitos consumidores percebem certas marcas de cola primariamente como signos socioculturais (cf. Coca-Cola como a encarnação do mito americano) e avaliam seu sabor nessa base (sc → u). Embora muitos consumidores possam não ser afetados por essa falácia, outros evidentemente cometem a falácia de preferir uma marca mítica de cola cujo sabor eles não identificariam em um teste cego de sabor.

Semiotização degenerada

Este modo de semiotização da mercadoria caracteriza-se pelo conflito ou mesmo pela contradição entre traços semióticos primários e secundários das mercadorias. O produto é consumido devido a características semióticas secundárias positivas, a despeito de consideráveis deficiências de seus traços prototipicamente primários. Por exemplo, o signo sociocultural da mercadoria está em conflito com o signo econômico quando o produto é consumido mesmo no caso de o consumidor não ter posses para isso, por exemplo, um carro de prestígio.

Há conflito entre o signo utilitário e o socioeconômico quando o produto é consumido mesmo não sendo prático, por exemplo, moda de roupas muito justas ou um alimento a despeito de seu sabor desagradável. Por exemplo, jovens fumando ou bebendo cerveja pela primeira vez, a fim de serem aceitos por seus consumidores pares, consomem um produto como um signo sociocultural que está em contradição com o signo utilitário do sabor, pois este sinaliza, em primeiro lugar, a aversão.

A LINGUAGEM DAS MERCADORIAS COMO UM SISTEMA

Se as mercadorias merecem ser consideradas linguagem, elas deveriam ser analisáveis em relações paradigmáticas e sintagmáticas (ver Capítulo 3), dois tipos de relações que formam os dois eixos clássicos da estrutura linguística. Enquanto o eixo paradigmático se refere às alternativas (lexicais ou semânticas) e oposições a um signo, o sintagmático refere-se à sintaxe, às regras para a combinação dos signos.

A dimensão paradigmática

Barthes (1964a, p. 63; 1967) esteve entre os primeiros a propor uma análise da dimensão paradigmática das mercadorias. Depois dele, a pesquisa sobre o consumidor americano começou com a exploração dessa dimensão do mercado (cf. Mick, 1986, p. 202-3). O estudo da dimensão paradigmática de um sistema semiótico deve explorar tanto as similaridades como as diferenças entre os objetos sob consideração. De acordo com a semelhança semântica, as unidades de um sistema são agrupadas para formar classes de signos. A classificação das mercadorias por marcas e tipos de produtos, realizada pelo gerente de um supermercado, reflete uma possível classificação semiótica das mercadorias como signos práticos (utilitários). Pelas diferenças entre signos, as mercadorias entram em oposições que constituem estruturas do sistema semiótico.

Na linguagem das mercadorias, essas estruturas de oposição são enfatizadas pela concorrência entre marcas e classes de produtos. A tese de Saussure, de que um sistema semiótico, e com ele o significado de seus signos, só se constitui pelas diferenças entre seus elementos, é particularmente verdadeira para a linguagem das mercadorias. Uma vez que a competição é o motor de um mercado livre, deveria ser evidente que a linguagem das mercadorias é, sem dúvida, um sistema semiótico. Na intenção dos produtores e publicitários, essa linguagem tem até mesmo uma natureza semiótica radical. A linguagem das mercadorias luta por maximizar as diferenças e minimizar as semelhanças entre produtos concorrentes. A mais convincente ilustração dessa tese se encontra na competição entre as chamadas marcas genéricas e suas réplicas materialmente idênticas, vendidas em embalagens diferentes, sob nomes diferentes e preços mais altos.

A sintaxe das mercadorias

Se as mercadorias são combinadas pelo produtor e pelo consumidor de uma maneira significativa, semelhante à combinação das palavras em uma sentença, essa combinação resultará em uma mensagem da mercadoria. As regras que determinam essas combinações no espaço e no tempo formam a dimensão sintagmática da linguagem das mercadorias. Barthes (1964a, p. 63) propôs estudar essas combinações de partes das roupas em vestimentas, comida em menus ou peças de mobília na organização de uma sala como estruturas sintagmáticas. Kehret-Ward (1987) também sugeriu estudar as combinações entre produtos como uma sintaxe das mercadorias.

Todavia, os estudos das combinações de produtos levaram apenas à descoberta de sintaxes muito rudimentares de mercadorias. Com exceção de algumas regras culturais ou estéticas que restringem as possibilidades de combinar produtos, como toalhas de mesa, comida, peças de mobília ou suas cores, formas e tamanhos, há pouca evidência de uma sintaxe sistemática das mercadorias. Note-se que a transição de palavras para sentenças em uma língua leva a duas dimensões essencialmente novas na sintaxe, restrições de ordem linear e predicação, isto é, a formação de um novo significado holístico pela combinação de um argumento (isto é, de um assunto) com um predicado. Diferentemente da sintaxe linear da língua, as fracas regras culturais e estéticas da sintaxe dos produtos são essencialmente regras de combinação que prescrevem ou restringem a ordem dos elementos em uma possível mensagem pluridimensional das mercadorias.

Não parece haver nada comparável ao princípio de predicação na sintaxe das mercadorias. As combinações dos produtos são basicamente aditivas, mesmo quando essa adição resulta em constelações típicas de produtos, como "garfo e faca", "xícara e pires", "mesa e cadeira" ou combinações similares de produtos que são, por vezes, vendidos apenas como conjuntos. Em tais constelações de produtos, do tipo A + B, o significado cultural de A não é especificado ou modificado por B do mesmo modo que o predicado "dourado" modifica o argumento "garfo" na predicação "O garfo é dourado". Em contraste com sua dimensão paradigmática altamente estruturada, devemos concluir que a linguagem das mercadorias possui uma sintaxe bastante fraca.

PARTE III

ESTRATÉGIAS SEMIÓTICAS

6

Panorama da semiótica da publicidade

A semiótica da publicidade teve início nos anos 1960. Após ser primeiramente influenciada por aspectos crítico-ideológicos, continuou desenvolvendo-se, desde então, em muitas outras direções. Teoria geral dos signos, semiótica textual, semântica e pragmática, retórica, mitos, arquétipos, símbolos, poesia e metáforas tornaram-se alguns dos instrumentos e temas da análise semiótica da publicidade, o que diminuiu mais e mais o abismo ideológico que separava, de um lado, uma semiótica crítica da publicidade, de outro, a investigação empírica de marketing e consumo. Assim, marketing, semiótica e pesquisa de consumo passaram a se unir, a fim de pesquisar as mensagens dos produtos de consumo de forma interdisciplinar com perspectivas complementares.

POSIÇÃO DA PESQUISA E DE RELAÇÕES INTERDISCIPLINARES

Textos publicitários sobre bens de consumo e serviços em jornais, revistas, cartazes, no cinema, na televisão e na internet representam um objeto de investigação, do qual, além da semiótica, se ocupam também muitas ciências adjacentes.

Referências interdisciplinares

Disciplinas relacionadas que, por tradição, se interessaram pelo estudo das mensagens publicitárias são: psicologia (muitas vezes em um veio mais popular; cf. Dichter, 1960), sociologia, por exemplo, Berman (1981), antropologia (cf. Leiss, 1983), marketing, jornalismo e pesquisa de meios de comunicação de massa (cf. Moragas Spa, 1976; Durand, 1981; Dyer, 1982; Sowinski, 1998), a teoria do design (Millum, 1975), os estudos de gênero, com Goffman (1976) e Umiker-Sebeok (1981), a retórica e a estilística, com Spitzer (1949), Galliot (1955), Corti (1973), Sahihi & Baumann (1987), Eichholz (1995) e Stöckl (1997), e a linguística, com vários estudos da "língua de publicidade": Penttilä (1962), Leech (1966), Römer (1968), Block de Behar (1973), Garfinkel (1979), Geis (1982), Everaert-Desmedt (1984), Vestergaard & Schrøder (1985), Eichholz (1995), Cook (1992), Fritz (1994), Greule & Janich (1997), Stöckl (1997), Goddard (1998), Sauer (1998) e Iasbeck (2002).

Entre essas várias abordagens para a publicidade encontram-se muitos estudos que podem ser caracterizados como semiótica implícita ou que consideram a semiótica no âmbito de um procedimento pluralista, como uma entre outras abordagens sobre a pesquisa publicitária (por exemplo, Dyer, 1982).

Abordagens semióticas da publicidade

Conforme já afirmado anteriormente, a semiótica da publicidade começa com os clássicos da semiótica moderna nos anos 1960. Naquela época, foram muito consideradas as contribuições de Roland Barthes e Umberto Eco sobre o tema. A história inicial da semiótica da publicidade, especialmente na França, na Itália e na Espanha, foi revista por Victoroff (1972), Spillner (1980), Dyer (1982, p. 114-38) e Pérez Tornero (1982). Relatórios de pesquisa encontram-se em Hetzel & Marion (1995) e Mick (1997, 1999). O ainda crescente número de monografias e coletâneas baseadas em abordagens semióticas para publicidade aparece em, por exemplo, Langholz-Leymore (1975), Nöth (1975), Williamson (1978), Everaert-Desmedt (1984), Magariños de Morentin (1984), Handl (ed., 1985), Leiss et al. (1986), Henny (ed., 1987), Umiker-Sebeok (ed., 1987), Wachtel (1988), Floch (1990), Larsen et al. (eds., 1991), Spörri (1993), Fritz (1994), Nadin & Zakia (1994). Poddig (1995) indica que esse tópico constitui um dos ramos principais da pesquisa semiótica aplicada.

Semiótica, marketing e pesquisa de consumo

A publicidade é um dos temas centrais da pesquisa de marketing (Dunn; Barban, 1986; Kroeber-Riel, 1988; Brierley, 1995). Em virtude de sua concentração na possibilidade de se quantificar os resultados, de sua psicologia científica comportamental e, às vezes, de seus fundamentos reducionistas, as abordagens do marketing mantiveram-se, por um longo tempo, distantes da semiótica. Todavia, a mudança provocada por alguns pesquisadores, que passaram a utilizar métodos não quantitativos, causou uma aproximação entre a semiótica e a pesquisa de marketing (primeiramente, com Le Boeuf, 1979). Entre as tendências que apresentam uma especial aproximação com a semiótica figuram, em primeiro lugar, as teorias do consumo simbólico (DeLozier, 1976; Levy, 1978; Holbrook; Hirschman, 1993) e da estética do consumo (Hirschman & Holbrook, eds., 1981), por meio das quais se procura conceber a compra, a venda e o consumo de produtos como uma forma da ação simbólica e, com isso, como um processo comunicativo e sígnico. As referências à semiótica, nesse caso, são estabelecidas de dois modos. Por um lado, trata-se de signos e mensagens sobre mercadorias, portanto, de um tema da semiótica textual; por outro, trata-se de mercadorias como signos e da troca de mercadorias como uma troca de mensagens, portanto, de um tema da semiótica das mercadorias propriamente dita (Fritz, 1994).

Outras aproximações entre marketing e semiótica são motivadas pelo crescente interesse da pesquisa de mercado nas abordagens qualitativas e naquelas fundadas cultural e cientificamente. Testemunhos dessa aproximação são a conferência internacional sobre marketing e semiótica (Umiker-Sebeok, ed., 1987), a circular *Marketing Signs* (Bloomington 1 [1987] ss.), os cadernos temáticos do *International Journal of Research in Marketing* 4.1-2 (1988), os cadernos temáticos do *Quaderni di Richerche Semiotiche* 1.2 (1987) e *Semiotic Inquiry* 8.3 (1988), Larsen et al. (eds., 1991), Lambkin et al. (eds., 1998), bem como Mick (1997, 1999) e Pasquier (1999).

A MENSAGEM DA PUBLICIDADE

As mensagens publicitárias são caracterizadas por uma relação particular de tensão entre informação explícita e oculta. Por um lado, a mensagem publicitária parece conter sempre um mesmo núcleo, por outro, parece transmitir mensagens ocultas, que necessitam de habilidades semióticas para serem decodificadas.

A mensagem publicitária como gênero

A despeito da multiplicidade de meios e estratégias semióticas, os anúncios continuam sendo um gênero textual com um cerne semântico e pragmático um tanto invariante (ver Capítulos 2 e 8). Na perspectiva pragmática, todo processo de publicidade implica um ato semiótico da troca de mensagem que tem como meta um ato econômico de troca de mercadoria. Não existe mensagem publicitária sem um apelo desses, mesmo que ele não seja formulado explicitamente (Nöth, 1983). Semanticamente, toda mensagem publicitária contém uma proposição, cujo argumento identifica o produto e cujo predicado atribui ao produto uma qualidade positiva. Também essa mensagem frequentemente não é explícita, mas todo receptor sabe que um texto publicitário não quer propor nada além de transmitir uma mensagem sobre um produto.

Todo consumidor está bem familiarizado com as mensagens que estão no cerne do gênero publicitário. Mesmo assim, algumas de suas invariantes ficam tipicamente escondidas ou mascaradas na estrutura superficial de um anúncio. Há uma "estratégia de ocultação" (Charaudeau, 1983, p. 124) em relação a qualquer referência aos interesses econômicos do anunciante, que é evitada ou cuidadosamente mascarada na mensagem. Por exemplo, o apelo de compra, o apelo ao consumidor para que ele compre o produto, é totalmente evitado ou substituído por um outro apelo (como "desfrute X"). O próprio contratante da mensagem publicitária, o produtor, também não aparece, mas sim se deixa representar por uma suposta autoridade ou um ator popular como porta-voz da mensagem (Everaert-Desmedt, 1984).

Dessa forma, a publicidade apresenta-se como gênero textual recepcionado pelo consumidor em dois níveis, o nível de uma mensagem pública ou de superfície e o nível da mensagem escondida ou profunda. Existe um conflito típico entre os conteúdos das mensagens públicas e das escondidas na publicidade: a indicação pública (estrutura superficial) sobre a intenção "indigna" de lucro e de venda (estrutura profunda) é prejudicial à eficiência da mensagem publicitária.

Oposição semântica estrutural profunda

Uma tentativa de investigar estruturas semânticas profundas e mesmo semânticas universais da publicidade foi empreendida por Langholz-Leymore (1975). Sua abordagem semiótica textual segue o modelo estrutural de Lévi-Strauss sobre a análise estrutural dos mitos. De acordo com esse estudo, publicidade é um mediador entre o concreto (o produto) e o abstrato (os signos). As características semânticas da publicidade aparecem como uma estrutura binária na qual as propriedades positivas do produto anunciado e as propriedades negativas dos produtos competitivos são explícita ou implicitamente contrastadas. Os dois produtos e suas propriedades positivas/negativas formam um signo duplo, do qual os primeiros são os significantes e os últimos, os significados. Dentro desse signo duplo, uma relação de equivalência insere-se entre os dois produtos opostos e suas duas qualidades. A análise dessas oposições binárias conduz à conclusão de que a publicidade, assim como o mito, é concernente com respostas encontradas para problemas humanos universais como vida e morte, felicidade e miséria, guerra e paz, ódio e amor. Esses temas universais estão presentes com a mesma regularidade em estruturas profundas tanto da publicidade como do mito. Mas por causa dos trabalhos publicitários com significados mais simples, eles aparecem como forma degenerada do mito.

Oposições semânticas também são destaque em outros estudos semióticos sobre a publicidade (Lindekens, 1974, 1975; Porcher, 1976). Chébat & Lindekens (1975) argumentam que a estrutura fundamental positivo/negativo na mensagem persuasiva da publicidade implica um paradoxo pragmático e lógico.

Estruturas narrativas profundas

Outra área da pesquisa, inspirada no modelo da gramática narrativa do discurso de Greimas, especialmente seu modelo representacional, é a análise das constelações narrativas na publicidade. Os primeiros passos nessa direção foram dados por Charaudeau (1983, p. 122-30), Everaert-Desmedt (1984, p. 97-129, 247-52), Floch (1985), Vestergaard & Schrøder (1985, p. 27-32, 93-97), Broms & Gahmberg (1987), Floch (1990), Spörri (1993) e Fritz (1994). Aqui, também se trata de posições semânticas binárias, além de sua ampliação para os quadrados semióticos. O modelo actancial de Greimas serve para atribuir aos textos publicitários uma estrutura narrativa profunda, na qual o consumidor, por exemplo, assim como no conto de fadas, aparece no papel de um herói que tem o produto ao seu lado como instância auxiliadora contra um oponente poderoso (por exemplo, o próprio fracasso) no intuito de alcançar uma vitória. No que concerne a outras abordagens sobre a análise das estruturas narrativas na publicidade, ver, entre outros, Kloepfer (1986b) e Mick (1987).

Conotações ideológicas

Desde os primeiros estudos semióticos da publicidade nos anos 1960 e 1970, o conceito semântico de conotação de Hjelmslev tem sido usado como ferramenta de análise dos conteúdos ideológicos das mensagens publicitárias, que residem além do nível primário de significado. Segundo Barthes (1964c), a mensagem ideológica da publicidade encontra-se escondida nos conotadores do texto, que se amalgamam em sistemas de conotações.

Enquanto a ideologia pode ser detectada na estrutura de conteúdo da publicidade, o seu nível de expressão, segundo Barthes (1964a, p. 93), é o lugar da retórica publicitária. Retórica e ideologia formam, assim, um signo do qual a primeira é a expressão (ou significante) e a última é o conteúdo (ou significado). A abordagem semiológica de Barthes tem estimulado um número de análises publicitárias. Ehmer (1971b), Péninou (1972), Pérez Tornero (1982) e Poddig (1995) têm estudado sistemas de conotação em publicidade. Estudos semânticos de sistemas ideológicos em publicidade têm sido realizados por Williamson (1978), Haug (1981), Wernick (1983), Rabelo Campos (1984) e, em parte, por Vestergaard & Schrøder (1985). Williamson, em suas detalhadas análises de texto, também usa o modelo sígnico diádico de Saussure, mas dá ao conceito de ideologia uma interpretação marxista adicional.

Argumentação, persuasão e manipulação

Os trabalhos de Brown (1963), Geis (1982), Schöberle (1984), Wachtel (1988), Sornig (1989) e Stöckl (1997) tratam, entre outras, das questões sobre a efetividade argumentativa e das estratégias publicitárias de persuadir e convencer (ver Capítulo 7).

IMAGEM, TEXTO E CONTEXTO

As relações entre texto e imagem na publicidade são de interesse central em inúmeras pesquisas desde Barthes e Eco (Nöth, 1975, 1977; Porcher, 1976; Magariños de Morentin, 1984; Schöberle, 1984; Cornu, 1985, 1987; Langner, 1985; Vestergaard & Schrøder, 1985; Bishara, 2008a, Suárez, 2008). Análises exemplares das mensagens não verbais na publicidade são Goffman (1976) e Umiker-Sebeok (1979).

Mensagens verbais e icônicas segundo Barthes

As dimensões multimidiáticas da mensagem publicitária, em especial a combinação de imagem e texto, são um tema central na semiótica da publicidade. Barthes (1964c), por exemplo, distingue três tipos de mensagens na publicidade ilustrada. Apenas duas delas são codificadas. A primeira é a mensagem verbal, que depende do código da língua. Ela consiste no nome da marca e no comentário verbal das qualidades do produto. As duas outras mensagens são inseridas na imagem visual: uma é a mensagem icônica não codificada, na qual a imagem fotográfica denota analogamente os objetos "reais" de maneira que o significante e o significado são "quase tautológicos", e a outra é uma mensagem icônica codificada (ou simbólica). De acordo com Barthes, a última inclui as conotações do quadro em que se forma a imagem específica do produto que deve ser transmitida aos consumidores.

Eco e a retórica visual da publicidade

Eco fala dos códigos publicitários com registros duplos, um verbal e um visual, e distingue cinco níveis de codificação visual (1968, p. 271):

(a) o nível icônico (similar às "mensagens icônicas não codificadas" de Barthes);
(b) o nível iconográfico, baseado nas tradições históricas e culturais e convenções do gênero (cf. a "mensagem icônica codificada", de Barthes);
(c) o nível tropológico, com equivalentes visuais de figuras retóricas (por exemplo, metáforas visuais);
(d) o nível tópico, com as premissas e tópicos de argumentação; e
(e) o nível entimemático, com a real estrutura da argumentação visual.

O nível tropológico da publicidade, formulado por Eco, é tematizado em inúmeras pesquisas sobre as retóricas verbal e visual, especialmente sobre as metáforas visuais na publicidade: Bonsiepe (1966), Durand (1970, 1978), Dyer (1982, p. 158-82), Förster (1982), Magariños de Morentin (1984, p. 245-312), Sahihi & Baumann (1987), Spang (1987), Eichholz (1995), Forceville (1995), Poddig (1995), Rozik (1997) e Biondi & Picado (2006).

Iconicidade e indexicalidade

A "divisão mais fundamental de signos" de Peirce entre ícone, índice e símbolo tem frequentemente sido aplicada no estudo da publicidade (Bense, 1965; Nöth, 1975; Magariños de Morentin, 1984, p. 139-96; Vestergaard & Schrøder, 1985, p. 36-42; Santaella, 2002). Retratos realistas de produtos e seus consumidores, comparações, metáforas e outros signos referindo-se aos seus objetos por similaridade pertencem ao domínio do ícone na publicidade. Símbolos aparecem na linguagem verbal, nos nomes de marca, marca registrada e logotipos visuais. Na sua função mais prototípica, no entanto, a tentativa do publicitário de atrair a atenção do consumidor para o produto implica o ato de apontar, que é o signo indicial típico. Semiose indicial também ocorre nas estratégias mais sutis da atribuição de significado e na criação da imagem. Nöth (1975, 1977) descreve esses processos como transferência de estrutura indexical. Em vez de mostrar as estruturas positivas do produto iconicamente, que é frequentemente impossível, o produto é representado em contiguidade com objetos valiosos, estrelas de cinema e entidades similares, cujos atributos desejáveis são bem conhecidos. Ocorre uma transferência semântica por meio dessa relação de contiguidade. Tal transferência de estrutura implica uma relação de signo indexical: as estruturas transferidas para o produto referem-se a ele como um índice. Muitas conotações com as quais os produtos são associados na campanha publicitária são geradas por esse processo de semiose indexical (ver Capítulos 8 e 9).

O processo semântico de transferência de significado na publicidade é também tratado por Chébat & Hénault (1974, p. 6), Williamson (1978, p. 19), Spillner (1982, p. 99), Vestergaard & Schrøder (1985, p. 152). Lindekens descreve esse processo do ponto de vista da semântica estrutural e interpreta a transferência de significado como um processo de "assimilação de conteúdos inicialmente assemânticos" (1975, p. 8).

FUNÇÕES DA MENSAGEM PUBLICITÁRIA

Na base dos modelos funcionais de comunicação de Bühler e Jakobson, as funções da mensagem publicitária têm sido estudadas por Péninou (1972), Bachand (1978), Nöth (1983), Vestergaard & Schrøder (1985, p. 15-18), Cornu (1987) e Carrascoza (2004).

Publicidade como apelo

Na publicidade, a função apelativa é dominante e tem sido tradicionalmente (desde Strong, 1925, p. 348-59) expressa nos termos da popular fórmula Aida, de acordo com a qual a publicidade quer capturar (a)tenção, manter (i)nteresse, criar (d)esejo, e conseguir (a)ção. Essa função apelativa básica pode ser mais ou menos dominante em um anúncio específico e estar atrás de funções como a referencial (informativa), a fática (que tem como meta o contato com o consumidor) ou ainda a função poética.

Poesia da publicidade

Embora tenha uma estrutura distinta, a função poética está entre os componentes mais notáveis da mídia. Aspectos estéticos e poéticos da publicidade têm sido frequentemente comentados (cf. Ehmer, 1971a; Januschek, 1976; Barreto, 1978; Nöth, 1987a; Moeran, 1985; Bigal, 1993; Gonçalves, 2006; Peixoto, 2007). Kloepfer (1976, 1986a) mostra como os princípios da poética semiótica podem ser aplicados no estudo da linguagem da publicidade e tematiza a estética da publicidade. Nöth discute os efeitos estéticos do desvio e da recorrência na publicidade e propõe para estudo a relação entre publicidade, poesia e arte (Nöth, 1975, 1987b). Também pertencem à função poética da publicidade as metáforas visuais e as outras figuras contidas em mensagens publicitárias verbais e visuais (ver Capítulo 15).

Enfim, o panorama da semiótica da publicidade é amplo e diversificado, tendo produzido um grande número de rebentos. Os capítulos desta e das partes seguintes deste livro visam explorar algumas das facetas da semiose publicitária, especialmente aquelas em que os recursos, as estratégias e mesmo os ardis semióticos da publicidade ficam em evidência.

7

Mensagem publicitária: sugestão, sedução, persuasão

Não é novidade para ninguém que as estratégias de criação das mensagens publicitárias visam dotar essas mensagens de uma aura de sugestões, alusões, duplos e multissentidos. Objetivam também atrair e seduzir tanto quanto persuadir o receptor a respeito do valor denotado e dos valores conotados de um determinado produto. Não faltam estudos específicos sobre os modos de criação dos efeitos sugestivos da publicidade (ver, por exemplo, Chiachiri, 2006). A sedução está também inegavelmente no cerne do jogo de insinuações dos textos e imagens na publicidade, pela proximidade indecorosa que promovem com os objetos do desejo (Pinheiro, 1995, p. ix). Basta atentar para a presença dominante do gênero feminino nessas imagens, feminilidade cuja máxima expressão, segundo Baudrillard (1986, p. 25), encontra-se na sedução. Afirmar o poder de persuasão e a força do convencimento, acionados pela motivação, de que a publicidade é capaz já se tornou um truísmo.

No contexto dessa tríade, este capítulo visa evidenciar que essas três facetas fundamentais das mensagens publicitárias – sugestão, sedução e persuasão – encontram sua ajustada correspondência nas três categorias fenomenológicas desenvolvidas por C. S. Peirce. A sugestão está para a primeiridade assim como a sedução está para a secundidade e a persuasão para a terceiridade. Para bem compreender as correspondências propostas, antes de tudo é preciso que nos demoremos o tempo necessário na explanação das categorias para, depois, aproximá-las das três facetas correspondentes na publicidade.

A QUASE-CIÊNCIA DO *PHANERON*

A fenomenologia ou faneroscopia de Peirce é uma quase-ciência do *phaneron* (fenômeno), ou seja, da coleção total de tudo aquilo que, de qualquer modo e em qualquer sentido, se apresenta à mente em qualquer momento. Do exame dos modos de aparecer do *phaneron* resultou uma doutrina das categorias que, ao longo da obra peirceana, passou a funcionar como um fundamento sobre o qual a filosofia e a ciência repousam. Embora no seu contexto filosófico e científico e nos resultados a que chegou seja distinta da tradição fenomenológica europeia, tanto de Hegel como de Husserl, paralelos são sempre possíveis. Entretanto, este capítulo não tem em mente estabelecer tais comparações. O que pretendemos, neste primeiro momento, é apresentar um panorama da gênese, do método de descoberta empregado e do desenvolvimento da fenomenologia peirceana no contexto das ideias do próprio autor.

Há certo consenso na constatação de que a doutrina das categorias é a contribuição mais original que Peirce legou para a história da filosofia. Sua origem remonta a 1867, em um texto sob o título de "Sobre uma nova lista de categorias" (CP 1.545-1.559). O adjetivo "nova" tem como referência tentativas anteriores de levantamento de categorias, especialmente as de Aristóteles e de Kant. Peirce não se contentou com os resultados alcançados por eles. As categorias de Aristóteles foram derivadas de uma análise semilógica e semigramatical de formas compostas da fala, chegando a uma lista de dez tipos de simples expressões linguísticas predicáveis do sujeito. As de Kant foram derivadas da análise lógica dos julgamentos. Segundo Peirce, Kant não realizou qualquer análise pré-lógica antes de aceitar uma tabela de julgamentos lógicos da qual seu conjunto de categorias pode ser deduzido. Por isso, para Kant, categorias são os doze conceitos correspondentes às funções dos julgamentos tabulados na sua analítica transcendental. Nenhum desses conceitos, entretanto, é tão geral a ponto de acompanhar todos os pensamentos, justamente esta a primeira condição estabelecida por Peirce para que as categorias sejam universais.

O que Peirce estava tentando realizar na sua nova lista era a descrição apenas das concepções elementares e universais, presentes à mente, quando qualquer coisa a ela se apresenta. Elas devem ser formais e universais. Em contraste, as categorias de Kant são materiais e particulares. Nas palavras de Rosensohn (1974, p. 39):

> Isso fica claro quando, usando as categorias kantianas, analisamos uma simples proposição ou julgamento lógico como "Este fogão é negro". O julgamento experiencial foi subsumido sob uma categoria de relação apenas, o conceito de substância e acidente, uma categoria de quantidade, aquela da totalidade, uma categoria de qualidade, aquela de realidade, e assim por diante. [...] Nem todas as categorias kantianas são necessárias para que um objeto de consciência seja pensado. Por exemplo, no julgamento, "A atinge B", a relação substância-atributo é supérflua. Esse mesmo raciocínio se aplica à lista de Aristóteles. O predicado "atinge" pertence predominantemente à categoria particular da ação. Assim, as listas de Aristóteles e Kant são particulares, não universais.

As categorias universais, em contraste, pertencem a todos os fenômenos. Eram essas que Peirce buscava: elementares e universais. Elementares porque são constitutivas de toda experiência; universais porque são necessárias a qualquer entendimento. Para isso, Peirce não extraiu suas categorias da língua, nem da lógica, mas do retorno à experiência, no sentido de qualquer coisa que se força sobre nossas mentes. Assim, ele introduziu um novo método, baseado na análise fenomenológica, ou seja, análise do fenômeno, significando por fenômeno o reconhecimento geral daquilo que está contido na atenção (CP 1.546, 1867).

Portanto, o retorno ao fenômeno, não mediado por construções linguísticas (ponto de partida de Aristóteles), nem por um dado sistema de lógica (ponto de partida kantiano) constitui-se na originalidade da nova lista de Peirce. Olhar diretamente para o fenômeno, quer dizer, para tudo aquilo que, de alguma maneira, aparece, seja fato ou ficção, levantar os diferentes tipos de elementos que aí são detectados e formar uma concepção clara desses tipos, eis o método que Peirce levou a cabo, um método despojado de apriorismos, de pressuposições psicológicas, científicas ou metafísicas, de pré-julgamentos sobre "coisas" no mundo exterior (sejam elas *noumena* ou "causas desconhecidas" originárias das sensações) ou egos transcendentais que realizam o pensamento (ver Rosensohn, 1974, p. 30). Sem negar a teoria já estabelecida de que a função dos conceitos é reduzir a multiplicidade à unidade, Peirce foi diretamente às aparências (*phaneron*, aquilo que aparece) nelas mesmas.

Outro aspecto de sua originalidade está no fato de que, na análise do fenômeno, Peirce encontrou uma concepção ou momento do pensamento, o presente em geral, o presente como está presente, a presentidade, que é anterior à análise. Assim sendo, ele pôde começar com essa espécie de premissa epistemológica primária, não precisando pressupor, como Kant, sensações atômicas como material primário do pensamento. Nas palavras de Peirce:

> Kant dá a falsa impressão de que as ideias se apresentam separadamente e, então, são pensadas juntas pela mente. Esta é sua doutrina de que uma síntese mental precede toda análise. O que realmente acontece é que algo se apresenta que, em si mesmo, não tem partes, mas mesmo assim é analisado pela mente, quer dizer, que esse algo tenha partes consiste no fato de que a mente depois reconhece essas partes nele. Essas ideias parciais não estão realmente na primeira ideia, em si mesma, embora elas estejam destacadas dela. É um caso de distilação destrutiva. Quando, tendo separado-as, pensamos nelas, somos levados, a despeito de nós mesmos, de um pensamento ao outro, e nisso reside a primeira verdadeira síntese. Uma síntese anterior a isso é uma ficção (CP 1.384, 1890).

O que resultou do emprego do método peirceano, conforme está detalhadamente descrito e aplicado na sua nova lista, foram três elementos universalmente presentes em todos os fenômenos, então denominados qualidade, relação e representação. Anos mais tarde, Peirce se deu conta de que a relação não é privilégio do segundo elemento, pois ela também está presente na representação. Passou então a denominar o segundo elemento de reação. Também se deu conta de que a representação é apenas uma face de uma categoria mais geral, que é aquela da mediação, substituindo, portanto, aquela por esta. Mais tarde ainda, adotaria como terminologia genérica para suas categorias os nomes primeiridade, secundidade e terceiridade.

Apesar do grande esforço intelectual despendido para chegar a essas categorias, Peirce ficou insatisfeito com o resultado e, durante 18 anos, abandonou suas categorias aparentemente ao esquecimento. Na realidade, entretanto, foram anos de hibernação, de recolhimento para melhor saltar. Quando as categorias voltaram, em 1885, não se restringiam apenas ao pensamento e à experiência. Elas voltaram também como categorias da natureza.

CATEGORIAS DO PENSAMENTO E DA NATUREZA

Peirce estendeu o escopo de suas categorias do reino do pensamento ao reino da natureza para postular sua universalidade. Desde o verão e o outono de 1885, como está expresso em seu texto "Um, dois, três: categorias fundamentais do pensamento e da natureza" (W5, p. 242-7), ele desenvolveu uma compreensão crescente da utilidade de suas categorias para a lógica até o ponto de especular que elas fornecem a chave para o seu rico e unificado sistema das ciências.

> Todo o organismo da lógica pode ter evoluído mentalmente dessas três concepções de primeiro, segundo e terceiro. [...] Se essas três concepções entram, como sabemos que elas entram, como elementos de todas as concepções conectadas com o raciocínio, elas devem estar virtualmente na mente quando o raciocínio começa. [...] Nesse sentido, elas devem ser ideias inatas [...] e deve haver na consciência três faculdades correspondendo a essas três categorias. [...] Esses três elementos fundamentais da consciência devem ser passíveis de uma explicação fisiológica a partir das propriedades fundamentais do sistema nervoso (W5, p. 245-7).

Em um texto escrito nessa mesma época sob o título de "Uma adivinhação para o enigma" (W5, p. 166-210), a mesma ideia foi expandida quando Peirce declarou que a importância das categorias lhe chegou no estudo da lógica, na qual elas desempenham um papel tão notável que ele foi levado a procurá-las na psicologia (W5, p. 176). Tendo as encontrado novamente aí, ele não pôde evitar de perguntar se elas não entravam na fisiologia do sistema nervoso. Desenvolvendo hipóteses, ele as detectou também nesse campo, e então surgiu naturalmente a questão de como elas apareciam na teoria do protoplasma em geral. A partir disso, ele não teve dificuldades em seguir esse caminho para o domínio da seleção natural. Tendo chegado até esse ponto, Peirce foi irresistivelmente levado às especulações sobre a física. No fim, ele foi induzido a olhar ainda mais longe para examinar a aplicação de suas três ideias até os problemas mais profundos da alma, da natureza e de Deus. Ele percebeu que as categorias poderiam levá-lo ao coração desses mistérios primordiais.

A sequência anterior descrita corresponde aproximadamente à sequência dos capítulos propostos para o livro *Uma adivinhação para o enigma*. Sob o título de "Tricotomia", o primeiro capítulo pretendia mostrar a ubiquidade das três categorias. De acordo com Houser (2000, p. xlix), o capítulo 2, "A tríade no raciocínio" provavelmente nunca foi escrito, mas alguns dos textos que Peirce escreveu nesse período podem fornecer algumas sugestões do que ele tinha em mente para esse capítulo. O capítulo 3, "A tríade na metafísica", consiste apenas de um fragmento, mas indica a direção que seu desenvolvimento teria: Peirce via sua cosmologia na relação com o pensamento grego, particularmente com a filosofia pré-socrática.

No capítulo 4, suas categorias foram aplicadas ao campo da psicologia. Dessa aplicação, Peirce concluiu que há três tipos de consciência: sentimento imediato, sentido polar e consciência sintética. Da psicologia, ele avançou, no capítulo 5, à aplicação das três categorias ao desenvolvimento biológico. Aqui, sua primeira categoria corresponde ao princípio do acaso; sua segunda categoria corresponde ao princípio da hereditariedade ou compulsão e a terceira categoria, ao princípio da eliminação de caracteres desfavoráveis ou generalização. O capítulo 7 está preocupado com a "Tríade na física". Neste, Peirce anunciou sua adivinhação de que há três elementos ativos no universo: acaso, lei e aquisição de hábito. Embora ele pretendesse terminar seu livro com "A tríade na sociologia" e "A tríade na teologia", não indicou quais tríades esperava encontrar nesses dois campos.

Embora Peirce não tenha tido a oportunidade de levar à frente o projeto desse livro, o inacabamento em que o deixou já é capaz de nos fornecer uma ideia clara da estrutura unificada de suas concepções fundamentais. Também nos permite estimar a universalidade e a fecundidade dessas concepções para a compreensão dos mais distintos fenômenos, no caso deste capítulo, das três facetas estratégicas do discurso publicitário.

CATEGORIAS MAIS PRECISAS: O TEMPO DA COLHEITA

Na sua bela e cuidadosa introdução ao volume 5 dos *Writings*, apoiado em outros estudiosos da obra de Peirce, Houser (2000) afirma que houve um desenvolvimento significativo no pensamento peirceano depois de ele ter introduzido os quantificadores lógicos, em meados de 1880. Os quantificadores trouxeram consigo a descoberta de que a primeira categoria podia ser indicada quantitativamente por uma variável. Isso ajudou Peirce a adotar a visão de que há possibilidades reais, isto é, possibilidades que podem não se atualizar nunca. Mais importante, entretanto, foi o aumento de precisão na concepção das categorias depois de 1890. Isso viria reforçar cada vez mais sua confiança nas categorias como base para toda a sua obra.

A maioria dos especialistas concorda que a segunda metade dos anos 1890, especialmente 1897, foi o começo do período do pensamento maduro de Peirce. Em 1890, ele admitiu pela primeira vez que a realidade se estende para o reino não cognitivo da atualidade e que há singulares fora da cognição. Por volta de 1896, ele formou "uma nova concepção do *continuum* depois de descobrir que contínuos devem envolver possibilidades não atualizadas. O que quer que seja contínuo, portanto, envolve possibilidade real e é consequentemente de uma natureza geral" (Houser, 2000, p. lxxx).

Assim, em 1897, Peirce admitiu que mesmo a possibilidade é real. Por meio da lógica dos relativos, que revelou vários tipos de possibilidades, descobriu que a possibilidade é uma consequência do pragmatismo. Quando chegou à conclusão de que há gerais fora do pensamento, este novo *insight* trouxe vida nova ao seu pragmatismo engatinhante. Isso tudo conduziu a um outro grande salto na sua vida intelectual similar ao da "Adivinhação para o enigma". Não foi por casualidade que, por volta de 1897, ele afirmou: "O desenvolvimento de minhas ideias tem sido fruto do labor de 30 anos. Não sabia se algum dia chegaria a publicá-las, pois seu amadurecimento parecia tão lento. Mas o tempo da colheita chegou afinal, e, para mim, essa colheita é selvagem, mas, certamente, não sou eu que tenho de julgar. Também não é você, leitor individual, mas será a experiência e a história" (CP 1.12, 1897).

Em um trabalho anterior, discuti que o "tempo da colheita" veio quando Peirce encontrou soluções para uma série de questões cruciais do seu pensamento (Santaella, 1992). A unificação que as categorias trouxeram para a arquitetura de sua filosofia foi fundamental para essas soluções.

O CONTEÚDO DAS CATEGORIAS

Embora o estudo das categorias tivesse ocupado décadas de sua vida, foi só em 1902 que Peirce introduziu pela primeira vez o termo fenomenologia para nomear uma quase-ciência com a função de fazer a análise mais radical de toda experiência, estando aí a primeira tarefa a que a filosofia tem de se aplicar (CP 1.280, 1902). Um ano depois, Peirce definiu a fenomenologia como a doutrina que estuda os tipos de elementos universalmente presentes no *phaneron* (CP 1.186, 1903). Portanto, uma quase-ciência responsável pela observação dos fenômenos encontrados na experiência comum, para extrair deles as mais simples generalizações, ou seja, os elementos universais indecomponíveis de tudo aquilo que aparece à mente e que Peirce chamou de categorias.

Presentes em todo e qualquer fenômeno, seja ele físico ou psíquico, as categorias são conceitos simples, aplicáveis a qualquer coisa, enfim, são ideias amplas, dinâmicas e interdependentes, ou melhor, onipresentes. Sendo universais e formais, elas não substituem, não excluem, nem entram em atrito com a infinita variedade de outras tantas categorias materiais e particulares que podem ser encontradas em todas as coisas.

Para se ter uma ideia da amplitude e abertura máxima dessas categorias, em seu nível mais geral, a primeiridade, ou mônada, corresponde às noções de acaso, indeterminação, vagueza, indefinição, possibilidade, originalidade irresponsável e livre, espontaneidade, frescor, potencialidade, presentidade, imediaticidade, qualidade, sentimento.

A secundidade, ou díada, é o determinado, terminado, final, objeto, correlativo, necessitado, reativo, estando ligado às noções de relação, polaridade, negação, matéria, realidade, força bruta e cega, compulsão, ação-reação, esforço-resistência, aqui e agora, oposição, efeito, ocorrência, fato, vividez, conflito, surpresa, dúvida, resultado.

A terceiridade, ou tríade, é o meio, devir, o que está em desenvolvimento, dizendo respeito à generalidade, continuidade, crescimento, mediação, infinito, inteligência, lei, regularidade, aprendizagem, hábito, signo. Assim, por exemplo, o fio da vida é um terceiro, devir sem começo nem fim; o destino que corta a vida e a determina, força bruta e cega, é o segundo; seu começo indefinido, indeterminado, frescor da potencialidade livre e espontânea de tudo que apenas começa, é o primeiro.

Toda a obra de Peirce está alicerçada nessas categorias. Sua doutrina dos signos ou semiótica está inteiramente baseada nas três categorias e não há como compreender sua famosa tríade do ícone, índice e símbolo, as sutilezas de suas inúmeras definições e classificações de signos, sem um conhecimento cuidadoso da fenomenologia. O mais importante, no entanto, é o modo como a semiótica é extraída diretamente do interior da fenomenologia, pois a forma mais simples de terceiridade é a noção de signo. Este se define como qualquer coisa de qualquer espécie que seja (uma palavra, um livro, uma biblioteca, uma pintura, um museu, uma pessoa, um vídeo etc.), que representa uma outra coisa, chamada objeto do signo, e que produz um efeito interpretativo em uma mente real ou potencial, efeito este que é chamado de interpretante do signo. Por exemplo, um vídeo de educação ambiental sobre o desmatamento da região amazônica, é um signo que tem por objeto (ou conteúdo e contexto) a região retratada no vídeo. Os efeitos interpretativos que o vídeo produz em seus espectadores são os interpretantes do signo. Esse exemplo deixa à mostra o fato de que os efeitos interpretativos dependem diretamente do modo como o signo representa seu objeto, isto é, aquilo a que o signo se refere ou se aplica e, evidentemente, depende também do repertório do receptor, o intérprete do signo.

Além dos signos de terceiridade, isto é, signos genuínos, há também quase-signos, isto é, signos de secundidade e de primeiridade. Assim, o signo não precisa ter a natureza plena de uma linguagem (palavras, desenhos, diagramas, fotos etc.), mas pode ser uma mera ação ou reação (por exemplo, correr para pegar um ônibus ou abrir uma janela etc.). O signo pode ainda ser mera emoção ou qualquer sentimento ainda mais indefinido do que uma emoção, por exemplo, a qualidade ainda muito vaga de sentir ternura, desejo etc.

É por isso que qualquer coisa pode ser analisada semioticamente, desde um suspiro, uma música, um teorema, uma partitura, um livro, publicidades impressas ou televisivas, incluindo a percepção que temos delas, na sua natureza de signos e misturas entre signos. Tal potencialidade é, de fato, o resultado da ligação muito íntima da semiótica com a fenomenologia. É desta que advém a possibilidade de se considerar os signos e interpretações de primeira categoria (meros sentimentos e emoções), de segunda categoria (percepções, ações e reações) e de terceira categoria (discursos e pensamentos abstratos), que tornam muito próximos o sentir, o reagir, o experimentar e o pensar. São essas misturas que estão muito justamente fundamentadas nas muitas classes de signos estudadas por Peirce.

Tais considerações a respeito dos signos, sobre os quais não vamos nos demorar aqui, são importantes para o acompanhamento das leituras semióticas que serão realizadas nos próximos capítulos. Por enquanto, contudo, cumpre levar à frente a proposta deste capítulo que é a de estabelecer as correspondências entre as facetas da sugestão, da sedução e da persuasão e as três categorias fenomenológicas, respectivamente.

CORRESPONDÊNCIAS NO DISCURSO PUBLICITÁRIO

Quando falamos de sugestão, estamos nos referindo a um campo aberto de possibilidades, em que os significados daquilo que a nós se apresenta flutuam sem tomarem direções acabadas. São hipóteses de significado não definitivas. Ora, esse é justamente o campo em que a primeiridade se faz presente. O vago, o indeterminado, o indefinido e o possível despertam qualidades de sentimento, ativam nossa sensibilidade. No caso da publicidade, o feixe de subsentidos que ela sempre aciona (ver Capítulo 1), não só por meio da imagem, mas também pelas relações entre texto e imagem, cria uma aura de suposições, de sentidos implícitos, conjecturas imaginativas, alusões que geram, no território do possível e do sentimento, um campo propício ao entrelaçamento com a sedução no terreno do sensório e com a persuasão no território do inteligível.

Por ocupar a superfície da nossa percepção e nos encarar frente a frente, costuma-se dar mais atenção ao papel desempenhado pela imagem nas mensagens publicitárias. Entretanto, as rimas e aliterações, a cadência, os jogos de palavras, os cruzamentos vocabulares, empréstimos de significados (ver Sandmann, 2005) e, sobretudo, as complementaridades, correlações e, por vezes, oposições entre texto e imagem e as fricções de significado entre ambos são grandemente responsáveis pela eficácia sugestiva do discurso híbrido, também chamado sincrético, da publicidade.

Propor as três facetas operativas da linguagem publicitária, a sugestão, a sedução e a persuasão, não significa considerá-las excludentes. Ao contrário, do mesmo modo que as categorias peirceanas, elas operam conjuntamente, em trocas complementares, por vezes uma dominando as outras, mas quase sempre em equilíbrio dinâmico e instável. Carrascoza (2004, p. 303) defende que o discurso publicitário "tem sua trama de significados tecida fundamentalmente por duas grandes linhas de persuasão: a apolínea (na qual se destacam os elementos racionais) e a dionisíaca (dominada pelos procedimentos que visam despertar emoções). Não excludentes, mas complementares, ambas, por vezes, se mesclam nos anúncios, ora ganhando mais relevo essa, ora aquela". De fato, essa oscilação é verdadeira.

Entretanto, à luz do pensamento triádico de Peirce, podemos enxergar que, entre a polaridade da razão e da emoção, está instalado o complexo enigmático do desejo, o grande operador da sedução. Enquanto a sugestão se revela prioritariamente no campo da primeiridade e a persuasão no da terceiridade, a sedução instala-se no campo da secundidade. Enquanto a sugestão habita a incerteza das figuras do possível e a persuasão caminha pelos trilhos do argumento, a sedução fala por meio da corporeidade, da captura do receptor nas malhas do desejo. Isso é secundidade. Enquanto a sugestão aciona a capacidade de sentir e a persuasão agrada ao pensamento, a sedução cativa a sensorialidade dos sentidos.

Não é por acaso que, na atração sedutora das mensagens da publicidade, reside o aspecto mais demonizado das críticas ao discurso publicitário, pois, muito mais do que da informação persuasiva, é das promessas obscuras do desejo que vem a motivação para a compra. Como nos diz Haug (1971, p. 75): contra os olhares amorosos das mercadorias ninguém pode estar seguro, pois o rosto do produto não se encontra nele mesmo, mas na estética da embalagem, e mais do que na embalagem, está nas juras do discurso em cujo lusco-fusco o desejo se inebria.

"Toda estrutura se acomoda à inversão e à subversão, mas não à reversão de seus termos. Essa forma reversível é a da sedução" (Baudrillard, 1986, p. 27). Não poderia haver uma descrição mais arrojada do que essa para o efeito de sedução do discurso publicitário. Entretanto, nesse discurso, a sedução nunca está só. Ela se alimenta da dubiedade das sugestões, assim como a persuasão se alimenta de ambas.

Como se sabe, a arte de extrair de todo assunto o grau de persuasão que ele comporta chama-se retórica. Não é à toa que a retórica publicitária é um tema constante em muitos estudos sobre o assunto cuja matriz se encontra no livro 3 da *Retórica* de Aristóteles, aquele que trata das figuras de linguagem e da ordem das partes do discurso. Assim concebida, a retórica liga-se "a uma teoria dos argumentos, não os argumentos pura e asceticamente lógicos, mas os argumentos aproximativos, condimentados para os efeitos comunicativos e para a persuasão, por meio da qual as fiações da lógica se enlaçam indissoluvelmente ao psicológico" (Santaella, 2001, p. 341). Vem daí a constatação de que a informação que a publicidade com brevidade veicula não visa meramente informar, mas informar para convencer, um convencimento que se nutre da sedução, assim como esta germina e floresce nos jogos da sugestão.

8 

Estratégias indiciais e icônicas de informação e sugestão

A publicidade apresenta muitas formas e estratégias. Ela comunica direta ou indiretamente, revela abertamente seus objetivos ou os esconde, informa, argumenta, sugere e manipula. Para isso, dirige-se também a zonas não inteiramente conscientes do psiquismo do consumidor e atinge desejos até então desconhecidos pelo próprio comprador. Ela não pretende simplesmente informar ou convencer, em vez disso, quer também sugerir e atingir seu objetivo: a compra de um produto, escamoteando esse objetivo.

Entretanto, em sua raiz, o protótipo de um anúncio é uma mensagem que apresenta, mostra e representa um produto. O aspecto demonstrativo envolvido em cada anúncio é ou implica um signo indicial, ou seja, um signo que indica seu objeto de referência por estar ou ter estado existencialmente conectado a ele. Além disso, o produto precisa ser mostrado. Os meios de comunicação de massa não podem mostrar o produto diretamente; eles tipicamente o apresentam na forma de uma imagem, a qual envolve um signo do tipo icônico, que é um signo que representa seu objeto através da estratégia de similaridade. Indexicalidade e iconicidade encontram-se, portanto, na raiz da publicidade nos meios de comunicação.

Anúncios que transmitem suas mensagens explicitamente mostrando o produto, apresentando-o para venda e apelando ao consumidor sem ocultar sua mensagem emoldurada, são anúncios prototípicos (ver Capítulo 2). Tais anúncios são como aqueles dos vendedores de rua dos tempos passados, que chamavam aos gritos a atenção de seus clientes para a qualidade dos seus produtos. Um anúncio prototípico diz: "*Aqui* está o que *eu*, o vendedor, quero vender a *você*, o consumidor". *Aqui*, *eu* e *você* são palavras indexicais (ou dêiticas) que evidenciam a indexicalidade do anúncio prototípico. Cada anúncio contém estes signos, sejam eles explicita ou implicitamente expressos.

PUBLICIDADE PROTOTÍPICA, SUA INDEXICALIDADE E A NATUREZA DO ÍNDICE EM GERAL

Hoje em dia, a publicidade de supermercados locais, encontrada nos suplementos de jornais regionais, aproxima-se de uma publicidade prototípica. Seus anúncios são signos indexicais, uma vez que apelam para o *agora* de suas ofertas especiais, que são *marcadas* pelo tempo limitado de sua validade, de segunda-feira a domingo de uma semana determinada. Eles mostram o *aqui*, o lugar onde o produto está disponível, dando o *endereço* do supermercado e mostrando como chegar *lá*; sem deixar de *indicar* seu horário de funcionamento. Acima de tudo, o *nome* do supermercado: o mais importante de todos os índices. Escrito com letras garrafais na entrada e reproduzido da mesma maneira em todos os seus anúncios, o nome quer se tornar um signo de orientação para todos os consumidores da cidade, um índice de onde comprar e onde consumir os produtos disponíveis *nesse* lugar. Uma vez dentro do supermercado, os consumidores são guiados por outros índices locais de orientação, signos orientando as massas através do labirinto de centenas de bens de consumo para serem adquiridos *aqui* e *agora*.

Caracterizar um anúncio como prototípico não significa que ele seja o tipo de anúncio mais frequente nos meios de comunicação. O oposto é verdadeiro. Em contraste com a prototípica publicidade local, que anuncia sem ocultar sua natureza de anúncio e sua intenção de vender um produto, a publicidade nacional e internacional de produtos de massa aborda os consumidores indiretamente. Em vez de apresentar um produto, ela apresenta um estilo de vida ao qual o produto possa ser associado (ver Freire Filho, 2003). A publicidade global não pode mostrar os lugares onde seus produtos estão disponíveis, pois seus produtos são ubíquos. Em vez dos prototípicos anúncios de ofertas especiais aqui e agora, os anúncios são de produtos disponíveis em qualquer lugar. Anúncios nos meios de comunicação de massa frequentemente escondem seus verdadeiros propósitos; eles podem até mesmo não mostrar que são anúncios.

O que é um signo indexical? O termo e sua definição são de Charles Sanders Peirce, o fundador da semiótica moderna. Índices são signos que indicam seu objeto porque estão em uma relação existencial com ele, cuja existência eles indicam *aqui* e *agora*. Um índice sempre indica algo individual, um objeto específico, uma pessoa, um lugar ou instante no tempo. Palavras dêiticas, cujo significado requer conhecimento de lugar, tempo e pessoa de seu emissor, como *eu* e *você*, são índices verbais. O protótipo do índice é o dedo indicador, que aponta para uma direção particular e indica um lugar específico. Um subtipo do índice é o signo natural, como um termômetro, por exemplo, que indica porque possui uma relação causal natural com a temperatura ambiente. Uma impressão digital é um índice da pessoa que a deixou no lugar onde esteve. Outros índices indicam seu objeto através da estratégia de justaposição ou contiguidade, mostrando-se próximos de seu objeto de tal maneira que possam agir como um indicador deste mesmo objeto, como no caso de um usuário que pode servir de índice do objeto por ele utilizado. As figuras retóricas da metonímia, *pars pro toto* ou *totum pro parte* apontam para seus objetos indexicalmente. Se dizemos, por exemplo, "Sirva-se de mais um copo", mas queremos com isso dizer "Sirva-se de mais uísque" ou "Eu lhe ofereço mais uma bebida", estamos usando uma metonímia, uma figura retórica que indica seu objeto indexicalmente.

Não é possível, para os meios de comunicação de massa, indicar especificamente um produto como objeto para venda; eles podem apresentar o produto apenas como um tipo, do qual um número quase ilimitado de *tokens* (ocorrências) está disponível em todos os lugares. Frequentemente, eles não podem sequer mostrar o próprio produto, como quando se trata, por exemplo, de um serviço de uma empresa de seguros. Não se pode mostrar literalmente o serviço oferecido por uma empresa de seguros no caso de um acidente. Pode-se apenas descrever seus serviços com palavras de cunho genérico as quais, por sua vez, são símbolos, não índices.

Anúncios nos meios de comunicação de massa, em vez de informativos, são sempre indiretos e meramente sugestivos porque os poderes de persuasão comercial são limitados, já que consumidores não ingênuos, aos quais os anúncios se endereçam, são geralmente céticos, pois sabem que toda publicidade emite mensagens tendenciosas e unilaterais. Com a exceção de anúncios de cigarros, forçados por lei a mostrar as várias desvantagens do hábito de fumar, aqueles que criam um anúncio vão mencionar apenas os atributos que vão aumentar as vendas do produto que está sendo comercializado. Em suma, a publicidade nos meios de comunicação de massa é, por necessidade, muito menos indexical que a publicidade prototípica; suas estratégias são sugestivas, seus propósitos mantêm-se velados.

Entretanto, ainda que atuando de modo indireto, os anúncios sugestivos dos meios de comunicação de massa têm seus próprios métodos indexicais de apresentação de serviços e bens de consumo. A companhia de seguros, por exemplo, que não pode mostrar seus serviços diretamente, poderá mostrá-los através de um exemplo de um acidente, cujas vítimas estão felizes por terem sido reembolsadas. Um exemplo é um signo indexical que apresenta seu objeto como parte de um todo maior: *pars pro toto*, como se nomeiam em latim as figuras retóricas que aplicam essa estratégia. Caros relógios de pulso são anunciados por meio de imagens que mostram atores famosos e jogadores de futebol usando esses produtos. Aqueles que aparecem usando o relógio representam e atestam a qualidade do objeto que usam. A fama da celebridade, do ator ou do jogador de futebol, faz as vezes da fama do relógio que eles usam. Aquele que usa é um índice apontando para o produto em uso.

Na raiz da publicidade prototípica está, portanto, um signo indexical. Em sua competição contra a multidão de anúncios de outros produtos, cada anúncio precisa atrair a atenção dos consumidores para as características e qualidades específicas do produto que apresenta, em contraste com todos os outros anunciados nos meios de comunicação. Eleger e focalizar, entre tantos outros, *esse* produto em particular, mostrando-o e apresentando-o, apelando ao interesse e à atenção dos consumidores, sugerindo que *esse* produto é o melhor, o mais avançado em tecnologia e design – todas essas mensagens são instanciações de signos indexicais. Além disso, a representação pictórica do produto como um objeto único, *aqui* e *agora*, em um contexto particularmente atraente, apresenta-o como um sinsigno indexical (um "signo singular", de acordo com Peirce) dos muitos produtos à venda de uma determinada marca.

O anúncio em geral, e enquanto tal, independente de sua mensagem particular, já possui um elemento de indexicalidade como tipo de texto. Dentro do contexto dos meios de comunicação, cada anúncio é (indexicalmente) identificado, implícita ou explicitamente, como um anúncio, já que deve ser claramente distinguível da seção de notícias ou da programação de TV na qual aparece. O leitor precisa saber que *esse* é um anúncio, ou seja, cada anúncio possui um índice implícito ou explícito de sua natureza. Como um tipo de texto, como uma mensagem que é inserida em um contexto com outras mensagens cujos custos ele ajuda a cobrir, o anúncio é como uma janela na parede: ele mostra um cenário que difere de seu entorno textual. Considere um anúncio inserido na seção de notícias de um jornal: seu assunto difere, seus autores diferem, seu propósito também difere, e tais diferenças devem ser passíveis de reconhecimento por meio de índices textuais.

Estudo de caso 1: vendedores de rua como anunciantes prototípicos

Consideremos a retórica indexical dos vendedores de rua. Em tempos passados, vendedores de rua em vilas, povoados e cidades carregavam seus próprios produtos consigo, apresentando-os aos seus clientes através de gestos não verbais e clamando com seus gritos de rua a atenção de seus consumidores. O livro *Uma história dos gritos de Londres* de Charles Hindley (1884) é uma fonte para o estudo de seus elementos indexicais. Entre os "Gritos de Londres" encontra-se este, de um vendedor de laranjas (p. 183):

Aqui tem laranja da boa,
A um preço que agrada a patroa,
Vendo duas por 1 cruzeiro.
De suco, doce e madura,
É pra levar de fartura,
E comer o tempo inteiro.[1]

A sonora exclamação do vendedor é um índice vocal para atrair a atenção dos consumidores para o produto que está sendo vendido aqui e agora. O vo-

1. No original: Here's oranges nice, / At a very small price, / I sell them all for two a penny. / Ripe, juicy, and sweet, / Just fine for to eat, / So customers buy a good many.

lume de seu grito é simplesmente um meio pelo qual a atenção dos passantes quer ser conquistada. Muito provavelmente, o vendedor também apresenta as laranjas com olhares e acenos. Formas indexicais, em sua linguagem, são a dupla referência às laranjas à venda, que, estando na forma pronominal "elas", apresentam-se também como índices. Ainda que a palavra laranja seja, enquanto tal, um símbolo, já que está relacionada ao seu objeto por uma convenção (que por sua vez varia conforme o idioma, local ou época: na Alemanha seria *Apfelsine*, enquanto na Espanha, *naranja)*, o uso específico da palavra nessa situação é particularmente indexical: o vendedor não tem laranjas em geral para vender, apenas aquelas que ele carrega consigo. Finalizando, a forma imperativa com a qual o vendedor aborda os clientes, aos quais ele pede para "levar de fartura", é outro aspecto de indexicalidade nesse grito de rua. A tentativa do vendedor de chamar a atenção de compradores em potencial para a mercadoria tem a qualidade indexical de um apelo. Ele aborda o passante como se este fosse um cliente e utiliza a forma imperativa do verbo "comprar" como um enunciado indexical que possui a função de um apelo, e assim os pedestres são incitados a tomar conhecimento dos produtos e tornarem-se seus clientes.

Ao lado dos índices encontrados na fala e nos gestos do vendedor, a apresentação pública das laranjas envolve um outro signo indexical. Por um lado, as laranjas são o objeto de um signo, nesse caso, objeto das palavras e gestos que se referem a elas; por outro lado, as laranjas são elas mesmas um signo, na medida em que são apresentadas como uma mercadoria. O mero fato de estarem na cesta de um vendedor, somado ao conhecimento do consumidor de que laranjas no cesto de um vendedor significam "laranjas à venda", torna o seu "estar à venda" um signo. Laranjas colocadas em tal contexto transmitem um apelo indexical ao consumidor em potencial. Independentemente das palavras e gestos do vendedor, o que está sendo oferecido no cesto precisa ser notado de tal maneira que as laranjas pareçam, elas mesmas, estar gritando: "Compre-nos!", "Escolha-nos!", "Estamos à venda". Mercadorias, como tais, transmitem essa mensagem indexical não apenas quando um vendedor de rua as apresenta, mas até mesmo quando se encontram em exposição em um supermercado, sem nenhum vendedor à vista. Mesmo sem gesto ou palavra alguma de qualquer vendedor, as mercadorias agem como um signo de apelo ao consumidor, simplesmente devido ao fato de serem um produto oferecido para compra. O que está sendo oferecido quer ser notado.

Figura 8.1. Wurstachim: um feirante alemão no ato de anunciar seu produto aos gritos.[2]

Os aspectos verbais e não verbais da indexicalidade em uma situação de venda prototípica ficam mais claros na Figura 8.1, que mostra um feirante alemão apregoando suas mercadorias aos gritos. O homem em primeiro plano é identificado indexicalmente como *Wurstachim* (João das salsichas), um vendedor de salsichas que, devido à arte de sua retórica e

2. Fonte: http://www.gilde-der-marktschreier.de/BILDER/wurstachim.jpg

ao texto no *banner* de seu caminhão, já chamou a atenção da mídia "imprensa, rádio e televisão". Mesmo que a retórica publicitária verbal passe despercebida, a mímica e a gesticulação não escondem de modo algum o que esse homem anuncia.

A mensagem, em sua referência ao vendedor e suas mercadorias, que estão em primeiro plano, bem como seu grande letreiro em preto e azul, que atrai a atenção dos passantes, está fazendo uso de signos indexicais. O adjetivo "conhecido" (*bekannt*) individualiza o vendedor, colocando-o em um patamar acima do grupo de outros vendedores, indicando-o como o melhor de todos. Ainda que seja impossível ouvir qualquer retórica verbal nessa imagem (ver http://de.truveo.com/WurstAchim-auf-Brautschau), não é difícil assumir, com base em sua pose e gestual, que ele está oferecendo suas mercadorias para compra.

A boca escancarada e a posição da língua são indícios visuais de que o homem em questão é um vendedor que está anunciando seu produto aos gritos. O ato de segurar os três exemplares de salsichas com a mão direita acima do nível de sua cabeça é um sinal típico de que *esses* produtos estão à venda, como se as estivesse elevando acima das cabeças das pessoas da multidão para torná-las mais visíveis. O fato de mostrar não apenas uma, mas três salsichas gigantescas funciona como uma alusão à abundância do seu estoque. O anúncio é, portanto, *pars pro toto* de tudo aquilo que ele oferece no seu caminhão. A imagem do vendedor em seu caminhão, que aparece ao fundo, funciona como uma imagem especular dele mesmo, pois mostra que *esse* é o homem que tem algo para vender.

Estudo de caso 2: índices no supermercado

O terceiro aspecto da indexicalidade está na mercadoria em si, como produto em oferta que se apresenta como signo para o consumidor em potencial, e não apenas como objeto do signo verbal ou da gesticulação. A Figura 8.2 mostra tal aspecto nas suas demais implicações. A mera apresentação da mercadoria, no aqui e agora de um supermercado, envia um apelo indexical já pela oferta do produto ao consumidor em potencial. Isso significa que um objeto no supermercado pode ou não ser uma mercadoria, pois objetos que pertencem ao inventário do comerciante não são mercadorias (sabem disso todos aqueles que, numa loja, já perguntaram pelo preço de um objeto que não estava à venda).

Figura 8.2. Supermercado: orientação por meio de signos indexicais.[3]

Além disso, mercadorias em um supermercado são apresentadas e vendidas em embalagens. Uma embalagem é um índice de seu conteúdo. Ela fala, por assim dizer, *eu* contenho *este* produto. A maior parte dos produtos de marca possuem nomes próprios, que são índices verbais na medida em que nomeiam o que o produto é. A tarjeta de preço próxima ao produto, por sua mera contiguidade, transmite a seguinte informação indexical: *este* produto possui *este* preço.

Em meio à abundância de produtos sendo ofertados, o consumidor necessita de índices de orientação. A oferta de mercadorias é um *totum pro parte*, pois o consumidor pode e deve fazer uma escolha com base nessa oferta. A totalidade das mercadorias, de que o objeto comprado é só uma

3. Fonte: http://www.flickr.com/photos/unaesthetic/22725413

parte, funciona, portanto, em sua organização, como um signo que se refere à mercadoria desejada ou escolhida. Por exemplo, se o consumidor procura por farináceos, ele naturalmente se afastará das gôndolas de refrigerantes, pois a própria disposição das gôndolas funciona como índice do tipo de produto procurado.

A organização de um supermercado, que agrupa mercadorias por similaridade, dirige a atenção do consumidor para a direção em que determinado produto deve ser procurado. Assim sendo, o processo de seleção das compras em um supermercado é dirigido por índices que levam, pela lógica da ordem das seções, à seção do produto escolhido, da seção ao tipo de mercadorias e, finalmente, ao próprio produto desejado. A estratégia de ordenação de produtos no supermercado possibilita encontrar o que se procura mesmo sem o gesto de indicação do vendedor e sem muitas palavras nas placas. Além disso, há ajudas indexicais de orientação dentro da selva de signos de mercadorias (marcas, embalagens) que indicam a qualidade e o conteúdo da mercadoria.

Todavia, a semiótica das mercadorias não se resume à sua indexicalidade como oferta do mercado. Mercadorias podem também ser signos icônicos e simbólicos. Como ícone, o produto se refere a objetos que lhe são similares. Nas cores das embalagens há sempre signos icônicos dos seus conteúdos: embalagens de tom verde ou marrom de produtos orgânicos se referem às cores predominantes na natureza. Ninguém vende farinha branca em embalagem preta. O tamanho de uma embalagem também indica o tamanho das unidades ou do volume do conteúdo. Tais correspondências entre embalagem e conteúdo são signos icônicos diagramáticos. Mas deixemos o exame da iconicidade para mais tarde.

ESTRATÉGIAS INDEXICAIS DE ENDEREÇAMENTO

Um elemento indexical da publicidade prototípica é a sua forma de endereçamento: um emissor tenta capturar a atenção de um receptor para transmitir uma mensagem sobre os seus produtos ou serviços. O emissor é obviamente a empresa que quer vender seus produtos ou serviços, e o receptor é o consumidor em potencial destes. Entretanto, de acordo com a estratégia da publicidade de massas de ocultar seu verdadeiro propósito comercial, referências a esses dois principais protagonistas do cenário publicitário prototípico estão frequentemente ocultas e, em vez de formas diretas de endereçamento, existem apenas referências indiretas, implícitas ou ocultas aos participantes da situação comunicativa da publicidade.

O modo indireto inicia com o papel do emissor da mensagem publicitária. Quem é o emissor? Na verdade, não é a empresa propriamente dita. A empresa delega a tarefa de abordar o consumidor a uma agência de publicidade que cria e distribui a mensagem em seu nome. Enquanto a empresa por trás do anúncio é claramente reconhecível, já que o propósito do anúncio é aumentar as vendas da empresa e os consumidores precisam saber onde e de quem eles podem comprar os produtos e serviços apresentados na mensagem, a agência de publicidade e as pessoas que estão por trás dela geralmente permanecem encobertas ou, por vezes, ocultas em letras pequenas e imperceptíveis.

Os receptores de uma mensagem publicitária têm um papel triplo nesse cenário: em primeiro lugar, eles são os consumidores imediatos da mensagem publicitária nos meios de comunicação; em segundo lugar, eles são potenciais futuros compradores do produto do anunciante; em terceiro lugar, eles serão potenciais consumidores desses produtos.

O objetivo da publicidade comercial é, portanto, duplo: de um lado, busca criar a situação de um ato comunicativo no qual uma mensagem é transmitida ao leitor, ouvinte ou espectador, enquanto, de outro lado, busca efetivar um ato econômico de venda, compra e consumo de um produto. Publicidade é, portanto, um meio semiótico para atingir um fim, uma ferramenta semiótica com um propósito econômico. Ambos os atos, comunicativo e econômico, são atos de semiose que envolvem processos sígnicos. Seguindo Peirce, podemos concluir que o ato de consumir é o interpretante da publicidade. Ademais, consumo é, em si mesmo, um signo. Nós não apenas comemos comida, vestimos roupas ou dirigimos automóveis, nós consumimos símbolos, como nos dizem os economistas em suas pesquisas sobre consumo simbólico (ver Hirschman & Holbrook, eds., 1981), de que o consumo de marcas é uma prova contundente.

Assim como os propósitos dos anunciantes são duplos, suas formas de endereçamento aos consumidores implicam dois índices prototípicos: um transmite a mensagem "Leia *este* anúncio", o outro diz "Consuma *este* produto". Antes de continuarmos a examinar os modos diretos e indiretos de endereçamento, consideremos brevemente a função semiótica de endereçamento a um receptor no contexto de outras funções semióticas.

Funções semióticas e seus aspectos indexicais na publicidade

Karl Bühler (1934), que considerava a linguagem como uma ferramenta (gr. *órganon*) e projetou seu modelo *organon* da comunicação verbal seguindo essa premissa, distinguiu três funções da linguagem que podem ser facilmente exemplificadas com mensagens publicitárias. A primeira é a função de representação. Seu foco está no objeto ou estado de coisas do qual trata a mensagem, seu conteúdo e tema. Em publicidade é o caso, evidentemente, do produto e de seu produtor, bem como da utilidade e qualidades desse produto. Existem anúncios que informam sobre seus produtos sem exagerar nem tentar persuadir os consumidores; tais anúncios são, de fato, mensagens com uma função predominantemente representativa. A mensagem na qual essa função predomina apenas fala do que se trata; ela informa, descreve ou fornece um mero relato. Os anúncios discutidos neste capítulo possuem uma função representativa na medida em que representam o produto e focam nele indexical ou iconicamente. Na mesma medida em que o show de marketing de Wurstachim apresenta o que ele tem para vender (Figura 8.1), sua mensagem é também aquela na qual a função de representação é central.

A segunda função é a função de apelo, que é o nosso tópico atual. Roman Jakobson (1960) chamou-a, mais tarde, de função conativa da mensagem. Uma mensagem, na qual essa função predomina, foca em seu receptor. Ela fala, por assim dizer, "Eu quero sua atenção!". Voltaremos a esse aspecto indexical mais adiante. Os gestos de Wurstachim dirigidos a sua audiência e consumidores em potencial são signos nos quais predominam a função de apelo. O exemplo mostra claramente que várias funções podem ser relevantes para o estudo de uma mesma mensagem. Não é de espantar que tal cena de comunicação multimídia, que faz uso de palavras, vozes, gestos e escrita, também transmita uma mensagem multifuncional.

A terceira função possível de uma mensagem, de acordo com Bühler, é a função expressiva. É uma mensagem cujo foco está no emissor. Jakobson chamou-a de função emotiva, mas emoção não está sempre envolvida em mensagens cujo foco é o emissor. Uma mensagem na qual essa função predomina diz "Olhe para mim!", "Considere quem eu sou!", "Sou eu quem está falando como você!". Ou, ainda, é aquela que expressa as emoções do emissor, "Estou me sentindo ótimo e quero que você saiba disso!". Sendo uma mensagem implícita no modo imperativo, tal mensagem é também um signo indexical. Wurstachim, vangloriando-se de seu reconhecimento no rádio e na televisão, transmite uma mensagem na qual a função expressiva também predomina.

Além dessas três funções, Jakobson distinguiu três outras que podem ser predominantes em mensagens em geral: a metalinguística, a fática e a poética. A função metalinguística predomina em uma mensagem que fala sobre si mesma ou sobre outras mensagens, signos e comunicação em geral. Livros sobre linguagem, comunicação e semiótica são evidentemente textos metalinguísticos. Anúncios são raramente metalinguísticos, mas ocasionalmente empresas mudam de nome ou introduzem novos produtos cujos nomes requerem alguma explicação. Um exemplo de anúncio que, excepcionalmente, foca no nome da própria empresa é o da Companhia Aérea Australiana Quantas, que ironicamente anuncia seus serviços com o *slogan* "Quantas. Que nome para uma companhia aérea!" (*T*., 16-5, p. 36).[4]

Outro entre os raros exemplos de anúncios com função metalinguística, desta vez conjugado com uma predominância simultânea da função expressiva (com seu foco no "nós" da empresa), mas também com alguma prevalência da função representativa dando alguma informação sobre o que a empresa faz (projeta, constrói, coloca no mercado), é o corpo de texto de um anúncio da Nissan no ano em que mudou seu nome de Daturs para Nissan: "Nós os projetamos./ Nós os construímos./ Nós os colocamos no mercado./ É hora de colocarmos nosso nome neles" (*T*., 17-1, p. 26-7).

O mesmo anúncio serve também para ilustrar o que Jakobson chama de função poética da linguagem. Essa é a função que predomina quando o foco está no próprio signo verbal, o qual se torna puro e sonoro, como na rima e na aliteração. No anúncio da Nissan, essa função predomina no "poema"

4. As referências O. e T., neste capítulo, dizem respeito a edições do jornal *The Observer* (Londres) e *Times* (Londres) do ano de 1983.

pela anáfora tripla (*Nós os.../ Nós os.../ Nós os...*) e nas assonâncias envolvendo as consoantes nasais [m] e [n], a fricativa [s] e a vogal [o]. Quando aplicada ao signo pictórico, a função poética torna-se função estética. Sua evidência encontra-se na recorrência, em um anúncio, das mesmas formas e cores dos signos pictóricos.

Consideremos mais alguns exemplos de como a publicidade faz uso dessas funções para chamar a atenção do consumidor. Em um anúncio que sugere ao leitor "Leia isto, é de seu interesse..." (*T.*, 24-1, p. 417) encontra-se a predominância local da função metalinguística (no comentário redundante de que o texto é para ser lido) na função de apelo (no endereçamento imperativo aos leitores), ambos evidenciando índices: o dêitico *isto*, que é um índice verbal apontando para a mensagem, e o endereçamento imperativo dirigido aos leitores em potencial. Existem muitos exemplos da predominância dessas mesmas duas funções no anúncio a seguir, do mesmo tipo:

> Para receber sua brochura grátis, ligue para World Airways [...] Adoraríamos recebê-lo com todo o conforto, por isso pedimos que marque um horário conosco. Há muito para se ver, mas nós reservamos sempre um tempo para responder a todas as suas perguntas. Enquanto isso, o cupom lhe trará uma brochura colorida de 20 páginas, com planos e preços. Mas não perca tempo (*O.*, 24-4, p. 47).

Esse exemplo pode também servir para ilustrar a sexta função de Jakobson, por ele chamada de função fática da mensagem. Essa função tem seu foco no estabelecimento e na manutenção de um contato comunicativo, como, por exemplo, na pergunta "Você está me ouvindo?", durante uma conversa telefônica com ruídos na linha ou numa observação sobre um tópico trivial como em "Que tempo bom, não é?!" feito com o único propósito de dizer alguma coisa de modo a evitar um silêncio embaraçoso. O anúncio da World Airways exemplifica a função fática na medida em que convida seus leitores a entrar em contato com a empresa escrevendo e mantendo contato por correspondência. Mensagens publicitárias reduzidas à função fática a ponto de se tornarem um incômodo são as cartas-padrão e os informes publicitários, que aumentam a pilha de anúncios indesejados recebidos por correio normal e eletrônico.

Em suma, a publicidade faz uso de todas as seis funções semióticas, mas entre elas apenas a função indexical de apelo e a função de representação são indispensáveis para alcançar o propósito de atingir os consumidores e levá-los a comprar um produto. As funções expressiva, poética, metalinguística e fática empregadas adicionalmente podem servir para dar apoio ao propósito geral do anunciante e, com isso, criar um impulso adicional para a compra do produto. Ambas as funções metalinguística e poética são úteis para o propósito de gravar o nome de uma marca na memória do consumidor. Elas são incapazes, no entanto, de instigar uma ação. A função fática associada à situação da publicidade em si mesma, que tem como seu principal propósito o mero contato entre produtores e consumidores, é importante para o aspecto da fidelidade à mesma marca. Particularmente óbvia é a natureza secundária da função poética na propaganda. De acordo com a definição de Jakobson, essa função direciona a atenção do leitor para a mensagem simplesmente pelo seu valor intrínseco.

Índices do emissor e do receptor nos enunciados publicitários

Os papéis desempenhados pelo emissor e pelo receptor no processo comunicativo também merecem ser examinados. Quais são as estratégias indexicais de ocultamento e revelação de quem se endereça a quem? Os emissores se revelam ou permanecem anônimos, ocultando sua identidade? Devido ao seu conhecimento da mensagem emoldurada da publicidade (ver Capítulo 2), os receptores sabem que o emissor não especificado por trás do anúncio só pode ser um agente com interesses comerciais.

Todavia, os anunciantes gostam de ocultar seu papel por meio de várias estratégias na tentativa de melhorar sua credibilidade, de acordo com o conhecimento padrão que o consumidor tem a respeito da mensagem emoldurada. Uma dessas estratégias para disfarçar o papel do emissor é deixar que outros falem por ele. O papel do emissor é então um papel dividido. Em última instância, o emissor é a empresa, mas o emissor imediato é alguém aparentemente menos interessado, uma testemunha, um consumidor que atesta a qualidade do produto, ou um *expert*, como o doutor que recomenda o creme dental depois de tê-lo examinado obtendo resultados clínicos positivos.

Em um anúncio que encobre o verdadeiro emissor ao deixar um representante falar em seu lugar, temos duas vozes falando, das quais uma se mantém tipicamente em silêncio, mas ocasionalmente ambas podem ser ouvidas, como em um anúncio de câmeras fotográficas Nikon recomendadas por *experts*, na qual a empresa declara: "Aceite um conselho profissional. Escolha uma Nikon. Mas não leve a nossa palavra em conta. Leve a deles" (*T*., 28-3, p. 57). Esse tipo de mensagem-dublê mascara seu propósito real, encobrindo o papel do emissor por meio de um aparentemente desinteressado pseudoemissor que é, na verdade, um agente a serviço da empresa, meramente empregando sua voz para dizer aquilo que seu empregador quer dizer.

Se, em última instância, o objetivo da publicidade é elevar o volume de vendas do emissor e aumentar seus lucros, o anúncio que revela esse propósito de maneira mais clara é aquele que faz referência ao ato da aquisição de produtos por dinheiro. Para se determinar o grau em que esse propósito é revelado, a mensagem verbal precisa ser considerada do ponto de vista da semântica dos verbos que revelam ou ocultam a transação comercial.

Juntamente à identificação ou ao ocultamento do papel do anunciante, o papel do emissor pode ser revelado pelo tipo de enunciação envolvida. Na mensagem verbal do anúncio, o apelo do emissor ao receptor é mais diretamente revelado em um enunciado na forma de um verbo imperativo que diz: "Compre de mim!". O emissor identifica seu verdadeiro papel como aquele de quem tem um interesse comercial na situação comunicativa, enquanto os receptores são endereçados em seu papel de consumidores que compram seu produto por dinheiro. Posto que todos os anúncios transmitem tal apelo, seja ele oculto seja revelado, anúncios sem imperativo se utilizam de estratégias indiretas de endereçamento. Esses enunciados indiretos revelam seu propósito verdadeiro em grau variável. No que diz respeito ao emissor e aos receptores, a medida que determina o grau de diretividade ou indiretividade do apelo é a sua distância da forma imperativa prototípica, que é o índice mais forte da presença do anunciante na situação comunicativa.

Apelos verbais indiretos são atos indiretos da fala, que são o tópico da pragmática linguística. Na teoria dos atos da fala, um apelo imperativo como "Compre de mim!" é definido como um ato diretivo. Com relação aos papéis dos envolvidos na situação comunicativa, esse é o enunciado com o mais forte elemento de indexicalidade. Considere-se a estrutura da linguística pragmática definida por Bach & Harnish (1979), que distinguem os seguintes tipos de atos da fala:

(a) atos representativos: afirmar, alegar, anunciar, atribuir, classificar, concorrer, confirmar, conjecturar, discordar, disputar, divulgar, estabelecer, estipular, identificar, informar, insistir, negar, organizar, predizer, reportar, responder;
(b) atos diretivos: aconselhar, avisar, desculpar, despedir, exigir, implorar, instruir, pedir, perguntar, permitir, proibir, reprovar, requerer, sugerir;
(c) atos comissivos: concordar, convidar, garantir, jurar, oferecer, prometer, voluntariar;
(d) atos expressivos: aceitar (reconhecendo um reconhecimento), agradecer, consolar, desculpar-se, felicitar, saudar.

Partindo desse plano de fundo de possíveis atos da fala, podemos tentar elaborar uma tipologia da força indexical nas estratégias de ocultamento e revelação do apelo do emissor ao consumidor. Se o apelo mais forte, de acordo com as premissas acima, é um ato diretivo de pedido na forma imperativa, graus mais fracos de apelo ao consumidor podem ser determinados de acordo com o modo pelo qual esse pedido se mantém velado. Sem pretensão de oferecer uma lista exaustiva, a seguir aparecem alguns exemplos de graus de força indexical, da mais forte à mais fraca, de acordo com a presença ou ausência do emissor e do receptor:

Atos diretivos
- Ordenar: (requerendo no imperativo): "Compre-me!"
- Avisar: "Não venda suas ações da Tilling. BRT não deve lucrar com a Tilling [...]. Não seja enganado pela BRT" (O., 22-5, p. 18).
- Urgir: "Tome já uma atitude e economize nas taxas escolares" (O., 3-4, p. 1).
- Aconselhar: "Aceite um conselho profissional. Escolha uma Nikon" (T., 28-3, p. 57).
- Implorar: "Por favor, vote a favor da resolução ordinária" (O., 19-6, p. 19).

Atos comissivos
- Prometer: "Ganhe uma montanha de dinheiro" (T., 11-4, p. 23).

- Recomendar: "Desfrute o suave prazer de Silk Cut" (O., 7-2, p. 49).
- Convidar: "Venha para onde está o sabor" (T., 16-5, p. 2).

Tanto em uma ordem quanto em um aviso na forma imperativa, a presença do emissor é marcada pelo alto grau de autoridade associada ao papel daquele que fala. Aquele que se atreve endereçar-se a um receptor desconhecido assume o papel de uma alta autoridade. As consequências negativas implícitas em qualquer aviso são severas; de outro modo, avisos estariam fora de lugar. Um aviso prenuncia uma consequência negativa caso ele seja ignorado. Uma urgência direciona o apelo de um emissor através de sua insistência em afirmar que é óbvio não haver nenhuma alternativa a não ser fazer o que é instado, de tal forma que fazê-lo não exige qualquer outra justificativa. No caso de aconselhamento, os emissores, em vez de assumirem o papel de uma autoridade, dão a entender que agem em prol dos interesses do receptor, sem qualquer insistência de que o receptor siga o conselho. Aquele que implora algo não assume papel algum de autoridade, já que implorar está associado com o reconhecimento simbólico da autoridade daquele a quem o receptor implora algo que ele próprio não tem.

Atos comissivos em geral implicam um apelo ao receptor, mais fraco que aquele dos atos diretivos. Em vez de simplesmente demandar algo do receptor, ou obrigá-lo a fazer algo, eles implicam uma obrigação da parte dos emissores. As obrigações mais fortes são impostas a um emissor que faz uma promessa, que está necessariamente vinculada a uma recompensa que deve ser dada. Anunciantes que fazem promessas geralmente não as podem cumprir, como na promessa de que o consumidor vai ganhar uma montanha de dinheiro, ou fazem promessas com as consequências mais insignificantes, como oferecer um brinde de pouco valor; na verdade, um brinde nunca é gratuito; seu preço é a atenção do consumidor.

Uma recomendação é um tipo de aviso, mas em contraste com aquele que dá apenas um aviso, o emissor de uma recomendação compromete-se com aquilo que ele recomenda. Uma sugestão é uma recomendação atenuada; o emissor se compromete menos com as consequências daquilo que é meramente sugerido do que com aquilo que é recomendado. Um convite é uma maneira comprometida de implorar. Aquele que convida está pedindo alguma coisa, como aquele que implora, mas o que convida compromete-se a receber o que é convidado.

Atos expressivos ocultam os verdadeiros papéis do emissor e do receptor ainda mais, pois são modos ainda mais indiretos de pedir ao consumidor que consuma. Consideremos os papéis no ato de agradecer ao consumi dor por consumir. O emissor que agradece está "obrigado" ao receptor. Os papéis comunicativos do anunciante e do consumidor são completamente invertidos em comparação ao apelo prototípico daquele que diz "Compre de mim". Ao agradecer, é o receptor que está na posição de autoridade, não o emissor. Em vez de demandar algo do receptor, o anunciante, que agradece ao consumidor por consumir ou prestar atenção à mensagem, comporta-se como se o consumidor houvesse pedido algo que requer o reconhecimento do emissor.

Em um cumprimento, o papel do emissor como anunciante é ainda mais velado, posto que o emissor assume o papel de alguém que faz parte do círculo de amizades do receptor. O mesmo princípio é válido para a congratulação, mas anunciantes que parabenizam seus consumidores pela compra do que eles têm para vender e por aquilo que os consumidores pagaram um preço justo inverte ainda mais os verdadeiros papéis dos emissores e receptores na troca de bens por dinheiro, porque aquele que parabeniza sinceramente está no papel de um comunicador desinteressado, não no papel de alguém que lucra pelas condições pelas quais parabeniza.

Finalmente, uma completa falta de apelo é associada aos atos constatativos. A existência do produto é afirmada, mas não há qualquer apelo em aberto para comprá-lo. Um ato constatativo parece não ter qualquer emissor; nenhum emissor parece falar, é a verdade dos fatos que parece falar por si só.

Índices de intencionalidade na publicidade

Se, em última instância, o objetivo da publicidade é elevar o volume de vendas do emissor e aumentar seus lucros, o anúncio que revela esse propósito de maneira mais clara é aquele que faz referência ao ato da aquisição de produtos por dinheiro. Para se determinar o grau em que esse propósito é revelado, a mensagem verbal precisa ser considerada do ponto de vista da semântica dos verbos que revelam ou ocultam a transação comercial. Quão diretamente é declarativa a mensagem que ao receptor se pede que compre, enquanto o emissor deseja vender algo por dinheiro?

Seguindo o objetivo principal da publicidade comercial – levar o receptor da mensagem publicitária a um negócio profícuo – a intensidade apelativa do texto publicitário é ainda maior, quando esse objetivo é claramente expresso por um verbo no imperativo. O verbo é uma ordem para se comprar algo em troca de dinheiro ou, no mínimo, arcar com obrigações financeiras. Conforme o critério da transparência desse semema (conjunto significativo) na frase verbal, as seguintes categorias de intensidade de apelo devem ser consideradas:

Nível	Tipo do apelo	Semema da frase verbal
I	Apelo para a compra	Comprar algo em troca de dinheiro, arcar com obrigações financeiras
II	Aquisição	Obter algo, adquirir algo
III	Apelo de consumo	Consumir algo, gozar, possuir, usar o serviço
IV	Preparação ao consumo, requisitos para o consumo	Comprar

Na referência direta ao propósito de compra e venda, encontramos verbos como comprar ou adquirir. Entre os verbos que expressam o conceito de compromisso financeiro encontra-se reservar (e.g.: uma passagem para uma viagem). Exemplos:

- "Compre uma cozinha Schreiber com um fogão Hotpoint" (O., 9-1, p. 6)
- "Peça sua cópia agora!" (O., 24-4, p. 35)
- "Reserve diretamente – Book Budget" (O., 1-5, p. 44)

Em contraste com tais referências diretas à transação comercial, meras referências à apropriação do produto, como se ele pudesse ser obtido gratuitamente, ocultam o compromisso financeiro do comprador e os lucros do vendedor. O ato de compra é expresso eufemisticamente como um ato de garantir algo para si (Garanta já o seu!), de escolher e apropriar-se (Faça sua escolha da seleção fabulosa de vinhos selecionados cuidadosamente (*O.*, 18-4, p. 9)). A obrigação adquirida com essa "escolha" fica disfarçada.

A referência ao consumo é ainda menos forte em sua indexicalidade que o apelo à compra, porque o objetivo principal dos produtores é focar no prazer do consumo por parte do comprador, o que é, na verdade, apenas uma consequência da compra. A referência ao consumo é uma das estratégias mais empregadas para ocultar interesses comerciais em anúncios de comida ou empresas aéreas, como em "Aproveite o Canadian Club, maravilhoso, nas montanhas" (*O.*, 24-1, p. 35), ou "Viaje na classe rápida" (*T.*, 11-4, p. 58).

Nas referências à mera preparação do consumo, a transparência da meta comercial é ainda um grau mais fraca, posto que tais referências mencionam apenas as condições preparatórias para o consumo. Consumo é tão só a consequência de um convite meramente metafórico ao consumo, como em "Venha para onde está o sabor" (*T.*, 21-2, p. 31), de uma sugestão metafórica para descobrir, como no *slogan* "Descubra ouro [...] Benson & Hedges..." (*T.*, 21-2. p. 31), ou no conselho para prestar atenção ao produto, como a mensagem "Não deixe as coisas boas da vida passarem" (*T.*, 24-4, p. 1) em um anúncio cuja imagem mostra um garçom passando com uma cerveja Tuborg na bandeja.

As estratégias de referência ao ato de consumo e não ao ato de compra de um produto, às meras condições preparatórias em vez de ao consumo propriamente dito, e a contínua substituição do consumidor por um consumidor representativo, estão entre as principais características da publicidade sugestiva. Exemplos de outras pessoas que, pelas mais diversas razões, pareçam bons modelos para serem seguidos e imitados, exemplos esses encontrados geralmente na representação de consumidores nas seções ilustradas, realizam um apelo implícito aos consumidores para que consumam.

Índices primários e secundários

Como demonstrado anteriormente, tanto a mercadoria, como produto em oferta, quanto a publicidade, como texto apelativo que envia um apelo comercial ao consumidor, são signos indexicais. Essa indexicalidade implícita da publicidade e da mercadoria pertence à categoria de signo genuíno, segundo Peirce (ver Santaella, 2000, p. 127). O nome do produto em oferta ou uma eventual referência ao local e ao horário de atendimento (como endereço ou telefone, o que incentiva o contato com os vendedores) são também signos indexicais genuínos em publicidade.

Um anúncio também pode ser genuinamente indexical quando incita no consumidor um forte desejo de compra de um produto ou quando somente chama atenção para si (por exemplo, por meio do uso de cores fortes, que o destacam entre os outros anúncios que estão em seu entorno). Ao fazê-lo, transmite a mensagem de que existe *aqui* e *neste* texto publicitário algo interessante. Tais signos são considerados genuinamente indexicais por estabelecerem uma relação direta entre o signo e o objeto, o texto publicitário, o mundo das mercadorias e a vida diária dos consumidores. O número de telefone do vendedor, por exemplo, indica diretamente o local desse telefone e, por conseguinte, o próprio vendedor. Um anúncio vai sempre se referir a uma situação concreta na qual o produto pode ser vendido e consumido, ou vai pressupor o conhecimento desse local por parte do consumidor, já que, sem tal conhecimento, a efetivação da compra não é possível.

Algo distinta da indexicalidade genuína, que também pode ser chamada de indexicalidade primária, há uma indexicalidade secundária na publicidade. Essa não se faz presente na referência direta do signo ao mundo dos consumidores, mas sim na referência de signos a outros signos no próprio anúncio. Essa indexicalidade, não diretamente relacionada ao mundo das coisas, mas representada no texto publicitário, foi chamada, por Peirce, de indexicalidade "reagente" ou "degenerada" (no sentido de "derivada de"; ver Santaella, ibid.). Na publicidade impressa, essa indexicalidade pode ser encontrada na sobreposição das relações que os signos icônicos estabelecem entre si: na referência que a imagem faz ao texto, que a parte faz ao todo da imagem do produto, que o todo faz às suas partes, que os consumidores felizes impressos no produto fazem ao produto igualmente impresso (na sua própria embalagem) e, finalmente, na referência ao ambiente de luxo, no qual a mercadoria é inserida sem que se saiba se é ela que torna esse meio luxuoso ou se, devido à atmosfera opulenta desse meio, é a mercadoria que ganha ares de um produto de luxo.

Os índices genuinamente verbais e não verbais, usados pelo feirante que grita numa situação publicitária prototípica, em tempo real e na presença de seus produtos, são substituídos na publicidade impressa pela indexicalidade secundária, ou seja, substituídos por aqueles signos referenciais internos da imagem que, na ausência do produto dentro da publicidade, fazem referência a ele por meio de signos.

Na parte verbal de um anúncio, esse tipo de indexicalidade secundária encontra-se na referência textual de algumas palavras a outras, como, por exemplo, na referência de um pronome relativo a uma frase nominal anterior. Na relação entre uma imagem e um texto, ela está na referência da legenda de uma imagem, quando a legenda cita o nome das pessoas da foto ou informa o local e a hora do acontecimento reproduzido na foto. A todos esses princípios semióticos da indexicalidade em textos publicitários, soma-se o princípio da contiguidade, ou seja, a proximidade imediata de signos e significantes, de relações do todo com as partes, dos signos de gestos fotografados ou ainda de signos cujas referências são especialmente indexicais como, por exemplo, setas ou notas de rodapé indicando a mudança de um lugar para o outro no texto.

Observemos a foto da Figura 8.3. Ela é um exemplo da ligação entre iconicidade e indexicalidade em publicidade impressa informativa. O anúncio de microfone, veiculado em uma revista de eletrônica, visa reproduzir o produto e suas características técnicas de maneira mais detalhada possível, bem como descrever, denominar e ressaltar tais características. O objetivo, uma descrição minuciosa do produto, faz-se presente tanto no texto verbal como na representação pictórica. A foto do produto mostra os detalhes técnicos no interior do aparelho. A visibilidade do produto com seus detalhes e, consequentemente, a iconicidade da imagem veiculada é até maior do que a visibilidade dos detalhes do produto em si.

Sendo uma foto, a imagem do produto é um índice genuíno, assim como todas as fotos, pois são o resultado físico de uma causalidade ótica, quando a imagem é projetada como negativo no filme no momento da tomada. Essas referências ao produto que o anúncio reproduz são, porém, índices secundários. Quinze dos acessórios internos dos dois modelos do microfone (Figura 8.3) estão marcados com um traço parecido com uma seta. Por isso, a atenção é direcionada especialmente a eles. São índices secundários que identificam os elementos que mostram e, além disso, direcionam a atenção do leitor às descrições verbais dos detalhes do produto. Portanto, como descrições comentadas de certas partes do aparelho (por exemplo, *modern "black chrome" satin finish plating*, formuladas verbalmente), esses elementos do anúncio são símbolos, como são todas as palavras. Servindo como descrição dos detalhes reproduzidos na foto, esses símbolos exercem a função de ícones verbais como todas as descrições. Em suas referências a uma peça única do microfone, eles são índices secundários.

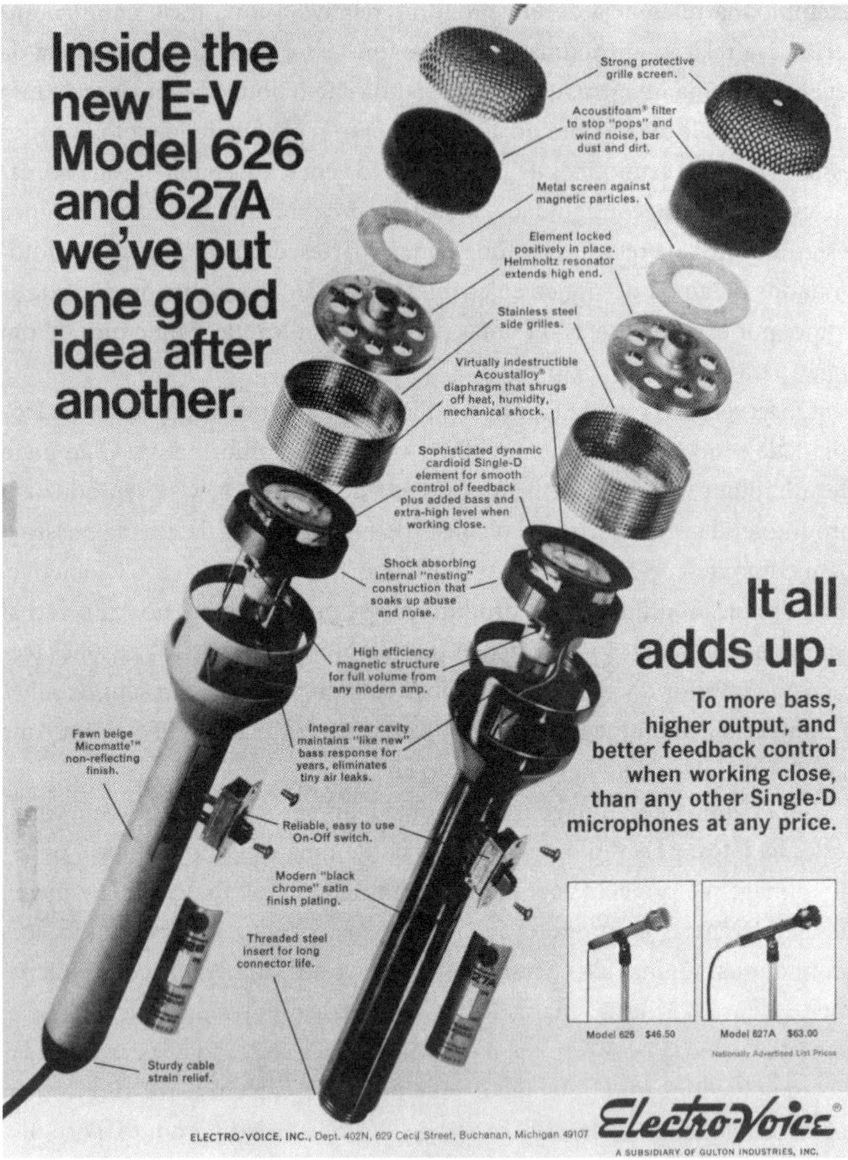

Figura 8.3. Electro-Voice: iconicidade e indexicalidade de uma publicidade informativa impressa.[5]

5. *Electronics World* 8, 3 abr. 1970.

A indexicalidade secundária, que torna o anúncio ainda mais informativo, reside na identificação dos elementos da imagem por meio dos elementos descritos no texto. Os índices que guiam o leitor estão em relação de contiguidade, ou seja, na proximidade imediata entre as partes do texto e o elemento da imagem ao qual ele se refere. Também estão em contiguidade as linhas de ligação que determinam qual detalhe é descrito por qual comentário, assim como a referência do título àquilo que ele sumariza abaixo e o mero texto sem setas. A mensagem dessa referenciação multifacetada pode ser parafraseada por "isso é aquilo".

Os 15 textos que ressaltam as características técnicas do produto não são ícones verbais somente por causa disso (por serem visíveis os detalhes na foto e na descrição verbal), mas também, e sobretudo, por produzirem uma imagem mental desses detalhes. Nem todos esses detalhes técnicos são reproduzíveis visualmente. Características invisíveis como, por exemplo, o material (*chrome, beige*), a qualidade acústica (*more bass*), qualidades físicas (*high efficiency magnetic structure*) e a durabilidade (*reliable*), são representadas por textos descritivos, apesar de o ordenamento desses comentários representar um diagrama icônico na sua ordem (de cima para baixo), pois existe uma correspondência entre a ordem vertical dos elementos da foto e a ordem dos elementos do texto. Até mesmo o *slogan* "*It all adds up*" representa, mais uma vez em resumo, o diagrama mental das frases-chave da imagem no seu todo e partes.

Na sintaxe dessas mensagens publicitárias, há diversos índices secundários que antecipam a denominação de nomes por meio de referências sígnicas. Enquanto o *layout* gráfico do anúncio é dominado por uma indexicalidade secundária, já que a imagem se parece com um desenho técnico, cujas peças são identificadas nas legendas, a mensagem dos *slogans* verbais, no título em negrito, opera por meio de uma indexicalidade primária. O negrito, instrumento para se chamar a atenção, é um signo indexical que, antes de tudo, direciona a atenção do leitor para uma parte do texto. O *slogan* "*It all adds up*" possui um significado literal e icônico-metafórico referindo-se aos detalhes técnicos e à qualidade do seu conjunto.

Como todos os nomes próprios, o nome do produto, Electro-Voice, é um índice genuíno, pois nomes próprios se referem a indivíduos e não a classes gerais. O nome da marca é, portanto, um índice genuíno, pois ele identifica o produtor e o produto como um segmento do mercado. Filósofos da linguagem expressam esse pensamento dizendo que um nome não tem significado, mas designa algo (por exemplo, um lugar em especial ou uma pessoa). Na verdade, marcas são mais do que simples nomes identificadores, mais do que índices genuínos que simplesmente designam algo. O segredo semiótico das marcas reside no fato de que, além de índices, elas são simultaneamente ícones e símbolos (ver Perez, 2004). Como ícones, evocam imagens mentais das possíveis qualidades de um produto ou de uma marca, que se espera obter ao comprá-lo, pois o produto leva esse nome. A qualidade de uma marca é também um símbolo pela associação que fazemos devido ao nosso conhecimento, à nossa experiência e ao costume do nosso trato com esse produto. Concluindo, a indexicalidade dominante desse anúncio se baseia na função de referência do texto ao produto por meio dos signos simbólicos e icônicos que estão associados a ele.

ESTRATÉGIAS ICÔNICAS DE REPRESENTAÇÃO DE OBJETOS VISÍVEIS E INVISÍVEIS

Diferentemente da apresentação de mercadorias como signos indexicais em um supermercado ou por um vendedor de rua, a publicidade de bens de consumo só pode ser feita na ausência da própria mercadoria. A sua apresentação não é possível, somente a sua representação. Informações sobre o produto têm de ser dadas por meio de signos cujos objetos (nesse caso, as mercadorias) estão longe do local da comunicação. O meio prototípico dessa representação de mercadorias na mídia é o signo icônico. No lugar da mercadoria em si é mostrada a sua imagem, principalmente por fotografias, signos que reproduzem a cor e a forma da mercadoria, mas também através de metáforas e descrições que, com ajuda da retórica, evocam imagens mentais do produto.

Ao contrário do signo indexical – que, conforme Peirce, não informa no sentido de "comunicar algo novo", mas somente mostra seu objeto ou pode indicá-lo –, é possível ao signo icônico, até determinado grau, informar sobre um produto. As fotos dão informação, por exemplo, somente sobre as características visuais de seus objetos. Na publicidade, elas são informativas quando mostram um novo design ou uma nova tendência na moda. O design do carro Renault Clio é informado ao leitor pela sua foto (ver Figura 8.4). Mesmo quando os interessados vão ao *show-room* de uma loja de automóveis para ver o design do novo modelo, não se trata somente de indexicalidade (oferta de mercadoria e apelo comercial), mas também de iconicidade, pois a forma do design transmite uma imagem do design por meio da similaridade tanto do automóvel em exposição como de qualquer outro automóvel ausente ou ainda em fabricação.

Imagens mentais e representações imaginárias

Poucas vezes as características qualitativas de um produto podem ser visualizadas detalhadamente tanto quanto em um equipamento técnico como o do anúncio da Figura 8.3; nem sempre os textos publicitários visam ser informativos ou tecer um argumento explícito para o consumo do produto. O texto publicitário da rede de hotéis Holiday Inn (Figura 8.5) é, por exemplo, informativo, pois ele relata as características qualitativas da oferta em detalhes, mas ele é menos abrangente do que o da Figura 8.3. Também não apresenta um argumento explícito da oferta com base no que informa, deixando a cargo do leitor do anúncio tomar uma decisão de que se trata de uma oferta de qualidade, baseado nas informações que lê.

Na parte verbal, o anúncio arrola seis características que falam a favor da qualidade dos quartos e dos serviços da rede de hotéis com o objetivo de informar, à possível clientela, o máximo a respeito dos detalhes daquilo que tem para oferecer. Ao contrário do texto, a foto de um dos muitos hotéis dessa rede não é muito informativa. Como imagem de apenas uma entre as centenas de unidades dessa rede de hotéis, ela serve, na melhor das hipóteses, em um nível indexical, como um exemplo geral dos quartos e serviços.

Figura 8.4. Renault Clio: a foto de um automóvel pode informar sobre o design.[6]

6. *Veja*, 1º fev. 2006, p. 67.

Figura 8.5. Holiday Inn: informação, imagem mental e signos imaginários.[7]

7. *Time* (International), 4 nov. 1974, p. 71.

As linhas indicadoras mostram o lugar anunciado pelas ofertas. As descrições da oferta estão distribuídas em seis campos textuais no plano superior da publicidade, no céu. Elas contêm linhas indicadoras que, como na Figura 8.3, indexicalmente ligam o texto ao local da oferta. Contudo, as descrições dos detalhes na Figura 8.5 ficam sem uma ligação argumentativa, pois, em vez da conexão dos detalhes com um argumento a favor das qualidades especiais dessa rede de hotéis, há somente uma sequência de descrições dos serviços. Isso é diferente na publicidade do microfone (Figura 8.3), na qual a soma das características qualitativas (*many features*) é apresentada explicitamente em um predicado (*the best in rotators*) tornado argumento. O anúncio deixa a cargo do leitor a avaliação da oferta em seus detalhes e o reconhecimento de um argumento que o leve a usar os serviços apresentados na publicidade. "Preço sensato" é o único argumento explícito na publicidade a favor desse, e não de outros hotéis. A publicidade promete "*a reasonable rate, which is the best reason for any traveler to get a good night´s sleep*" (um preço razoável, o que é a melhor razão para qualquer viajante ter uma noite bem dormida).

Apenas alguns dos atributos descritos não podem ser representados visualmente, como em *good night's sleep* (noite bem dormida) ou *24-hour phone service* (serviço telefônico 24 horas). A maioria delas pode ser exemplificada por meio de uma imagem; por exemplo, *swimming pool* (piscina), *cocktail bar* (bar de aperitivos), *restaurant* (restaurante) ou *the room that acts like a suite* (o quarto que age como uma suíte). Mesmo assim, a publicidade não veicula aquilo que os ícones verbais dos elementos do texto descrevem e tornam visíveis aos olhos mentais do leitor, como, por exemplo, uma piscina ou um *cocktail bar*.

A referência das setas indicadoras aos serviços do hotel é um signo indexical secundário muito vago, pois o ponto final das linhas de ligação pouco identifica os locais reais do serviço descrito verbalmente nos textos. Todas as setas apontam para o telhado do hotel, inclusive aquela que indica a piscina. Com isso, a indicação é imaginária, pois não visa à identificação; apenas sugere possibilidades. Oculta atrás desses índices ostensivos esconde-se nada menos que um diagrama das possíveis ofertas desse hotel.

Acima e abaixo dos campos fotográficos, há mais descrições verbais. Ali também a indexicalidade da linguagem é vaga. Somente o pronome possessivo da frase nominal "*our hotels*" (nossos hotéis) é genuinamente indexical, pois se refere concretamente ao emissor da mensagem. Os pronomes demonstrativos das frases "*That's accomodation*" e "*That's Holiday Inn*" ("Isso é acomodação" e "Isso é Holiday Inn") são referencialmente vagos também. Trata-se claramente de um índice secundário que não se refere concretamente a um hotel específico, mas à soma das características descritas no anúncio. A referência indexical que a oferta faz a outros hotéis, como, por exemplo, na frase "*more than a good night´s sleep*" (mais do que uma noite bem dormida), é também vaga, pois tal frase só sugere implicitamente, isto é, sem nomear aquilo que deixa subentendido: que em outro lugar uma oferta similar não é tão boa.

Além do pronome possessivo *our* (nosso), há outros índices genuínos: primeiramente o nome da empresa e sua forma específica no seu logotipo. Colocado no prédio, como referencial local de um determinado hotel dessa rede, o nome é simultaneamente um índice verbal genuíno e também uma arte gráfica. A foto do hotel é também uma imagem indexical, pois se refere a um hotel em particular dessa rede. Como já observado, a mensagem do anúncio não visa exatamente fazer a publicidade deste hotel, pois o endereço dele não é informado. A imagem dessa foto está numa relação indexical com os demais hotéis dessa rede. A publicidade não é do hotel que é visto na fotografia (isto é, visual e concretamente identificado pela fotografia), ela mostra um hotel somente como referência exemplar de uma série dos que são oferecidos pela rede Holiday Inn.

A estratégia da referência exemplar desse anúncio é, por fim, reforçada pela representação estratégica da contiguidade do signo com o objeto significado. Cinco logotipos icônicos representam a oferta do hotel da seguinte maneira: uma cama, como índice da noite sossegada; um nadador, como índice da piscina; garfo, faca e copo, como sinais metonímicos do restaurante. Conforme Peirce, um índice é um signo que está diretamente conectado ao seu objeto. Isso significa, como já foi mencionado, estar numa relação temporal ou espacial de contiguidade, numa relação do todo pela parte (*pars pro toto*), ou de causalidade (causa e efeito). Assim, o pictograma icônico do copo é um índice metonímico do vinho, e o da cama, da noite sossegada que ela proporciona. O logotipo da empresa afixado na porta de entrada também se refere indexicalmente ao hotel da rede Holiday Inn.

Uma comparação entre os anúncios das Figuras 8.3 e 8.5 revela em ambos a marca da informatividade e a estratégia da referência indexical aos signos icônicos verbais e visuais do produto. O emprego de signos indexicais e icônicos do produto é complementar no anúncio da Figura 8.5. As informações dadas verbalmente na foto não são redundantes; pelo contrário, elas mostram os ícones verbais que ficam encobertos pelo ícone fotográfico, pois ele está atrás do muro. Já no anúncio técnico da Figura 8.3, há uma redundância devido à duplicação das informações verbais e visuais. Longe de ser incômoda, ela é uma redundância necessária, cujo motivo o próprio título da publicidade anuncia: os clientes não seriam capazes de compreender as especificidades técnicas da máquina sem a assistência de um especialista ("... *your customers won't understand*" - seus clientes não vão entender).

O que se espera que este capítulo tenha demonstrado é, sobretudo, que, embora a brevidade da mensagem e sua capacidade de comunicação relativamente instantânea sejam características primordiais da publicidade, a malha de signos indexicais e icônicos que nela se tece é intrincada, densa e responsável não só pelo caráter informativo quanto pelo caráter sugestivo da mensagem, embora neste último caso as estratégias sejam distintas, como comprova a transferência de valores, constitutiva do valor semiótico agregado, assunto que será trabalhado no próximo capítulo.

9

Signos e valor semiótico agregado

Muitos produtos de consumo não apresentam características que possam ser representadas visualmente em um texto publicitário. Alimentos, como farinha, açúcar ou arroz, ou bebidas, como leite, café e Coca-Cola, assim como bebidas alcoólicas e cigarros têm como primeira característica o seu sabor, que até pode ser descrito por palavras, porém não visualizado em uma foto.

O que torna a informação a respeito desses produtos tão difícil é o problema de como diferenciá-los no mercado. Um exemplo clássico da falta de diferenciação entre tais produtos e seus competidores é a frequência com que produtos genéricos ou "sem marca" são produzidos nas mesmas fábricas que os produtos de marca e vendidos por preços menores, em embalagem neutra. Produtos de marca, vendidos por preços mais altos que seus equivalentes genéricos, alcançam valores maiores graças ao marketing, que cria e cultiva suas imagens no mercado.

VALOR SEMIÓTICO AGREGADO POR MEIO DA TRANSFERÊNCIA DE CARACTERÍSTICAS

Em seguida, produtos de massa com pouca distintividade serão chamados de produtos carentes de características. Em geral, a publicidade desses produtos não é informativa. Ela não apresenta fatos sobre a mercadoria, mas sugere características qualitativas, diferenças e argumentos de compra que atingem os sentimentos secretos dos consumidores, suas esperanças, anseios, desejos, reconhecimento, afeto e a possibilidade de participar de valores culturais mediante a compra da mercadoria. A publicidade sugestiva não visa representar características reais do produto, mas, ao contrário, sugerir características não existentes como propriedades do produto.

A estratégia sugestiva, típica da publicidade de produtos carentes de características, é uma estratégia de criação de um valor semiótico agregado por meio da transferência de uma característica diferencial. O valor que os consumidores dão a uma mercadoria sem diferencial é aumentado quando características de objetos reconhecidos cultural e valorativamente (que a seguir chamaremos objetos de valor) são transferidas para os produtos sem diferencial. Um protótipo desse tipo de estratégia encontra-se na apresentação em contiguidade, ou seja, uma simples apresentação sequencial de produtos sem diferenciais ao lado de objetos de valor.

O anúncio da Figura 9.1 exemplifica o princípio da transferência de caracteres. O produto é a Coca-Cola, cujas principais características, olfativas e gustativas, não podem ser facilmente descritas por palavras nem representadas em uma foto. A estratégia que esse anúncio utiliza, para sugerir as qualidades da Coca, um produto notoriamente industrializado, é a transferência de características dos alimentos naturais para a bebida. As características das frutas e dos queijos valem para a bebida: sua principal qualidade é indescritível e de natureza gustativa. Embora a justaposição da Coca com os alimentos sugira que a bebida faz boa companhia a eles, um produto ao lado do outro visa à transferência de atributos e de valores dos produtos naturais para o produto artificial. Mas nem todas as características podem ser transferidas. Obviamente, não se quer confundir o sabor das frutas e dos queijos com o sabor da Coca. O que se visa é a transferência dos predicados "naturais" e "frescos".

Além disso, frutas da estação e queijos costumam acompanhar um bom vinho. Ocupando a posição sintática que deveria ser ocupada por um vinho, a Coca adquire traços semânticos similares aos do vinho, quer dizer, a Coca, uma bebida comum, passa a sugerir atributos de sofisticação próprios do vinho. Se esses objetivos forem de fato atingidos, então a bebida ganha uma imagem com o desejado valor semiótico agregado.

Figura 9.1. "É a coisa real. Coca". Transferência de características da natureza morta agrega seu valor ao refrigerante que, pela justaposição, ganha em valor cultural e natural.[1]

A transferência por meio da contiguidade cênica das fotos dos produtos é reforçada por meio de uma transferência verbal de características. Embaixo da

1. Disponível em: <http://www.versacreations.net/images/Slogan/Slogan%2070cocacola1.jpg>. Acesso em: 18 mai. 2009.

foto, há uma frase taxativa: "É a coisa real (verdadeira). Coca". A afirmação "É a coisa real" que deveria valer para todos os elementos da foto, converge apenas para "Coca". A frase é convincente porque, de fato, a inserção da bebida no ambiente visual cumpre a função de fazer convergir para ela todos os significados dos alimentos que a acompanham. A explicação verbal da imagem complementa e confirma os sentidos e subsentidos visuais: "Nesta época do ano, os alimentos são variados, ricos – saborosos. Não é ótimo que um refrigerante tenha um gosto próprio especial que combina com tudo que você come. O gosto único de Coca complementa tudo, do presunto ao hambúrguer, do queijo importado ao rosbife. Essa é a razão por que a chamam de coisa real."

Estamos aí diante de uma transferência de características nos moldes do princípio psicológico da associação que diz que tudo aquilo que é observado em justaposição fica gravado na memória como um conjunto. Mesmo que alguém não queira acreditar que o valor do queijo importado e das frutas frescas e sadias corresponda ao valor do refrigerante, o princípio da associação continua válido: algo é transmitido de um para o outro, e isso fica para sempre na lembrança.

Os valores transferidos de um produto para outro são aqueles que são culturalmente bem aceitos, tais como reconhecimento, fama, prestígio, renome, exclusividade, riqueza, beleza, juventude, amor, alegria, prazer, sabor, autenticidade, qualidade, durabilidade, atualidade etc. O número dos objetos culturais de valor (num sentido mais amplo), cujos atributos podem ser transferidos, é infinito, pois varia de cultura a cultura, assim como ao longo do tempo da cultura. Mas há objetos cujos valores estão impregnados nas culturas, em geral por força da própria insistência repetitiva das publicidades nas mídias. É por isso que, frequentemente, trata-se de transferir valores de pessoas, atrizes, estrelas da televisão e personalidades ilustres de todo tipo; ou de lugares, como pontos turísticos, cenários de luxo e aventura e de acontecimentos que chamaram a atenção de milhares de pessoas e da mídia.

A transferência de valores para a criação de um valor semiótico agregado na imaginação e na lembrança dos consumidores, uma estratégia sugestiva de valorização de um produto de baixo valor por meio de um produto de alto valor, na nossa cultura, baseia-se em um princípio parasitário de transferência de valores, pois os valores transferidos não resultam de uma ação do fabricante do produto, mas sim da cultura de modo geral. Por certo que a criatividade dos publicitários e o espaço publicitário não são gratuitos, mas o emprego dos objetos culturais de valor para essa finalidade não tem custo. Mesmo quando Jeanne Moreau (Figura 9.2) recebia um cachê para aumentar o valor da marca de cigarro Winston, esse cachê era somente um valor representativo de todo o valor cultural que estava ligado ao nome dela e que sua imagem suscitava.

Figura 9.2. Cigarro Winston e Jeanne Moreau: a aura da atriz como veículo do aumento do valor agregado por meio da contiguidade com o produto.[2]

2. *Time* (International), 10 fev. 1975, p. 1.

Podem existir ou não motivos para a justaposição de objetos culturais de valor numa mesma cena de uma foto. Ela pode ser ocasional, planejada ou tratar-se de uma combinação habitual, como no caso de Jeanne Moreau, uma fumante usual. Os motivos e as estratégias da justaposição e os princípios semióticos da transferência das características serão o assunto do que se segue.

PRINCÍPIOS INDEXICAIS DA TRANSMISSÃO SUGESTIVA DE CARACTERÍSTICAS

Embora o processo da transmissão de características também ocorra em função de outros meios semióticos, deve-se aceitar a regra segundo a qual, na raiz de transmissões sugestivas de características, encontra-se o princípio da associação por contiguidade, pois, nas imagens, a sugestão, presente na transmissão de valores associados a certos objetos, torna necessário que eles sejam mostrados ao lado do produto.

Contiguidade enquanto indexicalidade

Uma associação por contiguidade ocorre, normalmente, quando ligamos duas palavras ou dois objetos em nossa memória, cujos objetos de referência passam a ser vistos, vivenciados e apreendidos lado a lado no tempo e no espaço, de acordo com a experiência; por exemplo, o garfo com a faca, a colher com a sopa, o prego com o martelo ou o arroz com o feijão. Diferente das associações mentais habituais – nas quais associamos, por hábito, algo com outra coisa –, na publicidade, a associação por contiguidade é construída. Nela, frequentemente, o lado a lado é completamente novo ou mesmo surpreendente, como é o caso de uma publicidade que coloca uma garrafa de gim ao lado de uma coroa, como aparece na Figura 9.6, a seguir. A publicidade sempre possui a intenção de criar, por uma justaposição inesperada, uma relação mental habitual na memória do consumidor, a qual se torna, desse modo, uma associação mental e habitual por contiguidade. Quando, ao longo da campanha publicitária, as características do valor cultural inestimável da coroa passam a migrar, mesmo que em parte, para o produto ao seu lado e os consumidores de gim, quando estão no supermercado, lembram-se da associação que a publicidade estabelecera entre o objeto de valor "coroa" e o produto, pode se dizer que os objetivos da publicidade foram atingidos.

Semioticamente, toda associação por contiguidade entre A e B é um signo indexical: A refere-se a B, e vice-versa. A faca refere-se ao garfo não porque o primeiro está para o segundo, mas porque o significado cultural do uso da faca engloba o uso do garfo à mesa. Por exemplo, caso a faca esteja à disposição, mas o garfo esteja faltando, a faca se torna um signo da falta do garfo. Assim sendo, o ponto de partida para um ganho semiótico por meio da transmissão de características é sempre a mera contiguidade entre o produto pobre de características, de um lado, e o objeto de valor cultural, de outro. Contudo, na maioria das vezes, o princípio indexical da mera justaposição apoia-se também em uma série de outras relações semióticas adicionais.

Na Figura 9.2, não vemos apenas a atriz Jeanne Moreau em contiguidade com duas carteiras de cigarros da marca Winston, uma aberta e outra fechada, colocadas à sua frente. A mera disposição já nos leva a perceber uma primeira forma de indexicalidade visual, pois os cigarros estão à frente – senão no centro – da imagem. De acordo com as leis da psicologia da percepção, tudo o que está à frente é percebido com mais atenção. Essa lei também é válida para o centro da imagem, ocupado por Jeanne Moreau, o que significa que há dois centros visuais na imagem – ou duas estratégias de direcionamento indexical da visualidade – para os quais se mobiliza, naturalmente, a atenção visual do leitor: para o objeto de valor cultural (no centro, embora, com relação à caixa de cigarros, ao fundo) e para o produto (à frente, embora, com relação à atriz, em um espaço periférico).

No comentário verbal, que fundamenta a justaposição de Jeanne Moreau com os cigarros Winston, na Figura 9.2, lemos o *slogan* "*They're famous*" (Eles são famosos). Mesmo para a interpretação dessa afirmação, a indexicalidade deve ser levada em conta, pois aquilo a que o pronome pessoal "*they*" (eles) se refere só pode ser conhecido pela contiguidade entre a palavra e a imagem. Levando em conta o campo visual, o enunciado está inserido na imagem da atriz e ao lado da imagem dos cigarros, de modo que esse lugar da escrita determina o lugar do referente desse signo indexical secundário.

O fato de a atriz ser famosa faz parte do repertório cultural dos leitores. Por outro lado, se o mesmo adjetivo normalmente utilizado para pessoas conhecidas por realizações meritórias e notáveis também pode ser válido para uma marca de cigarro, é duvidoso. Marcas são avaliadas de acordo com seu grau de popularidade e não de sua fama. No entanto, se o sentido conotativo da fama puder ser transposto para a indiscutivelmente conhecida marca Winston, então Jeanne Moreau passa a contribuir, com sucesso, para a produção de um ganho em relação a essa marca. O processo de transposição da característica da fama de Moreau para os cigarros – que, num primeiro momento, é preparado cuidadosamente pela ambiguidade, devido à relação referencial do pronome "*they*", que se refere, primeiramente, à atriz e aos cigarros – conduz, por fim, na forma de uma quase inferência na borda inferior da publicidade, a uma conclusão nas letras pequenas, o que não deixa mais qualquer dúvida sobre a estratégia dessa mensagem publicitária. A fama, que, num primeiro momento, fora transferida da atriz para o produto, transforma-se na fama do próprio cigarro, pois, abaixo das carteiras de cigarro, pode-se ler o seguinte enunciado: "*A famous J. R. Reynolds Product*" (Um famoso produto da J. R. Reynolds).

Nem toda relação de contiguidade serve de fundamento para uma relação semiótica indexical. Por exemplo, na ocorrência simultânea de dois acontecimentos ao acaso, ou no encontro, também ao acaso, de uma pessoa com um desconhecido que se apressa no trânsito, ou na justaposição de um cigarro com uma laranja; em casos como esses é pouco provável que um dos elementos torne-se signo do outro. Por outro lado, nas imagens produzidas cuidadosamente para uma campanha previamente planejada, nada está justaposto ao acaso. Mesmo que a justaposição seja surpreendente, deve haver, para o espectador, uma relação semiótica implícita entre o produto, de um lado, e tudo o que possa ser percebido em seu contexto, de outro, pois acreditar que se trata de uma justaposição fortuita ou mesmo não intencional impede que o receptor se dê conta das estratégias e métodos da mídia. Nessa perspectiva, visto que dois elementos tão marcantes como a carteira de cigarros e a famosa atriz (Figura 9.2) não podem estar um ao lado do outro apenas por mero acaso, deve-se aceitar que há uma relação de sentido entre ambos: a fama da atriz se torna, desse modo, um signo da fama do cigarro. Essa contiguidade encenada serve de fundamento para uma relação semiótica indexical.

Figura 9.3. Highland Queen Scotch Whisky: contiguidade complexa e conotações mitológicas.[3]

3. *Time* (International), 11 nov. 1974, p. 6.

De modo semelhantemente complexo, também a Figura 9.3 faz uso do princípio da transmissão de características por indexicalidade. O próprio nome do produto, visível na etiqueta, apoia-se nesse tipo de transmissão de características. O valor do produto eleva-se por meio do nome, pois, pela vinculação do nome da figura histórica da rainha Mary ao produto – Highland Queen ou Queen of Scots –, que passa a participar da fama dessa heroína nacional dos escoceses. Além disso, o princípio da contiguidade também pode ser percebido pelo fato de que podemos ver uma garrafa do produto diante do plano de fundo formado por uma pintura histórica da rainha, cujo valor, não por último, também é veiculado por meio de sua moldura barroca. Com essa justaposição, o valor dessa pintura histórica se torna um índice do produto que pode ser visto ao seu lado; pois, em lugares com esse tipo de pinturas valiosas, certamente, também as bebidas devem ser valiosas.

O enunciado fornece a seguinte explicação: "*Mary Queen of Scots acclaimed by her troops before Edinburgh Castle 1561*" (Mary, rainha dos escoceses, aclamada por suas tropas em frente ao Castelo de Edinburgo, 1561). Assim sendo, a imagem da rainha não deixa sua fama simplesmente pressuposta, mas procura comprová-la ou, pelo menos, em vez disso, procura mostrá-la, na medida em que apresenta essa cena de aclamação. A contiguidade complexa desse produto, por meio de imagens ligadas à fama da rainha, sugere, mais uma vez, pela apresentação dessa cena, uma transmissão de valor. A aclamação merecida pela rainha Mary – assim sugere a mensagem publicitária – é merecida também pelo produto que carrega o seu nome, Highland Queen Scotch Whisky.

***Pars pro toto*: índice como signo necessário e signos de abundância**

A semiose no anúncio de uísque nas Figuras 9.4 e 9.5 consiste em mais do que mera justaposição de um produto com um objeto de valor cultural. Resumidamente, o *slogan* "*The Good Life. A great Scotch is part of it*" (A boa vida. Um grande scotch é parte dela) pode ser lido do seguinte modo: esse uísque simplesmente faz parte de uma vida boa. A imagem ratifica essa relação de pertencimento por várias relações de contiguidade. A garrafa, como um exemplar (portanto, um signo indexical) da oferta do produto, foi colocada, em tamanho grande, na parte direita inferior da imagem, possuindo como plano de fundo a cópia de uma cena que representa o objeto de valor cultural. Assim, produto e objeto de valor já se encontram em relação de contiguidade. À frente da garrafa, encontra-se – provavelmente como parte do conteúdo da garrafa – um copo desse uísque, como sua *pars pro toto*. Da mesma forma, aquilo que os jovens em cima do barco, representando essa vida boa, seguram em suas mãos, só pode ser um copo de uísque Ballantine. Essa relação mais específica entre o copo do produto e os representantes da boa vida corresponde a mais uma relação de contiguidade (entre a mão que pega e o copo pego), assim como uma relação *pars pro toto* que torna o uísque pertencente à cena. Em ambos os casos, o argumento sugestivo é o seguinte: o uísque Ballantine é um signo indexical da boa vida.

Figuras 9.4 (esquerda)[4] e **9.5** (direita)[5]. Ballantine's Whisky: vida boa (barco e tênis). A marca como signo indexical necessário *pars pro toto*.

4. *Time* (International), 28 nov. 1974, p. 35.
5. *Time* (International), 14 out. 1974, p. 33.

A sugestividade dessas mensagens ambíguas – que nada pretendem afirmar, mas apenas sugerir – torna impossível decidir de que maneira o uísque "pertence" à boa vida daquelas pessoas abastadas retratadas na imagem. Logicamente, o *slogan* permite duas interpretações, entre as quais uma sugere um argumento mais fraco, e outra, um argumento mais forte. O argumento mais fraco sugere que esse uísque é uma *pars pro toto* meramente facultativa dessa boa vida, e não uma parte necessária, visto que outros produtos de luxo, em seu lugar, também poderiam servir como índices de uma vida tão boa.

O argumento mais forte sugere o pertencimento do uísque como uma relação necessária: a "boa vida" dessas pessoas abastadas, jovens e bonitas só é boa porque o uísque é parte obrigatória. Assim sendo, o signo indexical do produto de marca é um signo necessário. Evidentemente, nenhuma publicidade de marca afirma uma coisa ou outra, mas o mito da marca, em última análise, sempre visa a que ela seja estilizada em um signo necessário. Ela transmite a mensagem segundo a qual, sem o produto de marca, o consumidor não faz parte da "boa vida". Sua posse é um atributo necessário. Nas Figuras 9.4 e 9.5, as bebidas apresentadas podem ser vistas sempre de duas formas: de um lado, em sua embalagem comum de comercialização, como a garrafa do uísque anunciado; de outro lado, no momento do consumo, como uma dose comum desse uísque em um único copo, com um cubo de gelo.

Algo semelhante é válido para a publicidade de cigarro na Figura 9.2: de um lado, vemos os cigarros, em sua unidade de venda comum, na forma de uma embalagem de cigarros; de outro lado, vemos os cigarros no momento de seu consumo, como um único cigarro na mão da atriz. A justaposição entre unidade de consumo e unidade de embalagem – ou seja, entre o copo e a garrafa, de um lado, e o cigarro e a embalagem do cigarro, de outro – sugere, nessas imagens, uma situação cotidiana de consumo, na qual a parte consumida provém da unidade de embalagem que está à disposição. No caso do uísque do copo, a origem seria a garrafa que se encontra ao seu lado; no caso do cigarro na mão de Jeanne Moreau, a origem seria a embalagem de cigarros ao seu lado.

Em uma observação mais atenta, contudo, percebe-se que não é assim. O uísque do copo não pode proceder da garrafa ao seu lado, pois a garrafa está fechada e completamente cheia. O que mais chama atenção é a situação da cena com a fumante diante do plano de fundo da embalagem do cigarro.

Uma das caixas de cigarro não está apenas aberta, mas também se percebe que três cigarros claramente visíveis foram retirados para fora da embalagem. É como se houvesse a intenção de retirá-los para pegar um cigarro da carteira. Apesar de transmitir a impressão de uma embalagem aberta, uma observação mais atenta demonstra que não falta nenhum cigarro na caixa. Em todos os casos, o cigarro de Jeanne Moreau não pode proceder dessa caixa. Situações como essas demonstram de forma exemplar como, na publicidade, o ato do consumo é mostrado de forma que ele jamais possa esgotar o estoque do consumidor. O produto consumido não deixa qualquer rastro do consumo. Nenhum consumo diminui a inesgotabilidade da oferta. Desse modo, cria-se o mito da abundância inesgotável, que sugere um valor adicional à oferta, ou seja, o valor da ilusão do consumo sem o ato de consumir, em outras palavras, o mito do Eldorado.

Signos indexicais como condicionamento por meio do aprendizado

A publicidade será tão bem-sucedida quanto mais conseguir inculcar sua mensagem, a longo prazo, na memória do consumidor potencial. Assim sendo, o sucesso da publicidade depende da medida em que ela consegue conduzir os processos de aprendizagem dos consumidores. A repetição constante da mesma mensagem – que certamente pode ser vista como um denominador comum de todas as campanhas publicitárias – é um método de ensino baseado na repetição, que lembra os processos de aprendizagem pesquisados pelo assim chamado behaviorismo, o qual realizou experimentos, na metade do século XX, e propagou seus resultados como um método geral de ensino e aprendizagem.

No estado atual da pesquisa sobre processos de ensino e aprendizagem, diante de várias outras possibilidades metodológicas, o aprendizado guiado pelos princípios behavioristas do reforço de esquemas de estímulo-resposta não goza mais de muito prestígio, pois o aprendizado natural possui inúmeros outros aspectos e formas. De fato, se comparados a pombos e ratos – tomados como exemplos nas teorias behavioristas –, as crianças, no seu dia a dia, ou os alunos na escola, aprendem de modo diferente, mais plurívoco, em muitos aspectos. Contudo, o fato de que o aprendizado na infância e na escola evidentemente não ocorre segundo os princípios do adestramento não significa que a repetição e o reforço – do modo como eram descritos pelos behavioristas – não sejam promissores no caso de algumas formas de aprendizagem. Exemplo disso encontra-se em alguns aspectos do aprendizado de línguas estrangeiras. A publicidade serve-se desse princípio a fim de inculcar suas mensagens nos consumidores. E se ela segue tão obstinadamente o princípio da repetição, certamente não o faz sem esperança de obter sucesso quanto à aprendizagem por parte das massas às quais se dirige.

O ponto de partida da explicação behaviorista para processos elementares de aprendizagem é o assim chamado esquema de estímulo-resposta. Um estímulo nada mais é do que um signo indexical de um objeto de estímulo não acessível diretamente. Um cão faminto que percebe o odor da comida é confrontado com um signo do objeto de estímulo "comida". O sistema fisiológico do cão reage a esse tipo de estímulo por uma reação imediata e passível de ser mensurada de forma experimental, pelo fluxo da saliva. O esquema estímulo-resposta ainda não é aprendido, mas inato. O estímulo ao qual o cão reage é um signo natural e não aprendido do objeto de estímulo.

Se o pesquisador acrescentar sinais artificiais – que se encontram em relação de contiguidade sequencial com os estímulos – à série elementar de estímulos e reações naturais, os animais aprenderão esses sinais como estímulos mediados ou condicionais, ou seja, como índices de estímulos naturais que lhes seguem. Se, em situações repetidas, toca um sinal acústico um pouco antes da hora da alimentação, depois de certo período, os cães reagirão a esse sinal acústico da mesma maneira imediata com que já reagiam ao odor da comida, a saber, salivando. Eles terão aprendido que o mero sinal acústico é um signo do objeto de estímulo. Considera-se comprovado o processo de aprendizagem quando a reação da salivação ocorre mesmo quando o objeto de estímulo "comida" permanece ausente. O aprendizado, de acordo com esse esquema, também pode ser denominado de condicionamento. O cão que aprendeu desse modo tornou-se um cão condicionado.

O aprendizado por condicionamento é um dos métodos elementares de divulgação da publicidade. Na publicidade sugestiva de produtos carentes de características, o objeto de estímulo dos experimentos behavioristas corresponde à mensagem publicitária, que é apresentada acompanhando o produto, de forma constante; por exemplo, na Figura 9.2, a aura da atriz Jeanne Moreau. Para os consumidores, o verdadeiro objeto de estímulo não é o irrisório cigarro Winston, mas a famosa Jeanne Moreau, à qual o público reage com desejos e aspirações semelhantes. Embora as operações do desejo sejam muito mais complexas do que o dualismo do estímulo e da resposta possa nos fazer supor, não se pode negar que, em um nível elementar, esse dualismo é operativo. Assim como, para o cão, a comida é o que realmente interessa, chegando a desencadear sua salivação de modo natural – ao passo que o signo que anuncia esse objeto de estímulo, o som acústico, é apenas o meio para um fim –, para o leitor da mensagem publicitária, o objeto de valor desejável representa o objeto de estímulo de seu desejo. Desse modo, a imagem do produto, que sempre surge em conexão com esse objeto de estímulo, é aprendida como um signo indexical desse objeto. O produto corresponde ao sinal acústico para o consumidor condicionado.

O consumidor potencial também deve reagir à visão de um cigarro Winston no supermercado convencendo-se da fama especial desse produto, mesmo a distância da famosa atriz. Se a lembrança do objeto de valor veiculado pela mensagem da publicidade realmente for capaz de levar o consumidor à compra do produto em cuja contiguidade lhe foi apresentado, então a compra é a prova do sucesso do condicionamento do consumidor, realizado pela mensagem publicitária.

Índices que se tornam símbolos

O conceito de símbolo possui várias facetas e definições. A seguir, será compreendido exclusivamente da maneira como foi definido por Peirce (ver Santaella, 2001, p. 261-76), a saber, como um signo que resulta de hábitos e, dessa forma, consequentemente, de processos de aprendizagem. Nesse sentido, o símbolo é um signo que associamos com o objeto de referência por ele representado através de um hábito. Nesse sentido, todas as palavras de uma língua são símbolos. Nós compreendemos o significado de uma palavra apenas depois de aprendê-lo e associá-lo com frequência a essa palavra. A marca, conforme o sistema mercadológico, é um protótipo de símbolo nesse sentido. No caso de marcas como Coca-Cola, Kleenex ou Winston, mesmo na ausência de mensagens publicitárias atuais, os consumidores realizam associações com sentidos que foram incorporados em um longo processo de aprendizagem. O caminho do hábito do consumidor em direção à marca é o resultado daquele tipo de mensagem publicitária indexical que contribuiu para o condicionamento do consumidor. Com base em uma infinidade de mensagens indexicais, surge, por fim, o símbolo da marca.

Na mensagem do texto publicitário da Figura 9.2, percebe-se, de forma exemplar, o esforço da publicidade para fazer surgirem símbolos a partir de meros signos contíguos ou, simplesmente, para derivá-los da mera contiguidade. Enquanto a representação fotográfica da atriz fumante permite apenas a interpretação segundo a qual o consumo do cigarro, por parte da atriz, é um acontecimento único, no modo como é representado aqui e agora, o comentário verbal na parte superior direita explica que, para Jeanne Moreau, fumar cigarros Winston é um hábito. Em estilo telegramático, o texto publicitário informa o seguinte: "*Jeanne Moreau [...]. Recreation: Languages, reading. Smokes Winston*" (Jeanne Moreau [...] Recreação: linguagens, leitura. Fuma Winston). Desse modo, ensina-se ao leitor que o produto pobre de características não é apenas único, mas está sempre e habitualmente associado com o objeto de valor. A mensagem veicula mais do que um objeto de valor como um índice da mercadoria. Ela nos ensina que esse objeto de valor representa o produto da mensagem publicitária como um símbolo.

O modo como símbolos podem ser criados com signos indexicais durante o processo de uma campanha publicitária, pelo condicionamento dos seus consumidores, pode ser demonstrado pelo progresso de uma campanha muito citada, realizada pela agência publicitária David Ogilvy, na década de 1950, sobre a qual se afirmou o seguinte:

> A firma de publicidade de David Ogilvy criou um símbolo não racional altamente bem-sucedido para uma marca obscura de camisa – um homem de bigode com um tapa-olho negro. Logo, ficou conhecido do público que qualquer homem com um tapa-olho negro teria que estar usando uma camisa Hathaway. Para provar sua fé no poder da imagem, o sr. Ogilvy começou a divulgar caros anúncios coloridos de página inteira em revistas como *New Yorker*, anúncios que não continham uma simples palavra de texto, nem mesmo a palavra Hathaway. Tudo que era mostrado limitava-se à imagem de um homem. Ele estava ao lado de um telescópio tomando notas. Ele usava bigodes.

> Ele vestia uma brilhante camisa escocesa. E ele tinha um tapa-olho negro. As vendas da camisa Hathaway subiram (Packard, 1957, p. 47-8).

Tomada pela similaridade com a imagem-clichê de um pirata e por seus atributos ligados à complacência visual, a imagem desse homem é, primeiramente, um signo icônico, uma cópia de outros homens com aparência semelhante. No entanto, as conotações do não habitual e do estranho, que direcionam a atenção do leitor para a imagem, tornam essa imagem um índice, ou seja, um signo que conduz a atenção daqueles que o observam na sua própria direção. Com suas conotações do não habitual, do excêntrico e da aventura, no início da campanha publicitária, a imagem de um homem bonito com um tapa-olho, lembrando-nos os clichês de um *gentleman* e de um pirata, poderia conduzir a atenção das consumidoras e dos consumidores em direção a si mesmo unicamente por causa de sua beleza. No entanto, esse valor próprio de atenção não pode se tornar autotélico, pois, em última análise, a intenção é conduzir a atenção em direção ao produto. A função semiótica da imagem do homem com tapa-olho é apenas um meio destinado a se referir a outra coisa, a saber, à cópia da camisa em contiguidade com o homem e com uma marca ainda desconhecida. Por outro lado, há dois aspectos ligados a uma marca: o nome e a imagem, ou seja, a soma das características qualitativas que lhe são atribuídas.

O objetivo de chamar atenção sobre essa camisa de marca ainda desconhecida, por uma imagem rica em conotações, de um homem com tapa-olho, é uma estratégia destinada a transmitir essas conotações positivas do misterioso e do excêntrico para a camisa ainda pobre em características, cujo nome da marca ainda precisa ser fixado nas mentes dos consumidores por meio da repetição. Como um signo que, num primeiro momento, refere-se a um objeto atual – junto do qual pode ser visto apenas como mera contiguidade –, a imagem do homem com o tapa-olho ainda é um índice genuíno. A apresentação da camisa em sua fase introdutória está subordinada à indexicalidade sob dois aspectos: de um lado, o novo nome do produto que deve ser aprendido, assim como qualquer nome de produto, é um índice do produto; de outro lado, o processo do enriquecimento do produto, baseado em características positivas, pelo princípio da transmissão de características, segue o caminho de uma referência indexical.

Quando, na fase final da campanha, a imagem desse excêntrico com tapa-olho e camisa é finalmente capaz de ativar, entre seus leitores, a identificação de sua camisa com o nome da sua marca, mesmo sem que o nome do produto seja mencionado, pode-se dizer que a imagem do homem com tapa-olho passa a carregar até mesmo as conotações daquele produto da marca que havia transmitido anteriormente a si mesmo. Agora, o produto anteriormente desconhecido é, ele mesmo, um signo de valor, pois o objeto de valor do homem excêntrico foi enriquecido por um valor que antes fora transferido a esse objeto através de sua mera contiguidade. O signo, que anteriormente se referia indexicalmente a um objeto individual presente em contiguidade, agora se refere a um objeto ausente que, como marca, não é mais um objeto individual e, sim, uma classe de objetos. Pela associação por contiguidade com um objeto único e individual, surge, agora, uma associação mental aprendida com uma classe de objetos. Como marca, o signo não é mais um índice primário, mas secundário (ver Capítulo 8); ou seja, um signo que carrega, em si, elementos do simbólico, visto que não se refere mais apenas a um objeto individual presente, podendo se referir também a classes de objetos ausentes.

PRINCÍPIOS ICÔNICOS DA TRANSMISSÃO SUGESTIVA DE CARACTERÍSTICAS

Signos icônicos representam seus objetos por meio de uma relação de similaridade do signo com seu objeto. Como foi discutido no Capítulo 8, os signos icônicos são imprescindíveis para a representação do objeto ausente. Diferente da publicidade de produtos ricos em características, que pode se tornar informativa copiando o produto através de signos que lhe são semelhantes, para a publicidade de produtos carentes em características especialmente visuais, o princípio da representação por similaridade é de pouca utilidade, pois, se o próprio produto já é pobre de características, então a imagem desse produto tampouco pode prometer grande sucesso, uma vez que sua carência de características se tornará manifesta como uma pobreza de características também na sua imagem.

No entanto, quando a publicidade de produtos carentes em características se serve de signos icônicos como meio de sugestão de um ganho semiótico que, de outra forma, não seria apresentável visual e informativamente, ela o faz utilizando uma estratégia especialmente parasitária, na medida em que substitui semelhanças factuais preexistentes por semelhanças construídas. O signo icônico permite esse tipo de estratégia de construção de semelhanças porque a semelhança é uma categoria extremamente flexível.

Conforme a advertência de alguns críticos da teoria da semelhança, em última análise, tudo pode ser semelhante a tudo em algum aspecto. Por exemplo, nessa perspectiva, todas as coisas materiais são semelhantes (ou revelam semelhanças), pois são feitas de matéria. Entretanto, a teoria da iconicidade não chegou a ser realmente abalada com essa crítica, pois a percepção de semelhanças é uma categoria cognitiva e um fato da experiência.

Semelhanças produzidas por mensagens publicitárias podem ser criticadas por se caracterizarem como uma tentativa de manipulação a partir de semelhanças que, no fundo, não são semelhanças. Elas podem ser vistas como uma tentativa de estabelecer ligações entre semelhanças e argumentos que não possuem qualquer plausibilidade cognitiva. No entanto, a construção de semelhanças também pode ser compreendida como um princípio geral da criatividade, como um meio de produzir efeitos surpreendentes, capazes de atingir a atenção do público mesmo sem necessidade de comprovação. Por fim, também as metáforas e as hipérboles são imagens linguísticas criativas que podem ser utilizadas sem que seja necessário atribuir-lhes credibilidade, em sentido literal.

Iconicidade construída através de ambiguidade relacional e vagueza referencial

A Figura 9.6 ilustra o princípio da sugestão icônica de ganho semiótico por meio da iconicidade construída. Se deixarmos o texto verbal de lado, num primeiro momento, veremos uma garrafa de gim da marca Beefeater ao lado da coroa da rainha da Inglaterra. Essa justaposição de dois objetos que, num primeiro olhar, realmente não têm nada a ver um com o outro, é, em si, bastante surpreendente. No entanto, como já sabemos, a contiguidade encenada entre o valor cultural de um objeto e o produto carente de características destina-se a transferir um ganho semiótico para esse produto. Desse modo, deve-se aceitar que o valor da garrafa de gim já passa por uma ascensão pelo simples fato de estar sendo apresentada ao lado da coroa da rainha da Inglaterra. No entanto, adicionalmente a essas relações evidentes de contiguidade, há algumas outras estratégias de transferência de características.

Figura 9.6. Beefeater Gin e coroa. Iconicidade construída por contiguidade.[6]

O slogan "*There is only one*" (Há apenas uma) pode ser lido, em sua ordem gráfica, sobre a coroa e, simultaneamente, ao lado de uma garrafa do gim Beefeater. A oração, construída com um sujeito inexistente "*there is*" (há) e um predicado nominal "*only one*" (apenas uma) não especificado, funciona como índices sem referentes, pois falta um contexto verbal ao qual tais palavras poderiam estar relacionadas. Evidentemente, esses índices

6. *Time* (International), 11 nov. 1974, p. 3.

verbais possuem seus referentes nas imagens. A contiguidade do campo de escrita do *slogan* impresso – seja com a imagem da coroa, que está abaixo, ou seja, com a garrafa de gim, que está ao lado – sugere que o referente da oração é duplo. De modo um tanto paradoxal, o leitor deve concluir que não há apenas um objeto "singular", mas simultaneamente dois: a coroa e a garrafa de gim. O predicado da singularidade, que foi atribuído dessa forma a ambos os objetos, é indubitavelmente válido em relação à coroa da rainha da Inglaterra; no entanto, certamente não pode ser válido do mesmo modo em relação à garrafa de gim.

Sendo uma mercadoria produzida em série, a garrafa de gim representada, em todos os casos, não é singular, pois será reproduzida aos milhares. O que se pretende veicular com a singularidade desse gim, com certeza, diz respeito à marca e não ao produto isoladamente, ou seja, diz respeito à mercadoria como tipo (classe de produtos) e não como *token* (produto singular). Visto dessa forma, aquilo que não é comparável passa a ser comparado: de um lado, o objeto individual; de outro, uma marca, que passa a ser realizada e concretizada por meio de inúmeros objetos individuais. Da mesma forma, entretanto, nessa interpretação, a atribuição do predicado da singularidade à marca de gim é um tanto vazia de conteúdo, pois, na verdade, uma marca só pode ser única na medida em que necessariamente se diferencia em relação a todas as demais.

A suposta "singularidade" desse gim vem a ser posteriormente especificada pela legenda abaixo da imagem da garrafa. Utilizando um superlativo, ela a explica do seguinte modo: "*Beefeater Gin, heralded as the world's finest London Dry Gin*" (Gim Beefeater, laureado como o gim seco londrino mais fino do mundo). Nas letras pequenas, portanto, essa pretensão à singularidade, que havia sido grandiosamente anunciada na parte superior do texto publicitário, torna-se fortemente restringida, pois agora se afirma a singularidade do produto apenas entre todas as marcas de gim seco de Londres. (O que significa que, se não for por outro motivo ou se não houver outras marcas, ela é provavelmente a única.)

A similaridade construída entre a coroa e o gim permanece como uma relação meramente sugestiva, pois não é afirmada nem através do texto nem da imagem, mas apenas insinuada de forma contida. Na medida em que é sugerida pelo princípio da justaposição das imagens, seu argumento torna-se fraco, pois, em toda justaposição, encontra-se pelo menos uma afinidade quanto ao espaço no qual ambos os objetos são colocados lado a lado. O argumento linguístico da similaridade entre a coroa e o produto é vago e impessoal, visto que falta referente linguístico tanto para o sujeito quanto para o predicado da afirmação "*There is only one*" (Há apenas uma), o enunciado permanece com seu referente em aberto. A pretensão à verdade, no caso do predicado da singularidade, permanece indecidível, pois o sujeito é inexistente[7].

A imagem, isoladamente, não afirma nada. Ela apenas demonstra uma possibilidade de referência. Além disso, a afirmação da singularidade em relação a ambas as imagens pode ser lida de modo que o predicado "*only one*" (apenas uma) esteja relacionado apenas com a coroa e não com o gim. Por outro lado, quando o leitor transfere, também para o gim, o referente não explícito da coroa, a carga de demonstrabilidade em relação à validade da afirmação não está em nenhum desses elementos, que foram apenas sugeridos.

Por fim, aquilo que, num primeiro olhar, está justaposto sem um contexto claro, com uma observação mais atenta acaba revelando uma ligação construída primeiramente pela veiculação de contiguidades e similaridades ocultas e, por conseguinte, pela indexicalidade e pela iconicidade. A etiqueta da garrafa apresenta a imagem de um "*beefeater*", tendo, como plano de fundo, a Torre de Londres. "*Beefeater*" é o nome dos membros da guarda tradicional da rainha, na Torre de Londres, ou seja, o lugar onde os tesouros da rainha da Inglaterra podem ser visitados. Assim, sendo guardas da coroa, os *beefeaters* estão, por sua profissão, em relação de contiguidade com o objeto de valor cultural que eles devem proteger. Da mesma maneira, sua relação com a coroa também se dá pela imagem de uma coroa em seus uniformes, que é representada iconicamente.

Na justaposição da imagem com a etiqueta da garrafa, que mostra o *beefeater* com a coroa em seu uniforme diante da Torre de Londres, e o produto com o mesmo nome, que pode ser visto ao lado da coroa como uma imagem publicitária, percebe-se, agora, mais uma similaridade, antes oculta: não apenas os guardas da coroa diante da torre carregam valores tradicionais; tam-

7. Certamente essa abertura quanto ao referente (coroa ou gim) só existe em inglês, devido à neutralidade da palavra "one", válida tanto para o feminino (coroa) como para o masculino (gim). Em português, a tradução do "one" deve flexionar o gênero masculino ou feminino: "Existe apenas uma, ou um".

bém o produto com esse mesmo nome está dotado de valores culturais por meio de seu nome tradicional. A identificação entre o nome dos guardas e o gim ofertado revela uma alta medida de similaridade entre o produto e uma parte de seu objeto de valor cultural. Ela não precisa ser afirmada em primeira instância, pois é um fato. Dessa forma, o argumento da singularidade, meramente sugerido, lucra, em termos de força sugestiva, em virtude da complexa indexicalidade e iconicidade dos signos dessa relação de identificação.

Iconicidade pressuposta

Juntamente com a estratégia de sugerir, através de vagueza referencial, semelhanças entre o produto e o objeto de valor cultural, existe também a estratégia de, em vez de afirmar tais semelhanças explicitamente, apresentá-las simplesmente como uma pressuposição lógica.

Na metade superior do anúncio de Johnnie-Walker, pode-se ver um par de borboletas em uma moldura de vidro, parte do acervo de um colecionador (Figura 9.7). Abaixo, pode-se ver um copo de uísque. A identidade visual entre o produto e o objeto do colecionador é metonímica, mas absolutamente periférica: ambos os objetos são vistos "através do vidro". Essa similaridade não poderia ser mais artificial, pois o vidro não é uma característica do próprio produto e, sim, uma mera identificação nas relações de contiguidade entre ambos os objetos. Entre ambas as imagens, lê-se a pergunta: "*What else looks so fine and natural through glass*?" (O que mais parece tão belo e natural através do vidro?).

Perguntas não afirmam nada, mas podem conter pressuposições. O acréscimo semiótico de valor adquirido pelo produto por meio da transferência de características, nessa perspectiva, não é afirmado, mas apenas sugerido pelas pressuposições da pergunta. Esta, por sua vez, pressupõe pelo menos duas afirmativas: primeiro, que os objetos da coleção parecem "*fine and natural*" (belos e naturais). Mesmo sem conhecimentos específicos na área da lepidopterologia (ciência que estuda as borboletas), o valor dessa pressuposição parece plausível, pois a moldura dourada, em vidro, dá a entender que o objeto emoldurado merece aquela moldura devido a um valor especial, que justifica o predicado "*fine*". A naturalidade é, nesse sentido, atributo óbvio de uma borboleta.

Figura 9.7. Johnnie-Walker e borboleta em vidro. Iconicidade pressuposta devido a relações comuns de contiguidade.[8]

A segunda pressuposição do enunciado afirma que outra coisa ([*something*] *else*) também parece igualmente bela e natural (*so fine and natural*).

---

8. *Time* (International), 2 dez. 1974, p. 67.

O sentido pressuposto, no entanto, permanece vago, na medida em que especifica apenas o predicado da afirmação e não o sujeito. A pergunta pressupõe apenas que existe algo tão belo e natural quanto a borboleta. O que é esse algo realmente, o próprio leitor do anúncio precisa inferir a partir do contexto visual. A resposta à pergunta colocada sobre esse algo só pode ser encontrada no contexto da imagem, que mostra, por trás do vidro, além da borboleta, apenas o uísque. Esse fato faz com que não haja qualquer outra opção plausível para a resposta. Nesse sentido, o responsável por encontrar a resposta não é o emissor da mensagem, mas seu receptor.

Obviamente, a mera aparência de um uísque não é um índice suficiente para que se lhe atribua qualquer qualidade relevante de produto, pois elas só podem ser qualidades de gosto. O que ocorre é que os predicados "*fine and natural*" devem, antes, enriquecer o valor do produto com base na transferência de características. Seu significado no contexto lepidopterológico original – do qual foi tomado de empréstimo – não é, de resto, um atributo de gosto, pois aqui se trata exclusivamente de beleza e naturalidade visual, não de uma qualidade de gosto. Por fim, nesse processo de transferência das características "*fine*" e "*natural*", do contexto do objeto de coleção em direção ao uísque, também ocorre uma transformação semântica relativa aos atributos veiculados: o visual transforma-se em gustativo. A transferência dos predicados "*fine*" e "*natural*" é possível porque esses atributos são polissêmicos.

O princípio da relação icônica pressuposta em virtude da identidade das relações de contiguidade entre o produto e um objeto de valor, descrito pelo exemplo da Figura 9.7, é utilizado na publicidade da Figura 9.8, exatamente por meio do mesmo esquema. O caráter contingente da similaridade, construída por uma identificação altamente periférica, torna-se evidente, na medida em que, agora, o objeto de valor não é mais natural, mas altamente artificial: trata-se de uma joia valiosa sob o vidro. Os dois atributos a serem veiculados, "*rich*" (rico) e "*golden*" (dourado), tornam-se ainda mais fortemente polissêmicos, pois, agora, no contexto da transferência metafórica do valor desses adjetivos para a joia valiosa, antes compreendidos de forma literal, ocorre também a sugestão de um acréscimo de valor financeiro, paralela à ligação desses adjetivos ao significado gustativo.

Figura 9.8. Johnnie-Walker e joias em vidro. Transferência máxima, porém difusa, de características com similaridades construídas metaforicamente.[9]

9. *Time* (International), 11 nov. 1974, p. 35.

Iconicidade construída metaforicamente

A Figura 9.8 ilustra, além do princípio da pressuposição da característica de qualidade, também outro princípio da iconicidade construída, a saber, a iconicidade por meio da veiculação metafórica de características. Nesse caso, trata-se de transferir, metaforicamente, para o produto, atributos positivos adequados que, em seu sentido literal, podem ser vistos como predicados do objeto de valor. Enquanto os adjetivos "*rich*" e "*golden*" são válidos, em sentido literal, no que diz respeito à joia – pois ela é efetivamente de ouro e sua posse demonstra algum tipo de riqueza –, no que diz respeito ao uísque esses predicados são válidos apenas de modo metafórico. Em relação a qualidades de gosto, o adjetivo "*rich*" não se refere mais a uma riqueza financeira, mas a um gosto que poderia ser parafraseado como "*strong and pleasant*" (forte e agradável).

De modo similar, "*golden*" não denota mais um metal, tornando-se, metaforicamente, um adjetivo cromático positivamente conotado, utilizado para objetos que não precisam ser necessariamente de ouro. Diferentemente do que ocorre em metáforas da vida cotidiana, nas quais apenas algumas características semânticas adequadas oriundas do significado literal migram para o significado metafórico, na publicidade, aparentemente, é válido o princípio da máxima porém difusa transferência de características.

Enquanto na linguagem do cotidiano a metáfora de gosto "*rich*" (no sentido gustativo) e o adjetivo cromático "*golden*" não estão ligados a qualquer conotação relativa a valor financeiro, nessa mensagem publicitária, a partir da justaposição entre a joia valiosa e o uísque ofertado, sugere-se mais do que uma transferência vaga de características de gosto e de cor. De forma vaga, a apresentação do materialmente valoroso juntamente com o uísque sugere também a transferência da conotação do valor material. Esse tipo de sugestão não é afirmado explicitamente, mas certamente não seria indesejável como conotação, visto que, no interesse dos objetivos publicitários, pode haver um máximo de ganho semiótico englobando também a ilusão de um ganho material.

Figura 9.9. Benson & Hedges e Van Gogh. Transferência máxima, porém difusa, de características a partir de similaridades construídas metaforicamente.[10]

10. *Time* (International), 12 ago. 1974, p. 11.

A estratégia semiótica da construção de uma iconicidade máxima, porém difusa, por meio da transferência metafórica de característica torna-se ainda mais evidente no exemplo da publicidade realizada para os cigarros Benson & Hedges, na Figura 9.9, em que o enriquecimento semiótico do valor do produto anunciado se realiza por várias relações de similaridade.

O ponto de partida dessa transferência de características é, novamente, a mera justaposição do produto com um objeto de valor cultural. Dessa vez, trata-se de uma carteira de cigarros Benson & Hedges e a obra-prima de Vincent Van Gogh, *Natureza morta com girassóis*, de 1888. Já é possível perceber que se trata de uma contiguidade artificial pelo simples fato de que essa pintura, na verdade, encontra-se na Pinacoteca de Munique. A mera contiguidade, pronta a transferir sugestivamente, para o produto ao seu lado, parte do alto valor dessa obra-prima – pois qualquer coisa, ao lado de uma obra de arte que vale tantos milhões, deve ser valiosa – é acompanhada de uma série de similaridades entre ambos os objetos. Assim como essa obra clássica está em uma moldura dourada, a embalagem do cigarro também é dourada. Além disso, o próprio anúncio possui uma moldura dourada, na qual a marca do cigarro – associada indexicalmente ao ouro por meio de sua embalagem – não é simplesmente identificada a qualquer tipo de ouro, como o Benson & Hedges *gold* e, sim, com a moeda mais forte do mundo: "*the world's Nº1 currency*".

Em ambos os casos, contudo, a forma dessa atribuição de predicado não é assertiva, pois as duas linhas encontram-se apenas fragmentariamente uma do lado da outra e, desse modo, caracterizam-se como meras frases nominais sugestivas, sem que sua mensagem sobre a ligação do produto com dinheiro e ouro, reduzida a um estilo telegramático, seja explicitada através de um encadeamento linguístico.

A outra frase nominal, "*Gilt edged asset*" (algo valoroso "emoldurado em ouro", ou seja, de alta qualidade) – que foi colocada tanto ao lado da carteira de cigarro quanto ao lado da obra de arte – pode ser lida de forma literal, mas também de forma metafórica. Em relação à obra de Van Gogh, esse atributo adquire um sentido literal válido, apesar de o valor da pintura ter sido reduzido ao seu estatuto de um mero bem material (*asset*) e à sua moldura dourada (*gilt edged*), muito menos valiosa. Ademais, o predicado "*gilt edged*" pode ser lido de três formas literais, pois, além da própria obra, também os cigarros estão envoltos em ouro, de certo modo, sendo que todo o anúncio também está circundado por uma moldura dourada.

Mas "*gilt edged asset*" também é um termo técnico, usado no contexto da bolsa de valores e se refere a ações de primeira classe, especialmente seguras. Nesse sentido metafórico, a redução da obra ao seu valor pecuniário é novamente acentuado. Por outro lado, permanece difuso quais valores podem ser transferidos metaforicamente para o produto em virtude do caráter nunca afirmativo das imagens. Não há nada que fale contra a sugestão de uma transferência máxima de valores, que pode abranger desde conotações financeiras até a pretensão à singularidade, ligada à obra de arte.

Identificação icônica

Ao contrário das formas até aqui analisadas de iconicidade artificial - nas quais ainda é sempre possível marcar certa diferença entre a representação do objeto de valor e do produto carente de características –, a identificação icônica entre ambos esses elementos sugere sua identidade. Esse tema é conhecido no contexto da interpretação freudiana da simbologia dos sonhos. Duas imagens mentais ligadas uma à outra no inconsciente acabam criando uma relação de identidade por meio da condensação (*Verdichtung*), do deslocamento (*Verschiebung*) ou da transferência (*Übertragung*). No sonho, uma pessoa A é identificada com outra pessoa B, porque A e B possuem certas características comuns. Por exemplo, para alguém que sonha, sua esposa pode aparecer na forma de seu chefe, porque ambos possuem, em comum, o traço de um caráter autoritário. A utilização desse princípio icônico do inconsciente pode se revelar uma estratégia altamente adequada para a publicidade, na medida em que se trata de uma mídia que, literalmente, promete a realização de desejos inconscientes.

Figura 9.10. Consulate Menthol Cigarettes: *cool & clean*. O princípio icônico de identificação do produto com o objeto de valor.[11]

Um primeiro exemplo da estratégia de identificação icônica pode ser visto na Figura 9.10, um anúncio de cigarro mentol da marca Consulate. O objeto de valor a ele associado é o *locus amoenus* de um cenário montanhoso, com córregos de água cristalina, rochas, plantas e pessoas jovens fruindo uma atmosfera de feriado em um barco a remo. A apresentação desse cenário está acompanhada do slogan "*cool clean consulate*", colocado ao lado da imagem de uma carteira aberta do cigarro anunciado.

Enquanto, em relação às características a serem transferidas para o produto, a imagem apresenta um repertório vago e difuso, o *slogan*, juntamente com um comentário verbal um pouco mais detalhado, escrito em letras pequenas, especifica as características que realmente importam: "*cool, clean, (fresh-cool) as a mountain stream*" e "*a touch of refreshing*

11. *Life*, 29 set. 1969, p. 31.

menthol" ("fresco, limpo como um córrego na montanha" e "um toque de mentol refrescante").

A estratégia para a transmissão de características é enriquecer o produto da marca de cigarro tanto com predicados plausíveis como com predicados menos aceitáveis. A identificação do cigarro mentol com o atributo "*refreshing*" até pode parecer plausível. Se os atributos "*cool*" ou mesmo "*clean*" podem ser válidos em relação ao fumo do cigarro, já é menos ou nada plausível. No entanto, o texto e a imagem prometem tais atributos, que, em relação ao cenário natural, são predicados indubitavelmente adequados. O que é válido para as características transmitidas oralmente de forma explícita também é válido para uma série de características não verbalizadas do cenário. As pessoas jovens e vestidas em estilo esporte, numa atmosfera de feriado, certamente estão aproveitando a natureza e seu tempo livre. Ao mesmo tempo, estão fumando cigarros, que só podem ser aqueles mostrados na carteira aberta, na qual, contudo, não falta um único cigarro.

A simultaneidade entre a fruição da natureza e do cigarro leva a uma fusão de características por uma identificação recíproca, que aparece também no comentário. Ao mesmo tempo, no entanto, os jovens caracterizam-se, de forma exemplar, como os próprios consumidores que devem se identificar com eles, na medida em que também pegam cigarros Consulate e os apreciam, assim como os consumidores devem apreciá-los. O objetivo dessa mensagem publicitária é a identificação oculta entre o consumidor e a imagem idílica do cenário apresentado, juntamente com seus atributos. É certo que o *slogan* nada afirma explicitamente, mas, na forma de uma promessa, ele dirige, ao consumidor potencial, um apelo de identificação ainda mais forte.

A sintaxe do título é elíptica; entretanto, ao contrário do que ocorre na Figura 9.9, na forma elíptica do *slogan* da Figura 9.10, não falta o sujeito lógico. Na identificação explícita do predicado com o sujeito lógico do cigarro mentol Consulate, falta apenas o verbo de ligação "*is*" (é) para que o *slogan* se torne uma afirmação, que seria a seguinte: "*Consulate is cool and clean*" (Consulate é fresco e limpo). Dessa maneira, a identidade de qualidades é insinuada por meio da sugestão de que seja realizada a complementação do sintagma, com o termo de ligação elíptico. Na Figura 9.9, a sintaxe também era elíptica, mas, no slogan "*gilt edged asset*", faltava mais do que apenas o verbo de ligação: o próprio sujeito lógico estava ausente.

Figura 9.11. Yardley perfume: "You're the fire". Identificação icônica entre a consumidora e o produto.[12]

A estratégia da identificação icônica também é bastante utilizada, e em vários níveis, na Figura 9.11, com base no anúncio do perfume Yardley, que traz uma marca com nome eloquente: "*You're the fire*" (Você é o fogo). A imagem apresenta uma beleza feminina em *negligé*, com o olhar tranquilamente direcionado às chamas em meio às quais se encontra. Com a mão direita, ela parece estar mostrando indexicalmente, para as leitoras, o frasco do produto "*You're the fire*", ao passo que, com a mão esquerda, aponta para o próprio corpo, como se quisesse explicitar quem está sendo referido com o pronome pessoal "*you*" (você), também indexical. O consumo do produto, apresentado dessa maneira por uma beleza feminina exemplar, aponta para

12. *Seventeen*, out. 1973, p. 39.

uma relação de contiguidade entre, de um lado, o produto que foi visualmente apresentado de modo absolutamente pobre em termos de características e, de outro lado, a mulher que o utiliza, que pode ser considerada a manifestação de dois valores culturais: beleza e juventude.

O comentário verbal explica que as chamas, nas quais está envolvida essa beleza feminina, representam um perfume ou, mesmo, um incenso (*incense*). Visto que esse tipo de cheiro agradável geralmente não é produzido por chamas claras e, sim, pela combustão latente de uma substância vegetal, o fogo apresentado é certamente uma hipérbole visual. Em todos os casos, o atributo do bom cheiro juntamente com o campo metafórico do fogo – que, na verdade, está representando um perfume "ígneo" – ao qual a mulher está associada pelo consumo que ela realiza desse perfume, é transportado para o perfume. Em uma ambiguidade intencional, o nome do produto não expressa apenas a identificação do perfume com o fogo hiperbólico, mas também, simultaneamente, da mulher com o produto bem como da consumidora desse produto com essa chama hiperbólica, estando esta última representando o bom cheiro do perfume.

A mensagem "*You're the fire*", endereçada ao leitor, não se encontra apenas no frasco. Ela parece representar aquilo que a mulher está dizendo ao apontar para si mesma com a mão esquerda. Entretanto, ao mesmo tempo, visto que a chamada com a mesma referência, expressa por uma terceira pessoa desconhecida, também se dirige às leitoras e consumidoras potenciais desse perfume, as quais também passam a estar envolvidas nessa complexa identificação das mulheres com o fogo.

O comentário adicional "*Yardley introduces a new way to burn incense. [...] Skin inscents from Yardley*" (Yardley introduz uma novo modo de queimar incenso. [...] A pele incendeia com Yardley) apresenta o neologismo "*inscents*" como parte da caracterização do produto, com o objetivo de criar um jogo de palavras bem como uma possibilidade expandida de transferência de características. O neologismo *inscents*, homófono de *incense*, não está catalogado em nenhum dicionário, mas carrega, como um de seus morfemas, a palavra "*scent(s)*", que significa odor, ou mesmo, perfume. Dessa forma, já por seu próprio nome, ele transfere um valor semiótico adicional para o produto.

A identificação entre essa instância discursiva indeterminada e o fogo, sendo a primeira enunciada a partir de um pronome pessoal cujo enunciador permanece oculto e não identificado, é tríplice. Nesse sentido, na medida em que o perfume carrega o nome "*You're the fire*", o endereçamento contido em seu nome dirige-se ao produto que foi personificado dessa forma. Logo, o perfume não é apenas ígneo, mas equipara-se ao próprio fogo. No entanto, o enunciado também é endereçado à consumidora que lê essa referência no nome do produto e, com isso, pode relacionar o pronome "*you*" a si própria. Com sua metáfora hiperbólica em torno da ideia do fogo, esse endereçamento implica a promessa de uma aparência irresistivelmente atraente por parte da consumidora. Por fim, a identificação é veiculada pela beleza feminina exemplar na imagem do anúncio, que é endereçada da mesma forma ou que se endereça a si própria, como no caso da consumidora.

Com essa tríplice identificação, por fim, se preservam, no inconsciente, as diferenças entre a leitora, a consumidora, a mulher na imagem e o produto. A consumidora, diante da imagem da bela mulher no anúncio, pode identificar-se consigo mesma, como se estivesse diante de um espelho, pois, nessa imagem, ela será capaz de se identificar iconicamente com a beleza feminina desde que siga também o conselho implícito da mensagem: comprar o produto e tornar-se sua consumidora, estabelecendo com ele uma relação habitual de contiguidade.

PARTE IV

LEITURAS SEMIÓTICAS

10

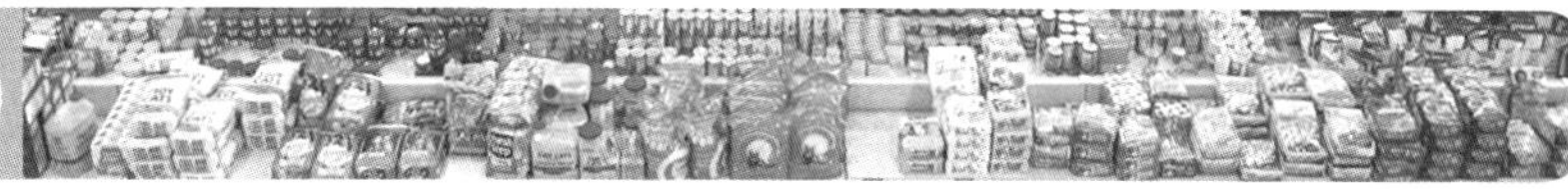

A semiótica no *mix* da pesquisa em publicidade

Nas sociedades hipercomplexas da contemporaneidade, as instabilidades e reorganizações constantes dos cenários culturais, as interações e reintegrações dos níveis, gêneros e formas de cultura, o cruzamento de suas identidades e o crescimento acelerado das mídias comunicacionais têm provocado a expansão dos mercados consumidores e a emergência de novos hábitos de consumo. Essas são complexidades que necessariamente desafiam as estratégias de marketing e os métodos de pesquisa de que a publicidade faz uso, afetando, sobretudo, as crenças que estão na base e orientam tais métodos. A multiplicação das classes sociais e a mobilidade entre elas, principalmente em um país instável como o Brasil, dificultam sobremaneira a diferenciação clara de suas fronteiras. A explosão dos mercados culturais e a expansão de acesso aos bens simbólicos para as mais diversas classes e estratos econômicos têm embaraçado a definição clara dos perfis de consumidores e dos segmentos de mercado, assim como a tipificação de estilos de vida e de padrões de consumo.

Além disso, como bem afirma Romero (2008), as atuais manifestações da comunicação em geral e da publicidade em particular evidenciam que o futuro, já presente, é digital e multicanal. Imerso no cenário das plataformas de aplicações da web 2.0 e já caminhando para a 3.0, um novo usuário elege a forma como consome informação e entretenimento. Isso coloca os anunciantes em pleno processo de digestão de um contexto novo, exigindo o questionamento de seus canais e modos de comunicação e dos códigos empregados para esse fim.

Antes da era digital, os códigos publicitários obedeciam a "uma estrutura simples e expressiva, baseada nas condições do meio, na pregnância da forma e na psicologia da percepção, que funcionou durante décadas com ajustes mínimos impostos pelas mudanças nos estilos de vida ou modas culturais" (Sempere, 2007, p. 297). Já no universo multicanal, as estratégias devem partir do mundo digital para estender-se ao *off-line*, e não o contrário, pois a internet é a tela de fundo que dá ao indivíduo o poder de informação, de conexão, de mover e mudar a cultura, o pensamento, as ideias, rebatendo na economia e na sociedade como um todo. "Por isso mesmo", completa Romero (ibid.), "trata-se agora muito mais de criar produtos de comunicação do que comunicação de produtos, a fim de chegar a um consumidor cada vez mais disperso e com iniciativa para configurar sua própria programação e a forma de investir seu tempo perante as mídias".

Nesse contexto, o marketing – que determina o conjunto de operações envolvendo a vida do produto, desde a planificação de sua produção até o momento em que, graças às estratégias publicitárias, é adquirido pelo consumidor (Alvares, 2009) – deve incorporar não apenas o *mix* de serviços, de preços, de comunicação e de distribuição (Diller, 2001, p. 79-83), mas também o *mix* de pesquisas. É no ambiente desse *mix* que pretendemos apontar para a relevância das análises semióticas.

A PESQUISA QUALITATIVA

Tomando por base sua grande experiência no campo, a síntese sobre pesquisa qualitativa apresentada por Mendonça (2009) explicita que esse tipo de pesquisa define-se como um modo particular de encarar o fenômeno investigado, com ênfase nos processos e significados. Em "quali", o que interessa não é o estudo do fenômeno em si, mas sua significação para os indivíduos. Assim, pesquisas dessa ordem têm como principal característica compreender as relações de consumo em profundidade, que implicam detectar:

(a) As motivações, ou seja, os estados internos que conduzem uma pessoa na direção de uma meta de consumo.
(b) As percepções, quer dizer, o processo pelo qual as sensações físicas,

como imagens, sons, odores, são selecionados e interpretados (ver Capítulo 1). Neste tópico são avaliadas as imagens das marcas, produtos, serviços e os valores ou preconceitos a eles associados.

(c) Opiniões, a saber, as tendências e comportamentos que afetam os hábitos de consumo.

Portanto, a pesquisa qualitativa envolve uma série de estudos, como: avaliação de produto ou serviço (conceito, preço, embalagem e fórmula/protótipo); muitas vezes aliados a pesquisas quantitativas, estudos de satisfação relativa a produtos ou serviços; estudos nos distribuidores/*trade*; estudos avaliativos de comunicação pré e pós-teste de campanha; também aliados a pesquisas quantitativas, estudos de hábitos e atitudes de consumo; estudos de imagem de marca e, por fim, juntamente com pesquisas quantitativas, estudos de segmentação de públicos-alvo.

Segundo Mendonça (ibid.), as técnicas consagradas pela pesquisa qualitativa são as discussões em grupo e as entrevistas em profundidade. A discussão em grupo é uma técnica que explora sentimentos, percepções e ideias relacionadas ao tema pesquisado, "possibilitando que opiniões individuais sejam enriquecidas pela interação entre diferentes pontos de vista expostos no debate coletivo, gerando-se novas visões acerca das questões apresentadas".

Os requisitos para as discussões em grupo são: o grupo é mediado por um moderador especializado nesse tipo de pesquisa, para que seus integrantes possam se expressar e interagir uns com os outros de maneira livre e sincera, nos momentos de consensos e divergências. O moderador segue um roteiro de perguntas abertas para que a conversa flua de forma democrática e agradável. As reuniões ocorrem em salas adequadamente preparadas para a realização de grupos e as discussões são registradas em áudio e vídeo, para que sejam transcritas e, posteriormente, analisadas de maneira qualitativa. Os perfis dos entrevistados são claramente determinados, com base em "critérios-filtro" em relação ao universo da amostra.

As entrevistas, por sua vez, visam: explorar em profundidade o mundo do indivíduo; investigar experiências individuais detalhadamente, suas escolhas, histórias e valores; pesquisar temas que possam gerar ansiedade/constrangimento em grupo. Elas também são aplicadas quando há dificuldade para recrutar os entrevistados, por exemplo, idosos, crianças, doentes, elite.

Apesar da contribuição que essas técnicas de pesquisa qualitativa prestam à informação e à inteligência de mercado, para fazer frente aos novos desafios apresentados ao marketing, elas vêm sendo acompanhadas, misturadas e até mesmo substituídas pela pesquisa etnográfica.

A PESQUISA ETNOGRÁFICA

Como foi brevemente apresentada no Capítulo 5, a pesquisa etnográfica deriva de um método antropológico chamado etnografia. Nele os pesquisadores convivem com determinado grupo para conhecê-lo a fundo. Para o mercado, o processo foi adaptado como uma variante da pesquisa qualitativa que vem ganhando popularidade especialmente nos casos em que outras técnicas tradicionais não suprem os objetivos ou quando são necessárias informações e *insights* advindos de um contato mais estreito com o consumidor. O que se espera desse tipo de pesquisa é entender em profundidade as crenças, valores, atitudes e comportamento do consumidor, avaliando como ele se vincula a determinados produtos e serviços.

No contexto de uma antropologia do consumo, faz-se uso da etnografia para participar da vida de consumidores-alvo nos ambientes de consumo ou de uso, a saber, em casa, no local de trabalho, nos momentos de lazer e das compras. Desse modo, podem ser revelados comportamentos e necessidades que as pessoas nem sempre revelam nos grupos de discussão e nas entrevistas. Portanto, na adaptação da etnografia ao mercado, o pesquisador insere-se no ambiente do consumidor, buscando por meio da observação próxima e precisa, informações sobre seus hábitos e comportamentos de uso.

Nem sempre esse tipo de pesquisa implica a convivência direta do pesquisador com o consumidor. Há derivações da técnica, por exemplo, no produto EtnoView, da Market Analysis que, segundo Novazzi (2006), é uma ferramenta rica e útil de exame etnográfico do consumidor, baseado num *mix* de entrevistas filmadas, analisadas e editadas com acompanhamento pessoal do dia a dia do entrevistado. Esse formato inovador oferece flexibilidade e adaptação aos objetivos da pesquisa, possibilitando a inclusão de instrumentos complementares e não convencionais de coleta de dados, como diários, fotos etc. Além disso, é um produto menos invasivo do que outras técnicas em uso, pois é o próprio entrevistador quem filma as entrevistas, respeitando o entrevistado e criando, sem dúvida, uma maior cumplicidade entre pesquisador e pesquisado.

Pesquisadores nessa área chamam atenção para a distinção básica que a etnografia traz para a pesquisa de mercado: o consumidor não é isolado do seu ambiente durante o tempo em que dura a pesquisa, nem é induzido por um questionário no qual, via de regra, as respostas já estão embutidas nas perguntas, mas está justamente inserido no contexto cultural e social em que vive. Por meio de teorias antropológicas, métodos e recursos, busca-se delinear um perfil mais preciso das tendências culturais, motivações, comportamentos e estilos de vida que afetam as decisões do consumidor.

Trata-se, portanto, de uma perspectiva mista que envolve técnicas e formas diversificadas de observação, modalidades variadas de entrevistas e um processo de documentação das marcas, traços ou rastros deixados pelas pessoas quando se percorre sua rotina diária. A observação deve ser direta (sem perguntas nem intervenção de qualquer tipo na atividade diária das pessoas observadas) e inclui entrevistas contextuais, ou seja, no âmbito da pessoa observada. A observação chamada participativa, porque exige certo grau de reciprocidade, de respeito, de reconhecimento mútuo entre observador e observado, implica ir além de um mero olhar, exigindo consistência, preparação prévia e conhecimento teórico e técnico do pesquisador.

NEUROCIÊNCIA E COMPORTAMENTO DE CONSUMO

Recentemente, outro tipo de abordagem para a pesquisa de marketing é aquela que tem buscado apoio na neurociência. É sabido que o conceito de marketing se sustenta sobre o pilar do comportamento do consumidor. Desde sua constituição como um campo de pesquisa e conhecimento, compreender o consumidor tem sido um dos grandes desafios do marketing. Identificar suas preferências, detectar suas atitudes, compreender as motivações que levam o consumidor a procurar certas marcas de determinados produtos em locais escolhidos tem mobilizado os pesquisadores de marketing à realização dos mais variados tipos de investigações voltadas para os comportamentos de consumo.

O cenário de expansão das mídias, a exposição simultânea a elas e a saturação de informações tornou muito difícil ultrapassar a barreira mental dos consumidores. É nesse contexto que a neurociência vem sendo aplicada tendo em vista visualizar como o cérebro reage aos estímulos apresentados por mensagens publicitárias. Adaptado ao marketing, o método empregado repousa no pressuposto de que grande parte de nossas atividades cognitivas, ou seja, todo pensamento, inclusive e, sobretudo, nossas emoções ocorrem abaixo do nível da consciência.

As novas tecnologias de neuroimagens têm permitido o mapeamento do cérebro e o entendimento das reações das ondas cerebrais. Isso interessa ao marketing na medida em que acena com a possibilidade de que níveis invisíveis de emoções, reações e pensamentos, não passíveis de expressividade nas respostas conscientes, possam ser perscrutados e trazidos à tona da observação, em situações em que os consumidores são expostos a determinados produtos e mensagens sobre eles.

A SEMIÓTICA SOCIAL E A PESQUISA DE CAMPO

Extraindo suas bases de desenvolvimentos analíticos recentes da semiótica e da etnografia pós-moderna, Vannini (2007) sistematizou a combinação da semiótica social com a pesquisa de campo como uma forma de investigação qualitativa. Especialmente no Hemisfério Norte – Estados Unidos e Canadá – já existe uma tradição de estudos em semiótica e pesquisa de campo levada a cabo por etnógrafos estruturalistas na antropologia cultural e interacionistas estruturais na sociologia e nos estudos de comunicação. Esse tipo de pesquisa desenvolveu os fundamentos para a integração de métodos formais de análise com técnicas indutivas de tratamento de dados.

O que Vannini discute, entretanto, é que as limitações do estruturalismo barraram o crescimento da semiótica dentro das investigações qualitativas. Diante disso, o autor propõe que uma semiótica social é uma alternativa viável à semiótica estruturalista, ao evidenciar que a primeira pode ser utilizada como uma estratégia de pesquisa, com potencial de aplicabilidade. Essa estratégia está baseada em Peirce e no pragmatismo aliados à contemporânea teoria crítica da sociolinguística pós-estrutural.

Depois de confrontar as diferenças entre a semiótica estruturalista e a semiótica social, Vannini define a semiótica social etnográfica como uma prática crítica que enfatiza a relevância praxiológica do esclarecimento crítico e da emancipação. Apoiado na semiótica social, o etnógrafo com esse perfil reconhece que seus relatos de campo são sempre narrativas interpretativas políticas que funcionam como processos de descentralização marcados por uma sensibilidade crítica. Assim sendo, mesmo quando são analíticos e sistemáticos, esses etnógrafos não perdem de vista seu engajamento crítico, humanista, moral e ricamente descritivo com a experiência vivida na sua rejeição da racionalidade instrumental e de todas as formas de determinismo (Vannini, ibid., p. 121). Com essa proposta, o autor descreve detalhadamente os procedimentos da semiótica social etnográfica em um estudo de caso no qual foi empregada uma combinação de entrevistas semiestruturadas e abertas, conversações não estruturadas dentro e fora do campo, análise de textos e observação dos participantes.

Disso se conclui, com o autor, que a semiótica social etnográfica é uma estratégia interpretativa e não um método de coleção de dados. Ela combina perspectivas teóricas orientadas para a solução de questões e problemas postos por pesquisas específicas. Nesse sentido, a semiótica funciona como um modo de investigação que utiliza conceitos que variam dependendo dos contextos de pesquisa.

O PAPEL DAS LEITURAS SEMIÓTICAS

Sem deixar de estar, de certo modo, vinculada à semiótica social sistematizada por Vannini (ibid.), é bem menos ambiciosa a proposta de um breve roteiro para leituras semióticas que será exposto a seguir e que estará na base das leituras que serão desenvolvidas especialmente nos Capítulos 11, 12, 13 e 14. Quando se consomem muito mais significados e valores do que produtos, buscaremos evidenciar que a semiótica, ciência de todos os tipos de signos, sinais e símbolos, está habilitada a detectar estratégias utilizadas pela comunicação de produtos e para serem utilizadas nos produtos de comunicação, ajudando-nos a compreender as variadas camadas de influências emocionais e culturais que agem sobre o consumidor.

Colocados em prática, os conceitos semióticos nos auxiliam na compreensão de que, na comunicação publicitária, marcas, logos, embalagens e suas mensagens verbais e não verbais, veiculadas pelas mais diversas mídias, são textos culturais ricos, que, em palavras, imagens e sons, contam histórias prenhes de significados. Essas são intuitivamente apreendidas pelos consumidores. A semiótica nos ajuda a explicitar as múltiplas camadas de sentido que são absorvidas pelo consumidor de modo intuitivo e, muitas vezes, abaixo do nível consciente. Essa explicitação é possível porque os signos falam. Para ouvi-los, é preciso, além da atenção cuidadosa, a paciência da absorção dos conceitos para que deles se possam extrair consequências pragmáticas.

No livro *Semiótica aplicada* (Santaella, 2002), pode ser encontrada uma apresentação acessível dos fundamentos conceituais da semiótica peirceana e um roteiro de método com a finalidade de habilitar o leitor à aplicação desses conceitos. Sem repetir o que já está explicitado nesse livro, no que vem abaixo, vamos nos limitar a uma síntese dos três pontos de vista que norteiam as leituras semióticas, quando voltadas para a explicitação das estratégias sígnicas que são empregadas em mensagens publicitárias. Evidentemente, leituras semióticas podem apresentar níveis bem mais complexos de atividade analítica. Entretanto, os três pontos de vista propostos, parecem dar conta das principais estratégias semióticas da publicidade.

As perguntas que orientam uma leitura semiótica começam com as seguintes perguntas: como o produto, nas suas diversas aparições, embalagens, imagens, filmes, campanhas, reposicionamentos, chega aos olhos do consumidor? Que potenciais sígnicos e comunicativos esses materiais apresentam para serem assimilados, interpretados, compreendidos? Para respondê-las, devemos tomar as rotas a seguir.

Impressões, sensações e comparações

A primeira impressão que uma imagem, um logo, uma marca, uma embalagem provocam no receptor é importantíssima. Essa impressão, que brota de uma primeira olhada, pode ir do extremo da atração irresistível até o outro extremo da repulsa, ou repousar na indiferença. Esse efeito instantâneo resulta, antes de tudo, das características qualitativas que a mensagem apresenta aos nossos sentidos, como cores, luminosidade, atmosfera, textura, linhas, paralelismos, oposições, formas, composição, volume etc., tomadas em seu conjunto. Impressões são sempre vagas e necessariamente não analisáveis, pois elas batem em nossos sentidos todas ao mesmo tempo, sem separação entre suas partes. Qualidades não são segmentáveis, como também não são segmentáveis as impressões que elas provocam. Trata-se de um efeito imediato, difícil de explicar, de costume traduzido pelo gostar/não gostar, apreciar/não apreciar, aderir/não aderir e assim por diante.

Entretanto, os efeitos das qualidades, evidentemente, não se reduzem às primeiras impressões. Há também efeitos sensórios que nos atingem como seres biológicos, despertando ritmos vitais de aceleração, repouso, excitação, equilíbrio etc. Embora sejam muito mais perceptíveis na música, também na visualidade esses efeitos são operativos, tanto é que são estudados na psicologia das cores e na psicologia das formas. Assim, cores vibrantes e quentes excitam os sentidos, enquanto cores frias os acalmam. Linhas horizontais e flexíveis descansam, enquanto linhas fragmentadas ou contorcidas incitam. Formas harmônicas produzem sensações de equilíbrio, enquanto colisões repentinas de formas provocam tensão e energia.

Além das impressões e sensações que estimulam, qualidades têm um grande poder sugestivo que advém das associações de ideias que elas despertam. Embora não tenhamos controle sobre as associações que nossa mente processa, pode-se afirmar que elas são regidas pela força de atração das analogias e das identificações, ou seja, pelas semelhanças entre qualidades. Assim, uma cor lembra quaisquer outras coisas que possuem a mesma cor, formas sugerem uma série de objetos que exibem formas similares, pequenos ou grandes volumes produzem impressões respectivamente correspondentes, e assim por diante.

É preciso notar ainda que os efeitos sugestivos acionados pelas qualidades não se reduzem a comparações entre coisas visíveis e sensíveis, mas também se estendem para comparações abstratas com qualidades não visíveis como delicadeza, pureza, harmonia, elegância, nobreza, força, brutalidade, severidade, solenidade etc.

Não só nas imagens, mas também no discurso verbal, existem primeiras impressões. Não são tão instantâneas quanto aquelas que são produzidas por imagens e sons, mas nem por isso deixam de existir. Mudam os modos e o ritmo, porém não mudam os sentimentos e as sensações que, na leitura de um texto, não vêm de chofre, mas acompanham o crescendo do movimento de ler até o efeito final que esse ato produz. Na maioria das vezes, o discurso figurado, as metáforas com sua eficácia para produzir imagens mentais são responsáveis pela cintilação dos significados.

Na semiótica de extração peirceana, todas as relações que operam sob a égide das comparações por semelhança, todas as afinidades, correspondências, equivalências, permutas, complementaridades, reciprocidades entre qualidades são relações icônicas. Palavras-chave da iconicidade são, portanto, qualidades e similaridades, o que nos coloca no reino aberto das possibilidades, das sugestões e das hipóteses, ou seja, o reino da primeiridade. Quando falamos de primeiridade no campo fenomenológico, estamos também falando de qualidade, similaridade e iconicidade no campo da semiótica. Por isso, nas leituras que aparecem nos próximos capítulos, esses aspectos semióticos correspondem a um ponto de vista qualitativo-icônico, aos aspectos que falam aos sentidos.

O contexto de referências

Pessoas que conhecem pouco a semiótica de Peirce proclamam que análises semióticas, inspiradas ou orientadas nos conceitos e métodos dessa corrente semiótica, são análises imanentes que não levam em conta o contexto de referência das mensagens. O equívoco de afirmações desse tipo, que provém de uma confusão generalizada entre as semióticas estruturalistas e a semiótica peirceana, pode ser descartado sem dificuldades, quando se levam em consideração as relações dos signos com seus objetos, ou seja, com aquilo que eles apresentam, como é o caso dos ícones, aquilo que eles indicam, como é o caso dos índices, ou representam, como é o caso dos símbolos (ver Santaella, 2000, cap. 2).

A relação do signo com o objeto significa que algum tipo de informação a respeito de algo é fornecida pelo signo. Quando se trata do ícone, a informação nasce de uma relação de comparação entre qualidades. Algumas qualidades que o signo apresenta assemelham-se, para algum intérprete, a qualidades de alguma outra coisa que passa, assim, a funcionar como o contexto ao qual o signo se refere. Situações indiciais são aquelas em que as referências são situadas no tempo e no espaço, pois o índice aponta existencialmente para o seu objeto referencial dentro de um contexto que é próprio desse objeto e do qual não apenas o signo, mas também o intérprete é parte. No caso dos símbolos, como são as palavras, seu campo referencial depende dos índices de que os símbolos se fazem acompanhar, pois são os índices que se responsabilizam pelas ligações do signo com o seu contexto.

Desse modo, quando pretende colocar em evidência os aspectos contextuais de campanhas e peças publicitárias (anúncios, embalagens etc.), a leitura semiótica concentra-se nos aspectos singulares-indicativos de toda a mensagem, visto que, sob esse ponto de vista, uma campanha, um produto, peça ou imagem são analisados como algo que existe em um espaço e tempo determinados. Qual é o *target*? Está bem definido? Os objetivos almejados estão bem explicitados no *briefing*? Enfim, a circunscrição situacional do que uma análise semiótica deve e pode atingir, sob condições determinadas é, sob esse aspecto, fundamental.

No momento da análise, digamos, de uma peça publicitária, é preciso levantar criteriosamente os traços de sua identidade como algo existente e singular. Nesse momento, as qualidades icônicas de que uma peça determinada se compõe – cores, forma, tamanho, matéria – passam a ser vistas em função de sua origem e destino. Como o produto referenciado pela peça situa-se face aos concorrentes? Quem é o anunciante? Qual sua posição no mercado? Qual a situação histórica do anúncio em relação ao tratamento passado que foi dado a outros anúncios do mesmo produto? Para quais perspectivas futuras o anúncio porventura aponta? Que traços identitários a própria peça apresenta que a diferencia de outras? Enfim, as perguntas são muitas e o limite delas depende dos objetivos a serem alcançados pela análise proposta.

Em síntese, falar em aspectos singulares-indiciais significa rastrear, na mensagem e na sua situação comunicativa, traços que nos permitam retroceder no seu contexto tanto quanto for necessário para compreender os ambientes de uso e faixa de consumidor a que um produto se destina, assim como as funções que desempenha, as finalidades a que se presta.

Os padrões, as convenções, os símbolos e a cultura

Sob o ponto de vista convencional-simbólico, não só o anúncio publicitário, mas também o produto a que ele se refere são analisados no seu caráter de tipo, quer dizer, não como algo que se apresenta na sua singularidade, mas como um tipo de anúncio e um tipo de produto.

Em função do produto que está sendo referenciado e que a análise contextual deve ter explicitado, analisam-se aqui os padrões do design e os padrões de gosto a que esses designs atendem. Que horizontes de expectativas culturais eles preenchem? Analisa-se também o poder representativo tanto do produto quanto do anúncio. O que eles representam? Que valores lhes foram agregados culturalmente? Que símbolos, mitos e arquétipos estão sendo explícita ou implicitamente acionados? Qual o status cultural da marca? Como esse status foi construído? Em que medida o tipo de produto e o tipo de anúncio estão contribuindo ou não para a construção ou consolidação da marca?

Por fim, visa-se analisar o tipo de usuário ou consumidor que o produto visa atender e que significados os valores que o produto carrega podem ter para esse tipo de consumidor. A adequação entre o tipo de consumidor e o caráter semiótico da mensagem publicitária deve ser, nesse ponto, objeto de análise criteriosa.

O VALOR DAS MISTURAS

Não se pode afirmar que qualquer um dos procedimentos de pesquisa que foram brevemente levantados neste capítulo é superior a qualquer outro. Por isso mesmo, nenhum deles é onissuficiente. Cada um tem potenciais e limites que lhe são próprios, não sendo, portanto, capazes de substituir inteiramente o outro. Desse modo, são procedimentos que, dependendo dos objetivos que as pesquisas almejam alcançar, podem ser combinados de maneira inteligente tanto na sequência das aplicações quanto no processo comparativo das conclusões alcançadas por cada um. Dado o seu caráter diagnosticador das estratégias e da eficácia simbólica não só da comunicação de produtos, mas também dos produtos de comunicação, a semiótica parece ser sempre um bom ponto de partida para lançar as bases para quaisquer outros tipos de pesquisa e um bom ponto de chegada para a comparação dos resultados alcançados por eles.

11 Marlboro: a idealização do familiar

A leitura da marca Marlboro, que será realizada a seguir, está dividida em duas partes. A primeira toma como objeto algumas imagens publicitárias, cuja difusão é hoje proibida; imagens, portanto, que se limitam aos pontos de venda. Embora reduzidas no seu campo de ação, essas imagens estão ainda fortemente impregnadas na memória de todas as culturas que foram submetidas às estratégias de marketing da marca Marlboro. Uma das finalidades da análise das imagens é revelar por que a marca tem mantido sua força de penetração ao longo de tantos anos, mesmo com todas as limitações impostas a suas campanhas publicitárias. A segunda parte da análise está voltada para o design das embalagens de Marlboro.

AS IMAGENS MARLBORO

O ponto de vista qualitativo-icônico

As cores empregadas nas imagens do "Marlboro *man*" são fortes, sem ser agressivas. O azul do céu replica na cor da calça jeans do *cowboy*; os sobre-tons da cor terra, marrom mais escuro ou bege, aparecem nos pelos dos cavalos; o amarelo do facho do fogo que acende o cigarro vibra no contraste com o vermelho (Figura 11.1 e 11.2), cor que funciona como índice e símbolo da marca Marlboro, conforme se verá adiante.

Figura 11.1 Marlboro *man* 1.

As cores exercem grande poder de atração, especialmente porque elas se repetem de variadas maneiras nos anúncios da marca, ocupando vastos espaços e definindo a primeira impressão de amplidão que a maioria das imagens de Marlboro provoca no receptor. O lugar que esses vastos espaços ocupam na imagem, isto é, acima da linha do horizonte, indicam o céu, independentemente de a cor ser azul ou não. Portanto, a sensação primeira de imensidão que as imagens despertam vem da impressão do céu aberto, vasto, infinito (Figura 11.2).

Figura 11.2 Marlboro *man* 2.

Na maioria das imagens, a linha do horizonte é baixa. Vem daí a forte impressão de amplidão de um céu que se estende. Portanto, o espaço superior ocupado pelo céu é maior do que o espaço inferior, ocupado pela terra. Como há um paralelismo entre ambos, a imensidão do céu replica na imensidão da terra. A imagem da terra é tão livre e aberta quanto a imagem do céu. Cria-se, assim, uma continuidade e integração perfeita entre o céu e a terra. Em muitas imagens, a linha que demarca o horizonte é levemente diagonal (Figura 11.3). Seu desenho nunca é completamente reto. Essa leve inclinação ou variação na linha produz a sensação de movimento, de algo dinâmico. Além da integração entre céu e terra ser perfeita, ela não é estática. Há certa vibração no ar.

Figura 11.3 Marlboro *man* 3.

Em contraste com o vermelho e o amarelo, cores quentes, o azul é uma cor fria, mais própria para as paisagens de inverno. Mas as cores de Marlboro não são necessariamente referenciais e realistas. O céu, por exemplo, nem sempre é referenciado pelo fundo azul, conforme a convenção prescreve (Figura 11.4). É certo que o céu nem sempre é azul, como acontece em algumas das imagens em que o tom palha esmaecido parece referenciar o entardecer, ou melhor, certa atmosfera do entardecer, uma impressão vaga de entardecer.

Figura 11.4 Marlboro *man* 4.

Mas há imagens em que o fundo aparece dramaticamente como puro vermelho, ou em uma mistura não menos vibrante do vermelho com o amarelo. Embora o amarelo possa significar o calor do sol, nos casos em que o amarelo e vermelho são intensos, a cor deixa de ser realista, passando a ter presença na sua autonomia: a cor como pura qualidade capaz de criar um mero efeito visual de calor, novamente certa atmosfera.

Todas essas qualidades têm um alto poder de sugestão. Espaços abertos, livres, amplos, iluminados por cores e luzes que vêm da natureza, a continuidade perfeita entre céu e terra, tudo isso desperta imediatamente associações com as ideias de liberdade, integração, veracidade, harmonia, equilíbrio.

O ponto de vista singular-indicativo

As imagens são paisagens. Não são paisagens habitadas, mas paisagens de passagem. A natureza que nelas se apresenta não é selvagem, indômita. Embora vasta, é uma natureza plácida, aprazível. Perfilada no horizonte, encontra-se a figura do *cowboy*, com seu chapéu característico, na lide com o seu cavalo, não menos característico. Tudo isso é muito inconfundível para quaisquer habitantes do planeta: o longínquo oeste norte-americano e o seu desbravador, o *cowboy* que, nessas imagens, aparece como um homem atraente, nem tão jovem, mas ainda não inteiramente maduro, de idade indefinível. A aba do chapéu, que lhe sombreia os olhos, o envolve em uma aura de mistério (Figura 11.5).

Figura 11.5 Marlboro *man* 5 (e *man* 1, cf. figura 11.1)

Ao mesmo tempo em que os inumeráveis filmes de faroeste tornaram o *cowboy* uma personagem familiar e facilmente identificável, a maneira em que aparece nas imagens de Marlboro, como um homem solitário, autossuficiente, tão naturalmente integrado ao seu cavalo como ambos estão integrados na paisagem imensa que os acolhe, faz com que o familiar adquira traços idealizados. Tão idealizados que, em uma das imagens (Figura 11.2), o *close* do rosto do *cowboy* surge surrealistamente entre as nuvens do céu. A integração entre o homem e o cavalo é tamanha que a aba do chapéu, perfilada contra o céu, adquire a mesma forma das orelhas erguidas do animal.

O efeito final é uníssono, de integração e unidade com a natureza, de autodeterminação e de controle do homem sobre as condições de vida. As imagens variam, mas permanecem fiéis aos mesmos princípios: a imensidão da paisagem, o *cowboy* que forma um todo coeso com o animal e com a natureza. Isso produz um forte apelo imaginário e mnemônico (de fixação na memória), com alto poder de idealização, responsável pela atração natural, sem qualquer falseamento impositivo que as imagens exercem sobre o receptor.

A fidelidade aos princípios, na coerência com que eles repetem, abstrai cada imagem de sua singularidade, alçando-a ao nível de generalidade do símbolo.

O ponto de vista convencional-simbólico

Pela repetição variada de um mesmo tema, o que cada imagem apresenta não é o flagrante de uma paisagem, ou de um *cowboy*, ou de um cavalo singulares, mas eleva a paisagem e a figura humana a uma generalização exemplar. Não é um *cowboy* simplesmente, mas *o cowboy*. Quando a singularidade se generaliza, adquire traços de símbolo. A imagem representa, assim, a ideia que o observador passa a ter do cowboy como símbolo da coragem, da confiabilidade, símbolo da masculinidade ideal, figura mítica que brota das forças próprias da natureza. Tem-se aí o herói, senhor do seu destino, homem de substância verdadeira, legítima, destemido, forte, tudo isso na medida certa, sem nenhum traço de exagero. Quando a figura humana, masculina ou feminina, é alçada à estatura de um símbolo, os valores que essas figuras encarnam tornam-se universais e, portanto, esses valores passam a ter significado para quaisquer sexos.

A paisagem é silenciosa. A única mensagem verbal está na marca Marlboro ou na chamada para a terra de Marlboro, que se projetam na paisagem e nela se integram com a mesma naturalidade do *cowboy*. Ocupa, às vezes, o lugar do sol ou aflora no céu como uma subpaisagem surreal. Assim, ao mesmo tempo que dá o nome ao cigarro, Marlboro dá o nome ao lugar e ao *cowboy*: o país de Marlboro, o homem Marlboro.

Síntese avaliativa

Os significados que essas imagens criam, tanto no nível das sugestões e evocações icônicas quanto no nível indicativo, contextual e, por fim, no nível simbólico, agregam-se naturalmente à marca Marlboro. O que se agrega? No nível icônico, especialmente a sugestão de liberdade, no nível indicial, a integração veraz do homem na natureza que o acolhe, no nível simbólico, o mito do herói destemido e confiável. Não é casual, portanto, a força que a publicidade conseguiu imprimir à marca, uma força que provém do acerto de sua escolha temática e especialmente do modo como o tema foi tratado ao longo dos anos, com fidelidade aos seus princípios. Diante disso, não é surpreendente que, com o tempo, a marca Marlboro tenha passado a adquirir uma aderência tal com essas imagens que basta a presença de uma imagem do *cowboy* nesse tipo de paisagem para que Marlboro seja imediatamente lembrada. A marca nem precisa aparecer. Ela já está indelevelmente colada à imagem. Esse é um fator de grande importância para as imagens que aparecem nos pontos de venda. Basta um traço, um fragmento de imagem, e a marca Marlboro já se faz presente.

AS EMBALAGENS DE MARLBORO

Cores

Todas as embalagens de Marlboro utilizam o mesmo fundo branco e o mesmo *lettering* em negro (Figura 11.6). O preto sobre o branco domina em todas; preto sobre branco não apenas sugere, mas funciona como traço inconfundível de elegância.

Figuras 11.6 e 11.7 Tipografia e brazão.

Em todas as embalagens aparece o brasão da Philip Morris (PM) em dourado ou em prata, cores que funcionam como índices de material nobre, portanto, bem apropriadas para um brasão (Figura 11.7). No centro do brasão, sob a coroa, portanto, no lugar de uma cabeça coroada, sobre o fundo vermelho, aparecem as letras PM em branco, replicando o fundo.

As variações de cores são introduzidas apenas na parte superior das embalagens, no *chevron*. As cores não funcionam aí como cores simplesmente, isto é, na sua qualidade de cor, mas ganham significado na medida em que passam a funcionar também como traços distintivos, isto é, como índices de alguma diferenciação entre os produtos, uma diferenciação implícita na qualidade da cor, como se segue.

O vermelho é uma cor quente, vibrante, excitante. A ligação do vermelho com Marlboro indica a riqueza do sabor com que a marca se distingue. Essa cor quente combina com o aroma forte do café, com a coloração viva e integradora das paisagens da Terra de Marlboro e com a força destemida e confiável do Homem Marlboro. Ligada a essas ideias e imagens, a cor vermelha de Marlboro acabou por adquirir a força de um símbolo: *o* vermelho de Marlboro.

As outras cores utilizadas nas embalagens para distinguir sabores não são menos coerentes. O azul é uma cor fria, mais tranquilizante. Ao mesmo tempo, lembra o céu das paisagens da Terra de Marlboro. Produz um efeito relaxante. O dourado é uma cor nobre, requintada, pois está fortemente ligada a objetos, ambientes, vestimentas, adereços etc. da nobreza. Produz um efeito de sofisticação. O prata é também uma cor nobre, mas não tanto quanto o dourado, além de ser mais fria. Contra o fundo branco, entretanto, produz um efeito de requinte ainda mais acentuado do que o dourado.

Avaliação das cores

A variação das cores das embalagens fala por si. Ela indica a variedade de linhas de um mesmo produto dirigido a segmentos distintos de mercado. As embalagens obedecem a um mesmo padrão. Uma vez que esse padrão é sempre mantido, as variações na cor ganham em significado. Funcionam como variações de um mesmo tema em que o traço que varia funciona como um traço distintivo, nesse caso, desempenhado pela cor.

A estratégia utilizada é a mesma das imagens da Terra de Marlboro e do Homem Marlboro. Nessas também se apresentam variações de um mesmo tema e de um mesmo padrão, uma estratégia altamente funcional para a consolidação da marca, especialmente quando a estratégia foi, desde o início, bem-sucedida. Ao mesmo tempo em que mantém o padrão da tradição que empresta identidade à marca, introduz variações nesse padrão. Longe de serem arbitrárias, essas variações resultam da estratégia de promover extensões sucessivas na linha do produto. Disso resulta um equilíbrio perfeito entre tradição e mudança, manutenção da identidade e introdução da novidade. Com isso, o produto permanece sempre vivo, atual. O consumidor tende a receber as mudanças como índices da atenção cuidadosa e atualização constante que a empresa mantém em relação ao produto que lhe oferece, sem perder seu vínculo com a tradição.

Design: linhas, formas e figuras

O design é, sobretudo, minimalista, simples, mas marcante. Na embalagem vermelha, o *chevron*, na parte superior, ocupa toda a extensão frontal e dá a volta nas laterais. Essa forte presença do vermelho indicia também a presença do sabor mais forte no produto.

Na embalagem azul, o *chevron* adquire a forma de uma figura toda azul que funciona como uma moldura contra o fundo branco. Essa forma vai ganhando força na medida em que se repete na embalagem dourada numa forma um pouco menor, e na embalagem prata numa forma ainda menor. O que se revela aí é uma estratégia muito clara de transformar a cor em uma *forma característica* e, então, fazer dessa forma uma *figura emblemática*.

Na embalagem vermelha, o contraste entre o branco e o vermelho e a forma que se insinua nesse contraste criam a imagem da extremidade de uma seta que aponta para o alto. A base do vermelho nas laterais prolonga-se até tomar quase a metade superior da embalagem. No centro da ponta da seta, ocupando um lugar privilegiado, aparece o brasão da PM. A seta aponta, dentro do *chevron*, para a inscrição em vermelho sobre fundo branco: *Filter Cigarettes*.

Nas outras embalagens, azul, dourada e prata, como já foi indicado anteriormente, as cores estão emolduradas por uma barra branca que as contorna. Cria-se, então, uma figura que ganha em figuratividade na medida mesma em que perde a força visual que a seta ocupa na embalagem vermelha. Entretanto, a figura nos permite agora perceber algo muito especial: virando-se a embalagem de ponta cabeça, o *chevron* tem a forma de um M (Figura 11.8).

Figura 11.8 O M invertido.

Portanto, os *chevrons* são, ao fim e ao cabo, um M invertido. O M de Marlboro. Não é por acaso que o *chevron* vem se agregando às campanhas publicitárias da marca Marlboro, passando a funcionar como uma figura emblemática. Uma imagem geométrica aparentemente muito simples, semelhante às bandeirinhas coloridas penduradas em varais nas festas populares brasileiras, guarda a complexidade inesperada de delinear, na sua forma invertida, o desenho da letra M.

Lettering

O *lettering* de Marlboro não poderia ser mais distintivo. Em tipo negro sobre fundo branco, o tipo é verticalizado e levemente serifado. Ocupa a base da embalagem, acompanhando as margens das cores na parte superior. Na embalagem vermelha, o *lettering*, assim como a cor vermelha, na parte superior, atravessa toda a extensão horizontal da base da embalagem. Nas embalagens em outras cores, a extensão do *lettering* estreita-se, na base, na medida em que se estreita a largura da figura colorida na parte superior.

O mais distintivo no *lettering* encontra-se no paralelismo do *l* e do *b* cujas hastes elevam-se acima do M maiúsculo. Essas duas hastes ocupam exatamente o meio da palavra. Antes do *l*, há três letras (m, a, r). Depois do *b*, também há exatamente três letras (o, r, o). Essa harmonia concede uma elegância extraordinária ao conjunto. As duas hastes que se elevam sobem ao encontro da base do brasão.

A inscrição na base inferior da embalagem, *Class A cigarettes*, não poderia ser mais justa. A embalagem apresenta todos os elementos de um produto classe A.

Avaliação das embalagens

A distinção nas linhas do produto acaba também por simbolizar o traço de distinção da própria marca. Escolher Marlboro traz distinção para o consumidor, que passa a ser portador de todos os valores altamente distintivos que a marca carrega. Esses valores agregam-se à qualidade do próprio produto. Mesmo que o consumidor escolha o produto porque gosta dele, no sentido legítimo da palavra gostar, ou seja, ele escolhe o produto pelo gosto, pelo sabor do cigarro, a isso se acrescenta a distinção que escolher Marlboro lhe traz, uma distinção que é ainda maior na medida em que o produto se dirige ao segmento específico do mercado a que aquele consumidor específico pertence. Isso tende a provocar no consumidor um sentimento de individualidade, de necessidade especial que é contemplada pelo produto.

POR QUE A MARCA RESISTE NO TEMPO?

A marca Marlboro tem mantido, ao longo dos anos, uma extrema coerência nas suas campanhas. Essa coerência advém da consistência com que adere a seus princípios, baseados na aposta em um padrão de publicidade, de marca e de embalagem. A repetição do padrão se processa por meio de variações. O padrão, como denominador comum das variações, dá extrema coesão ao conjunto e garante a fixação da marca na memória coletiva. Imagens simples, mas fortes, poucas palavras, um logo elegante e harmônico, o design minimalista da embalagem, mas intensamente marcante, as variações em torno de um mesmo tema, tanto nas publicidades quanto nas embalagens e nas extensões sucessivas da linha do produto, tudo isso vai impregnando a marca indelevelmente na mente das pessoas.

A marca tem um selo de distinção. Tanto é assim que seu design e suas estratégias têm sido imitados por muitas outras marcas de cigarro ao longo dos anos. Paradoxalmente, a imagem da Terra de Marlboro e do Homem Marlboro nada tem de elitizada. São imagens de vida na natureza e de um homem rústico que nela se integra, cujos sinais direcionam-se muito mais para a autenticidade do que para a sofisticação. Longe de afastar o consumidor, esses traços aparentemente antagônicos o atraem pela aventura prometida no enfrentamento dos opostos, principalmente quando os opostos se apresentam cada qual na sua coerência e integridade. A estratégia da variação em torno de um mesmo tema favorece o imediato reconhecimento e valorização do produto. As variações introduzem novidades, mas a tradição e a memória são mantidas pela fidelidade a um padrão responsável pela unidade da marca ao longo dos anos.

A maior força simbólica das imagens encontra-se na figura prototípica do *cowboy* e da natureza que, embora ampla e aberta, o acolhe com a naturalidade e a força integrativa de tudo que é autêntico. A da embalagem encontra-se na cor vermelha de Marlboro que sugere vibração, energia, calor e intensidade. A forma aparentemente simples do *chevron*, facilmente memorizável, revela-se complexa no contexto da marca Marlboro, pois se trata de uma forma que, invertida, traça o contorno da letra **M**. Isso dá a essa figura um alto poder de penetração subliminar. O observador vê o **M**, sem vê-lo conscientemente. Essa figura do *chevron* está caminhando para adquirir força simbólica até o ponto de poder substituir o nome Marlboro tanto quanto a imagem do *cowboy* remete inevitavelmente a Marlboro, mesmo quando essa palavra está ausente. A unicidade de todos os elementos é justamente o traço mais favorável de tudo que se refere a Marlboro. As novidades jamais perdem suas ligações indissociáveis com o passado e isso confere confiabilidade à marca.

12

Vivo: paralelos entre o logo e o nome

A presente leitura tem por objetivo analisar o logo da marca de telefonia celular Vivo, sua adequação ao tipo de produto que visa nomear e a existência ou não de correspondências entre o logo e o nome da marca (Figura 12.1).

Figura 12.1 Vivo: o nome da marca.

O DESIGN DO LOGO

Cores: luminosidade e textura

Aspectos qualitativos-icônicos

No anúncio original, aparecem quatro cores (Figura 12.1). Apenas uma delas, a vermelha, é uma cor primária. As outras são cores misturadas: o amarelo quase laranja, o azul levemente acentuado, o verde em tom abacate. As misturas encontram as tonalidades justas: sem serem agressivamente fortes, elas são marcantes, vibrantes, vivas, luminosas. Além das cores já serem luminosas em si, o efeito de luz é acrescido por alguns clareamentos muito sutis das cores pelo branco. Assim, as cores ficam brilhantes na medida certa, brilham sem ofuscar, pois apresentam uma variação entre a opacidade e o brilho. São cores que se impregnam na memória. A superfície da cor é lisa, a textura tem película finíssima.

Aspectos singulares-indiciais

As cores, a luminosidade e a textura indicam modernidade. São cores-luz, tecnológicas, pode-se dizer, produzidas em computador, frutos das misturas de cores que o computador pode gerar. Por serem marcantes, sem serem agressivas, elas se adequam aos requisitos de um público com características psicológicas e culturais universais. Quer dizer, podem se ajustar a faixas etárias e classes sociais diversas e a culturas distintas.

A película finíssima da textura cria um efeito tátil, dá vontade de tocar. Essa textura também indica uma matéria leve, manuseável sem qualquer esforço.

Sabe-se do poder de afecção psicológica das cores vermelha e amarela, ambas cores quentes. O vermelho interfere no sistema nervoso simpático, responsabilizando-se pelos estados de alerta, ataque e defesa. É uma cor excitante para o olhar, impulsionando a atenção. O amarelo, um pouco mais frio do que o vermelho, indica poder e dinamismo. Entretanto, o tom de vermelho escolhido para o logo não chega a ser inteiramente vermelho, mas apresenta uma leve mistura que abranda a excitação do vermelho puro. O amarelo também, ao ser levemente misturado com o laranja, mantém a atividade do amarelo, mas em um nível menos agressivo.

Aspectos simbólicos

Nas culturas ocidentais, é fato conhecido que o azul-claro simboliza o sexo masculino. O tom de azul escolhido, entretanto, mais forte do que o azul-bebê, guarda a conotação do masculino, sem cair no óbvio. Estratégia similar também foi aplicada à cor rosa que culturalmente simboliza o sexo feminino. A escolha, entretanto, recaiu sobre a cor uva, uma cor muito próxima da que simboliza as feministas modernas. Novamente, essa conotação fica implícita sem ser muito óbvia (Figura 12.2).

Figura 12.2 Vivo: conotações masculinas e femininas.

Forma, volume, dimensão, movimento

Aspectos qualitativos-icônicos

A forma do logo é básica, esquemática. Emprega um mínimo de recursos visuais capazes de significar. Por trás dessa simplicidade, contudo, reside uma inteligência visual que esta análise buscará demonstrar. A forma usa um mínimo de meios para criar um máximo de efeitos. Por isso mesmo, é uma forma facilmente reconhecível e memorizável sem nenhum custo mental. No traçado de uma linha contínua, a figura humana fica representada sem distinção de sexo. Pode ser tanto uma figura masculina quanto feminina. A simplificação e o esquematismo da figura lembram o desenho primordial da criança para representar a forma humana, lembrando também os logoglifos internacionais para indicar a figura humana.

Há quatro caracteres proeminentes na forma capazes de revelar a plurissignificância que está por trás da aparente simplicidade.

O desenho não é chapado, mas cria a ilusão da tridimensionalidade, tem volume, sugerindo a peça de um brinquedo. Essa sugestão mais se acentua pelo caractere a seguir.

O traçado dos braços levemente erguidos sugere leveza, movimento, jovialidade, flutuação, fora da força de gravidade. Além disso, a forma dos dois braços lembra o traçado esquemático de uma boca que sorri. Como se isso não bastasse, o traçado dos braços e das pernas adquire a forma de um X. Com isso, a figura também fica impregnada de todos os significados que o X carrega para demarcar um campo.

Na maior parte das vezes, a figura aparece levemente inclinada para um dos lados. Uma das pernas se ergue no ar e o corpo se sustenta apenas em uma das pernas. Essa inclinação aumenta a sugestão de leveza, ao mesmo tempo em que indica movimento.

Quando a figura não está inclinada, a forma do X fica proeminente. Nesses casos, a figura projeta-se para frente de uma maneira que seria até agressiva se não fosse o ar brincalhão, o aspecto altamente lúdico da figura.

Aspectos singulares-indiciais

As variações de posição da figura, sua mobilidade, sua volatilidade indicam algo que se movimenta daqui para lá, algo que não tem parada. A relação da forma do logo com o produto que representa, o telefone celular, não poderia ser mais adequada. Na sua simplicidade visual, o logo consegue indicar todos os aspectos que são primordiais a esse produto: ligeireza, leveza, onipresença, universalidade etc.

Aspectos simbólicos

Essa forma é o símbolo mais universal da figura humana.

A RELAÇÃO ENTRE COR E FORMA

A vibração e a variação das cores, sua textura fina, tudo isso harmoniza-se com perfeição ao movimento e à volatilidade da figura.

A PROEMINÊNCIA DO ASPECTO ICÔNICO NAS CORES E FORMA

As cores são sempre proeminentemente icônicas, pois são qualidades puras. A essa iconicidade das cores se acrescenta a iconicidade da figura na sua abertura para significar o humano no seu nível de generalidade máxima: a forma do humano reduzida ao seu mínimo múltiplo comum.

A AMBIÊNCIA DO LOGO NAS IMAGENS EM QUE SE SITUA

Aspecto qualitativo-icônico

Aquilo que traz mais vida à vida

Toda imagem é composta por dois planos. O plano do fundo e o plano da figura. Figura, aliás, é aquilo que se destaca contra um fundo. Na maioria das imagens publicitárias da Vivo, o logo ocupa a posição da figura, projetando-se contra o fundo. Isso se realiza em muitas peças devido ao recurso muito eficaz da oposição entre o logo em cores e o fundo sempre em branco e preto. Esse recurso, de imediato sugere que o logo é algo que dá cor à vida. Dando cor, esta necessariamente traz consigo tudo aquilo que com ela se relaciona: luminosidade, vibração, calor. Consequentemente, as peças também sugerem que o logo traz luz, calor e vibração para a vida. Quer dizer, o logo é algo que traz mais vida à vida.

O mesmo ocorre com o movimento sugerido pela inclinação da figura ora para a direita, ora para a esquerda, às vezes, ereta. Essa ideia de movimento sugere, por sua vez, que essa figura traz vibração e energia para a vida. Dizemos "para a vida" porque muito justamente todas as fotos de fundo apresentam flagrantes da vida: rostos e corpos que funcionam como paisagens de gestos, na alegria, no trabalho, no descanso, na meditação, na surpresa, na contemplação, na expectativa etc.

Os paralelismos (rimas) visuais entre a forma do logo e as formas do gesto humano

Do lado direito, esquerdo e na abertura das pernas o logo apresenta a forma de um losango cortado ao meio. A forma inteira ou cortada do losango é replicada em uma pluralidade de variações nos gestos humanos flagrados nas fotos que servem de fundo ao logo. Na maior parte das vezes, na figura humana, o losango aparece com a forma invertida do logo, criando com ele uma relação especular.

O traçado dos braços do logo que lembra o traçado esquemático de um sorriso, de fato, replica nos sorrisos dos modelos fotografados, criando o efeito de uma rima visual.

Aspecto singular-indicial

As fotos de fundo: enquadramentos singulares

Os enquadramentos de muitas imagens publicitárias da Vivo têm um traço comum: o corte de uma parte do rosto, da cabeça ou do corpo. Apenas uma parte do rosto, da cabeça ou do corpo aparecem, justamente aquela que coloca em relevo certo gesto: o olhar de soslaio, o riso nos lábios, o sorriso nos olhos, a espera no olhar, o espanto na boca, os braços que se erguem, a cabeça que avança etc. Esse tipo de enquadramento acentua o caráter de instantâneos da vida que é comum a todas as imagens, como bem cabe à ideia de que o celular é bem-vindo em qualquer e todos os instantes da vida.

Da contiguidade à penetração e aderência da figura no fundo

Há uma relação de contiguidade entre o logo e as imagens. Enquanto o primeiro ocupa a posição da figura, as imagens ocupam a posição de fundo. Essa contiguidade, entretanto, é bastante relativizada, pois costuma se integrar às fotos como uma extensão ou prolongamento do rosto e do corpo das pessoas: na ponta dos dedos, na ponta dos pés, na ponta do nariz, sobre a cabeça, sobre a testa, sobre os ombros, sobre o rosto, o ponto para onde o olhar se dirige, no colo etc.

Tal relação entre as fotos e o logo só vem confirmar, agora no nível indicial, a sugestão de leveza que o logo já continha em si mesmo e que se acentua na sua integração nos ambientes em que se insere. Essa integração do logo aos instantâneos se torna ainda mais profunda quando se percebe o jogo de transparências que produz a interpenetração entre o logo e muitas das imagens: entre as mechas do cabelo de uma mulher, nos óculos de um homem, no perfil de uma face. Com esse recurso, a integração vai tão longe a ponto de indicar uma aderência perfeita do logo nas fotos. Essa aderência produz a transformação do duplo, logo e fotos humanas, em uma só unidade: o logo e os humanos tornam-se partes um do outro.

Aspecto simbólico

O planejamento visual é coerente e coeso, mantendo certas constantes: as cores, o movimento do logo, o enquadramento das fotos, a justaposição e a integração do logo nas fotos. Tudo isso tem poder para fixar o logo como símbolo do produto que representa.

A QUESTÃO DO NOME

Sem dúvida alguma, o nome só poderia ser Vivo. Vejamos por que.

Embora em "Vivo" apareçam vogais fechadas – i, o –, a repetição da mesma consoante – V-V – cria uma aliteração, isto é, uma relação entre som e sentido, na qual o V-V do som adquire o significado de algo que vai e volta.

Esse significado é extremamente pertinente ao objeto que o nome visa nomear: um celular que tem por função fazer a mensagem ir e vir, como um pingue-pongue.

A correspondência entre a escrita de "Vivo" e a forma do logo

Se observarmos o logo, a forma do **V** de **ViVo** aparece três vezes (Figura 12.3)

Figura 12.3 "Vivo" no logo Vivo.

A saber: do lado esquerdo, na linha que une e separa o braço e a perna. A mesma forma se repete do lado direito e na abertura da perna. A integração entre a palavra e o logo é visualmente perfeita. Isso se acentua ainda mais quando se nota que o **O** de Viv**O** também fica replicado na cabeça do logo. Conclusão, o desenho gráfico da palavra encontra-se contido no próprio logo. Cumpre ainda notar que o pingo no i também tem a forma redonda do O.

Aspectos funcionais da palavra

"Vivo" pode ocupar a função sintática de substantivo: o vivo. Pode ainda funcionar como adjetivo: algo vivo. Além disso, é também a primeira pessoa do singular do presente do indicativo do verbo viver: eu vivo.

O campo semântico da palavra

Das possibilidades sintáticas da palavra "vivo" derivam os três significados complementares acima indicados. "É vivo", "está vivo" são também significados implícitos na palavra. Embora o substantivo "vivo" seja masculino, "o vivo", por sua generalidade, aplica-se tanto ao gênero masculino como ao feminino. Além dessas complementaridades de significados, nem é preciso colocar ênfase na riqueza de sentidos positivos que universalmente se dá à vida.

Adequação dos sentidos de "vivo" à visualidade do logo nos contextos de inserção

A leveza, o movimento, a volatilidade, a alegria, a jovialidade do logo, tudo isso acentuado nos contextos em que aparece, instantâneos da vida, em que a aderência do logo é bem recebida, cria uma integração absolutamente perfeita entre o nome "vivo", o logo e as cenas em que nome e logo se apresentam.

13

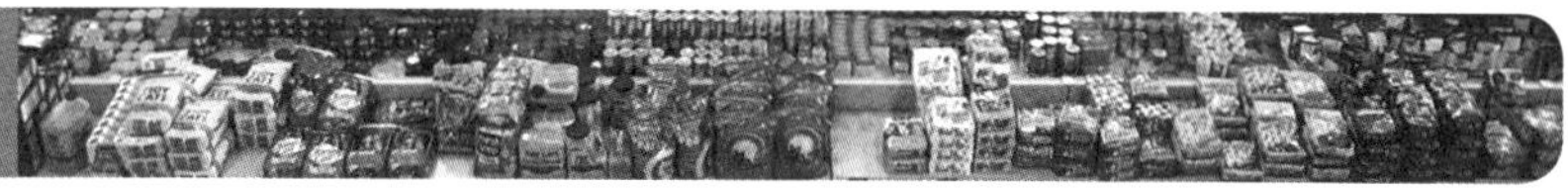

Os efeitos comunicativos de um logo

Este capítulo está voltado para a leitura avaliativa do potencial comunicativo do logo do i-digital do Banco Itaú, nas publicidades voltadas para a divulgação de serviços disponibilizados pelos avanços da tecnologia digital. Em um primeiro momento, o i-digital será analisado de maneira independente dos contextos particulares em que aparece nas imagens publicitárias. Será considerado, entretanto, na sua inserção dentro do nome Itaú, pois é nessa inserção que ele se situa e onde ganha seu maior significado.

ANÁLISE DO LOGO

Aspectos que se apresentam aos sentidos

A primeira impressão que o design de um logo ou de uma embalagem provoca no receptor tem relevância fundamental. Como já foi visto no Capítulo 10, essa primeira impressão varia entre a atração, a indiferença e a repulsa, e ela resulta das características qualitativas que a composição das cores, luminosidade, textura, linhas, formas, volume, distribuição etc. dos elementos do design apresenta.

Uma das finalidades mais fundamentais da análise semiótica está na justificativa de que ela deve ser capaz de apresentar as razões por que um dado design está apto a provocar determinadas impressões no receptor. Que elementos presentes no design o habilitam a gerar o efeito comunicativo que ele produz? Como se trata aqui de design visual, as principais qualidades visuais são: cores, complementaridade e contraste de cores, luz, linhas, formas, texturas, massas, volumes, direções, disposição espacial e visualidade tátil.

Cores, luminosidade e textura

Na maioria das imagens, o i-digital aparece na cor branca sobre uma cor de fundo, geralmente amarelada ou azul (as cores da marca do Itaú, amarelo sobre o azul, sobre o laranja), das quais o branco se destaca, salta iluminado. O branco se destaca no conjunto como pura luz. A superfície da cor é lisa, a textura limita-se a uma película lisa e fina (Figura 13.1).

Figura 13.1 O i-digital do logo do Banco Itaú.

Linha, forma, volume, dimensão

A forma redonda, circular, que envolve a letra *i* cria um paralelismo visual interessante com o pingo do i. Esse pingo também tem a forma circular. No centro do círculo, que envolve a letra i, está o pingo do i: um círculo cheio, menor, dentro de um círculo vazado maior. O círculo é uma forma perfeita. A repetição de dois círculos, um dentro do outro, produz um efeito de integração natural, agradável ao olhar.

Embora o círculo se destaque por ser maior do que o restante das letras, a linha, que sai da letra ***i*** e a envolve, é mais fina dos que a das letras vizinhas. Isso cria a ilusão de que a letra ***i*** é mais estreita do que as demais letras, além de conceder leveza e flutuação ao círculo. A impressão de leveza é acentuada pela variação de largura da linha, mais fina no topo e na base, mais larga nas laterais do círculo (Figura 13.2).

Figura 13.2 Transformação do logo do Banco Itaú.

Movimento e direção

A linha que sai da base do ***i*** continua naturalmente no círculo que o envolve em um movimento que vai da esquerda para a direita. Esse movimento corresponde ao movimento do gesto que desenha a linha. A largura maior da linha nas laterais e mais fina no topo e na base funciona como marca do gesto, pois ele ganha força nas laterais (linha mais grossa) e perde força no topo e na base (linha mais fina). O equilíbrio e a limpeza visual resultantes produzem um efeito de simplicidade natural.

Visualidade tátil

O olhar também é tátil. Nossa percepção espacial seria impossível sem a habilidade que o olho apresenta para tatear as impressões visuais que recebe. No caso deste desenho, a tatilidade é grandemente produzida pela marca do gesto que fica imprimida na linha do círculo, uma marca gestual que o olhar acompanha e apalpa.

Em termos de *gestalt*, a forma é pregnante. Ela cativa o olhar e a atenção sem agredi-los. Ao contrário, prende o olhar porque o agrada.

Lettering

O i-digital é levemente inclinado, como se fosse uma letra em itálico, ou letra cursiva. Isso aumenta a impressão de leveza e movimento que se constituem nas características mais marcantes desse design, cujos aspectos fundamentais encontram-se na leveza, na simplicidade e na naturalidade do gesto de sua inscrição.

Aspectos singulares-indiciais

Sob esse ponto de vista, o design é analisado como algo singular que existe em um contexto determinado. Que índices de sua origem apresenta? Quais são os traços de sua identidade? Sob esse ângulo, as qualidades de que esse existente se compõe – cores, forma, linhas etc. – são vistas em função de seu uso. Quais são os índices de seu ambiente de uso? Que indicações contém do usuário ou consumidor a que se destina?

Esse ponto de vista também diz respeito às funções que o design desempenha, as finalidades a que se presta. A adequação do aspecto qualitativo-icônico com esse segundo aspecto contextual é aqui avaliada.

Contexto verbal de inserção do i-digital: ligações com o @ de que se origina

O i-digital está inserido dentro da palavra Itaú. Sem deixar de ser a letra i, ou seja, o grafema ***i*** de Itaú, o i-digital é também algo mais. O que é esse algo mais? Trata-se de uma tradução visual do logografo @, chamado "arroba" em português e "*at*" em inglês. Esse logografo, antes da explosão da internet, antes de ser usado como sinal de ligação entre os endereços de e-mail e os provedores de acesso, já constava do teclado das máquinas, ao lado de outros logografos tais como $, %, &, §.

Sabe-se que a utilização do @ nos endereços de e-mail foi introduzida, no início dos anos 1970, por um engenheiro americano, R. Tomlinson, quando ele enviou a si mesmo uma mensagem por correio eletrônico. A escolha do @ se deu porque o sinal já existia nos teclados, mas era pouco usado e, na sua identidade de logografo, não podia aparecer no nome de pessoas. Originalmente, o @ era utilizado em documentos ligados ao comércio, significando "*at price of*". Mal poderia Tomlinson imaginar que esse se tornaria o logografo mais utilizado no mundo inteiro de meados dos anos 1990 em diante.

Traços de identidade do i-digital, índices de seu uso e do usuário

Diferentemente do logografo @, que é apenas um logografo, o i-digital continua sendo o grafema i, ao qual se acrescenta o valor do logografo @. Assim, o i-digital passa a ser, ao mesmo tempo, um grafema e um logografo. O seu design fica impregnado dessas duas funções. O que é um grafema? É a representação visual, estabelecida por convenção, de um fonema, de um som da fala. O que é um logografo? Ao pé da letra, significa grafia de uma ideia. É um símbolo convencional, arbitrário, como são os símbolos da matemática, da química, das notações musicais. Quer dizer, seu significado é estabelecido por uma convenção. Essa convenção se torna habitual, o símbolo passa a carregar o significado que lhe foi imputado e assim será interpretado.

Com a explosão da internet, o @ passou a adquirir funções semióticas, ou seja, significados que o levaram muito além do seu significado inicial, ligado ao comércio. Na sintaxe em que se insere, o @ funciona como elemento de ligação entre o endereço particular de um usuário e o provedor de acesso à internet, portanto o elemento que abre ao usuário as portas de um mundo paralelo, um mundo digital, feito de bits de informação e de possíveis conexões, um mundo no qual muita coisa pode acontecer. O @ é, portanto, um índice. Algo que indica um elo de conexão, uma ponte de passagem, um novo horizonte que se abre. É um índice que fala diretamente a cada indivíduo porque é esse sinal que permite a passagem do endereço pessoal de cada usuário ao provedor coletivo.

Quando traduz o @ para o i, esse i-digital incorpora todos os significados do @. Uma vez que o ***i*** é uma letra da palavra Itaú, esses significados passam a fazer parte da marca Itaú e são também incorporados a essa marca. Ora, a marca funciona como um sinal diferenciador, como um traço distintivo, uma insígnia. Semioticamente, marcas têm o valor de uma assinatura, funcionam como um nome próprio e, como todo nome próprio, indicam uma ascendência e origem. Quando foi incorporado à marca Itaú, o i-digital agregou-se à tradição da marca, trazendo a ela um traço de novidade, um passaporte de entrada em um mundo paralelo, em direção ao futuro.

O i-digital foi incorporado à marca Itaú no final dos anos 1990, no momento exato em que a explosão da internet já se fazia sentir no Brasil, momento, portanto, em que o @ já estava se impregnando na memória coletiva.

Como já foi analisado, o i-digital é visualmente limpo, leve, simples, natural. Entretanto, por ser uma tradução do @, essa simplicidade aparente abriga muitas camadas de significado. Por isso mesmo, não se pode deixar de enfatizar a genialidade dessa tradução do @ pelo i-digital na marca Itaú, um verdadeiro tiro na mosca. O i-digital é muito justamente o índice, a ponte de passagem, o conector de todos os serviços eletrônicos prestados pelo banco aos seus clientes. Com isso, a marca desdobrou-se em duas. Uma é a marca tradicional que carrega consigo o nome do Itaú com os valores simbólicos, especialmente de confiabilidade e segurança, de que a marca se impregnou no decorrer de décadas. Ligada a essa marca, e funcionando como um rebento dela, o i-digital introduz a passagem para o universo digital e para os caminhos de futuro que o ***i*** sinaliza. Esse desdobramento da marca fica também evidente quando se compara o *lettering* da marca tradicional do Itaú com o novo *lettering* do Itaú digital. A marca tradicional é formada por quatro letras verticais, frontais, emolduradas por um quadrado azul, dentro de um quadrado laranja, indicando estabilidade, solidez. A marca digital é cursiva, caligráfica, gestual, solta, pairando no ar, fluida, sem molduras, leve.

Os caminhos de futuro em que o i-digital apostou, de fato, cada vez mais se comprovam na expansão acelerada do universo digital e dos usuários desse universo. Tanto é que os serviços eletrônicos prestados pelo banco foram se expandindo ao longo dos anos *pari passu* com a expansão da internet, graças à facilidade cada vez maior de acesso a ela com o alargamento das bandas e com a simplificação dos protocolos.

A tradução do @ pelo i-digital é tanto mais feliz porque a solução visual que a letra ***i*** apresenta, como foi identificada anteriormente pela análise qualitativa do seu design, é muito superior à solução visual do @ (Figuras 13.3 e 13.4).

Figuras 13.3 e 13.4 O i-digital do Banco Itaú e o logografo arroba.

O i-digital é mais limpo, a continuidade de suas linhas segue um movimento natural que traz com harmonia a marca do movimento simples, sem tortuosidades, de um gesto que desenha com facilidade. Sabe-se que os primeiros desenhos que as crianças são capazes de fazer tendem para a simplicidade das formas esféricas. Essa forma é simples porque segue o movimento manual espontâneo. É justamente disso que os filmes publicitários tiram partido, como se verá mais à frente.

Aspectos convencionais-simbólicos

Sob esse ponto de vista, o design é analisado no seu caráter de tipo, quer dizer, não como algo que se apresenta na sua singularidade, mas como um tipo de design. Analisam-se aqui, primeiramente, os padrões do design e os padrões de gosto a que esse design atende. Que horizontes de expectativas culturais ele preenche?

Em segundo lugar, analisa-se o poder representativo do design. O que ele representa? Que valores lhe foram agregados culturalmente? Qual o status cultural da marca a que ele pertence? Como esse status foi construído? Em que medida o design está contribuindo ou não para a construção ou consolidação da marca?

Em terceiro lugar, é analisado o tipo de usuário ou consumidor que o produto visa atender e que significados os valores que o produto carrega podem ter para esse tipo de consumidor.

Todo design tem um valor icônico, aquele que é apreendido pelas qualidades visuais que aciona e incorpora. Tem também um valor indicial, conforme foi analisado anteriormente. Além desses dois aspectos, há um terceiro, o valor simbólico, ou seja, aquele que foi absorvido pela cultura, fazendo parte da memória, expectativas e aspirações coletivas as quais certamente, em países com classes sociais muito diferenciadas, como é o Brasil, apresentam distinções quando se passa de uma classe social mais alta para outra mais baixa.

O design da marca tradicional do Itaú se enquadra em um padrão modernista, quase minimalista, com linhas simples, sem decoração, sugerindo, antes de tudo, estabilidade, frontalidade, um design direto, face a face (Figura 13.5).

Figura 13.5 O design da marca Itaú.

Figura 13.6 Transformação do design da marca Itaú.

Ao incorporar o i-digital, o design ganhou em leveza (Figura 13.6). O *lettering* itálico obedece a um padrão gestual, cursivo, que acompanha o movimento inclinado de uma inscrição feita à mão.

Tanto o design tradicional quanto o design que incorpora o i-digital buscam atender a padrões de gosto universais tanto quanto isso é possível. Entretanto, quando foi lançado, no final dos anos 1990, o i-digital atendia, naquele momento, a um público diferenciado: aqueles que tinham acesso ao mundo digital. Uma vez que esse acesso está cada vez mais ampliado, e sua tendência é se ampliar ainda mais, pode-se garantir que esse design hoje pode ser decodificado inclusive por classes sociais desfavorecidas, muito especialmente entre os jovens.

O mundo digital está hoje carregado de valores ligados à inserção do ser humano não apenas na contemporaneidade e nos caminhos do futuro, como também no planeta como um todo. As aspirações de conexão veloz com o mundo são preenchidas pelos recursos que a digitalização oferece. Ora o símbolo maior, o representante mais significativo desse mundo encontra-se muito justamente no @. Mais do que um índice da passagem para o mundo digital, virtual e paralelo, esse logografo alçou-se ao estatuto de um símbolo da contemporaneidade, da inclusão digital, transferindo para o seu usuário o status correspondente.

Confirma-se assim, também no nível simbólico, a importância do i-digital. O design desse sinal, pela simplicidade, leveza e gestualidade implícita, é muito mais feliz do que o desenho do @. Ao incorporar, sem dificuldades, as funções indiciais do @, o i-digital acaba por trazer para dentro de si também os significados simbólicos e culturais do @. Assim, quando renovada pela sua marca digital de que o i-digital é porta-voz, a marca Itaú fica preenchida não só com as funções indiciais, apontadas acima, como também com os significados simbólicos do mundo digital com que a cultura já se impregnou.

O I-DIGITAL NO CONTEXTO DAS IMAGENS FIXAS

Essa análise será genérica, os aspectos icônicos, indiciais e simbólicos não serão analisados separadamente, pois o que a leitura buscará aqui é apreender certas constantes e mudanças nas campanhas publicitárias no decorrer dos anos.

O conjunto de imagens do final dos anos 1990 localiza o i-digital dentro de adjetivos que contêm a letra i: prát*i*co, s*i*mples, dig*i*tal, interat*i*vo, bem-v*i*ndo. No fundo, sempre aparecem paisagens que produzem o efeito de amplidão. À frente das paisagens, estão inseridas pessoas, na maioria jovens começando a vida. As imagens dividem-se em duas partes quase perfeitamente equilibradas: de um lado, a figura humana, do outro, os adjetivos, em letras grandes, brancas, flutuando em tipografia cursiva, como manda a nova marca do Itaú digital. Um ao lado do outro, o humano e o banco criam a impressão de parceria indissociável.

Tais imagens funcionam como cartões de visitas, como a apresentação do banco Itaú na era digital. Os adjetivos foram devidamente escolhidos não apenas pelo significado que carregam, mas também pela letra ***i***, de que são compostos. O efeito que o conjunto de imagens produz é de tranquilidade, sossego, ausência de agitação. O banco está trabalhando para você, enquanto você pode gozar do privilégio de se entregar, sem estresse, a seus momentos de afeto, descanso, alegria.

O conjunto de imagens de 2000 faz uso de situações de presença de pai e filho, introduzindo um novo adjetivo, conf***i***ável que ocupa uma nova disposição, não mais na lateral da imagem, mas atravessando todo o centro, sobrepondo-se à foto. A maior parte do conjunto de imagens apresenta jovens de ambos os sexos em situações de uso do banco digital. Esse uso é acompanhado de um texto que explicita o tipo de atividade que o banco disponibiliza e que está sendo executada.

Um recurso utilizado, que funciona como um fator identificador do conjunto, é a ampliação, na lateral da imagem, do fundo laranja da marca do Itaú, sobre a qual o ***i*** digital é inscrito. Essa inserção do i-digital dentro da marca tradicional do Itaú promove a integração entre ambas. O i-digital cola-se à marca como um jovem rebento se cola à mãe (Figura 13.7).

É também nos anos 2000 que começa a aparecer um tipo de imagem que se tornaria constante. Uma criança, no centro e com o olhar frontal, aponta o dedo e o cola justamente no pingo do i-digital. O poder desse tipo de imagem, conectando, como que por uma vara de condão, a ponta do dedo ao banco Itaú, uma constante nos filmes, será avaliado mais adiante, quando da análise dos filmes.

As imagens de 2001 acentuam o prazer de um tempo dedicado ao lazer, à distração, à atenção à criança. Acentua-se nessas imagens a tendência a privilegiar uma faixa etária extremamente jovem, adolescente. Não fica claro se esses jovens são os usuários do banco na era digital ou se são aqueles a quem os pais podem dar mais atenção. Nas imagens de 2002, dominam as crianças. Fica a impressão de que a criança adquire aí uma função simbólica, no sentido em que elas, as crianças, têm a mesma idade do mundo digital. Ou seja, o mundo digital é tão criança quanto elas.

Figura 13.7 www.itau.

Nas imagens de 2003, novamente marcadas pelas figuras das crianças e dos jovens, domina o gesto de tocar o pingo do ***i*** com a ponta do dedo. Entra nessas imagens o mote, que se repete muitas vezes nos filmes publicitários até hoje: "Itaú, feito para você" ou "Um banco feito para você". As imagens de 2004 colocam ênfase no cartão e no caixa eletrônico.

AVALIAÇÃO DAS IMAGENS FIXAS

Embora bem realizadas, as imagens acompanharam muito pouco a grande expansão e penetração do mundo digital em classes sociais menos favorecidas do que aquelas que aparecem nas fotos, assim como em faixas etárias mais variadas. Quer dizer, hoje, os usuários do mundo digital expandiram-se em termos de idade e de classe social. Portanto, é preciso variar as imagens não as limitando às crianças e aos extremamente jovens. Se, no início, justificava-se a identificação do mundo digital com o mundo da criança, quer por idade, quer por sintonia dos jovens com o universo digital, cada vez mais outras faixas etárias estão decididamente aderindo às facilidades que um banco digital pode oferecer. Embora o Brasil seja um país de jovens, não são eles os principais usuários dos bancos.

O I-DIGITAL NO CONTEXTO DOS FILMES

Tanto quanto a análise das imagens fixas, esta também será genérica, pois o que se pretende é chamar a atenção para algumas constantes, para os recursos mais bem resolvidos e eficazes, de um lado, e para a avaliação final a que a análise nos conduz, de outro.

Todos os filmes apresentam, de algum modo, a cor laranja, a mesma que está presente na marca Itaú. Algumas vezes a cor quase enche a tela, outras vezes, ela aparece em detalhes de fundo, em roupas, objetos etc. Outra cor que se repete e domina é o azul, também no tom de azul que está presente na marca Itaú. Esse cuidado com a cor é fundamental, visto que a cor faz parte da marca tanto quanto a palavra Itaú. É a cor que é responsável pela criação de uma atmosfera visual que acompanha todas as faces com que o banco aparece ao público receptor.

A repetição da mesma trilha sonora nos filmes também é fundamental, pois, pela repetição, a trilha passa a funcionar como índice do Itaú. Essa trilha é simples, leve, com ritmo compassado, agradável. O ritmo das imagens acompanha o do som: um ritmo equilibrado, sem agitação. A maioria dos filmes apresenta cenas acompanhadas pelo discurso em voz *off*. A voz é clara, articulada, e avança no mesmo ritmo compassado da trilha sonora e da sequência de imagens. Portanto, em todos os seus níveis, os filmes conseguem manter coerentemente a ideia de tranquilidade.

Certamente, o que os filmes têm de mais genial é a gestualização do i--digital. As mais diversas personagens, na maior parte das vezes, crianças e jovens, desenham a forma do i-digital no ar. Essas personagens olham de frente para o espectador e o desenho enche a tela. O desenho não apenas se localiza no centro da tela, mas também fica entre a personagem, dentro da cena, e o espectador, fora da cena, funcionando como um elo de ligação. Quer dizer, o desenho do ***i*** fica justamente entre a personagem que o desenha na tela e o telespectador. Aquele que desenha o ***i*** no ar olha frontalmente para o telespectador. Ao pingar o i, o dedo aponta direta e frontalmente para o espectador, com um toque delicado, mas pontual. O dedo indicador aponta, sinaliza, identifica o telespectador. Aí está o ponto de contato entre o Itaú e o receptor da mensagem.

A exploração que quase todos os filmes fazem do i-digital desenhado no ar é sem dúvida altamente eficaz. Mas essa exploração não é casual. A leitura do design, conforme foi desenvolvida anteriormente, revelou que o desenho impresso do i-digital já traz em si a marca do gesto não só pela simplicidade da forma e a espontaneidade com que ela pode ser inscrita, mas também porque as laterais mais grossas e a base e o topo mais estreitos no desenho do círculo por si mesmos indicam a variação da energia que a mão põe no gesto, quando desenha um círculo.

Ponto alto na exploração do gesto que desenha o i-digital está em filmes em que o pingo do ***i*** se faz acompanhar pelo som delicado de um sininho que toca. Outro ponto alto encontra-se nos filmes em que há uma sincronia perfeita entre a mão que desenha o ***i***, enquanto a voz *off* vai enunciando a frase "um banco feito para você". O momento em que pingo no ***i*** é tocado pela ponta do dedo, esse pingo coincide perfeitamente com o som **ê** de você, ambos sincronizados. De fato, ao pingar o ***i***, o dedo indicador aponta diretamente para o receptor.

Há continuidades quase narrativas na passagem das publicidades, ano após ano. Elas começaram com a apresentação desse novo banco na era digital: "eu sou simples", "eu sou humano-digital" etc. Depois de apresentado o banco, veio a pergunta: "para quem?" A seguir, veio toda uma sequência de publicidades de forte apelo: "o banco pra você", "no centro de tudo, você". Um discurso que se dirige diretamente a "você", enquanto as personagens na cena dirigem seus olhares frontalmente a "você". Sabe-se do poder apelativo da publicidade que singulariza o receptor fazendo-o sentir-se especial e único.

AVALIAÇÃO DOS FILMES

Um dos melhores filmes de toda a série, ao longo dos anos, é o das crianças que, em voz *off*, pedem aos pais que imaginem o que seria a vida deles se já tivessem nascido em um mundo digital. Contudo, é preciso notar que, se, no início, a ênfase exagerada na criança fazia sentido, porque o banco digital era tão criança quanto elas, agora já é tempo das idades se diversificarem. Isso não implica uma crítica aos filmes cujo conteúdo pretende indicar o tempo que sobra aos pais para se dedicarem aos filhos, quando fazem uso das comodidades que o banco oferece. Também não é, de modo algum, uma crítica aos filmes em que crianças muito jovens que, evidentemente, não usam o Itaú digital, aparecem desenhando o i, pois nesse caso o conteúdo implícito é que usar o banco digital é tão fácil e simples que até uma criança seria capaz de fazê-lo. Entretanto, já passou a hora de colocar tanta ênfase na criança, mesmo quando se sabe que crianças em publicidades sempre são fontes de enternecimento.

Em suma, o que a análise foi capaz de revelar, em geral, é que o i-digital é um achado que não se pode perder. Se ele já era eficaz no final dos anos 1990, hoje ele se tornou não só um índice do mundo digital, mas também um símbolo de todos os valores culturais e pessoais de que o mundo digital se tornou portador: acesso a um mundo paralelo, cheio de informações, acesso à comunicação interpessoal e à comunicação com organizações, instituições etc., acesso a serviços que tornam a vida mais fácil, mais simples, menos estressante.

O gesto do i-digital presente nos filmes já se incorporou na cultura visual dos telespectadores. Basta o gesto, e o banco digital já está identificado. Ao longo dos anos, as publicidades foram acompanhando *pari passu* as transformações que foram se operando nas ampliações dos serviços prestados pelo banco. O que parece faltar, no entanto, é o acompanhamento da evolução social da própria internet, na sua expansão para camadas cada vez mais diferenciadas de público, tanto em termos de faixas etárias quanto de classes sociais. Isso aponta para algo crucial da cultura contemporânea, especialmente no Brasil: a questão da inclusão digital. A publicidade deveria, de alguma forma, contribuir para essa inclusão. O i-digital colocou, há uma década, o banco Itaú no centro dos novos tempos. O desafio atual seria ligar a responsabilidade social da empresa à inclusão digital.

14

A imagem que fala

É bastante conhecido e repetido o mote de que uma imagem diz mais do que mil palavras. Embora esse mote seja muito discutível, costuma-se dizer que imagens falam quando é intenso o seu poder de penetração comunicativa, quase sempre produzido pela concentração de informações em um mesmo espaço e, consequentemente, absorvido pela atenção no breve tempo de um instantâneo. A análise a seguir tem como meta revelar de onde vem o poder de penetração do anúncio do Guaraná Antarctica (Figura 14.1).

Figura 14.1. Guaraná é o que é.[1]

1. Disponível em: <http://davidleewilson.blogspot.com/2007_06_01_archive.html>.

ASPECTOS QUE FALAM AOS SENTIDOS

A leitura tem início pelos aspectos qualitativos, aqueles aspectos que falam aos sentidos, que produzem impressões relativas ao modo como algo se apresenta à percepção. São eles: coloração, luminosidade, textura, linhas e formas, figuras e composição, movimento, volume e proporção etc. Esses aspectos têm o poder de sugerir associações de ideias, de evocar similaridades, de aludir relações metafóricas.

Cores: qualidades, índices e simbologia

A embalagem de Guaraná, que poderosamente ocupa o centro da imagem, apresenta quatro cores: verde, amarelo, vermelho e branco. As cores verde e vermelha dessa embalagem são icônicas. O verde imita as cores da natureza vegetal e, por isso mesmo, alude à exuberância natural do Amazonas, local em que o fruto do guaraná é colhido, e a cor vermelha imita a cor do fruto. Essas mesmas quatro cores são repetidas em todo o restante da imagem, uma repetição que dá grande consistência e coerência à imagem como um todo, por criar um ambiente inteiramente impregnado pelas cores da embalagem.

A cor preta comparece de modo sutil, no contorno e traçado da figura das folhas e para ajudar na impressão de relevo nas figuras das gotas e da carnadura do fruto vermelho. A presença do preto é marcante no *lettering* da faixa, sobre fundo branco, assim como tem fundo branco o rótulo impresso na embalagem de Guaraná.

O verde, que preenche o fundo da imagem, apresenta leves gradações, desde o verde-folha até um verde mais claro, conforme gradativamente se contamina do amarelo até transformar-se totalmente nessa cor, que vaza por trás da figura. A cor amarela é acentuada em contraste com o vermelho, no contorno da figura do fruto. Amarelo e vermelho são cores dinâmicas e o contraste entre ambas cria uma vibração fulgurante. A ênfase nas cores tradicionais do Guaraná Antarctica, o verde e o vermelho especialmente, é fundamental para intensificar a identidade da marca. São cores que funcionam como fortes traços de identificação do Guaraná Antarctica.

A presença das finas linhas amarelas sobre o verde da embalagem, cores que são repetidas com dominância no fundo da figura, inevitavelmente evocam, por associação, as cores da bandeira brasileira: o verde, indicativo da exuberância vegetal, e o amarelo, indicativo do calor do sol, funcionam como símbolos da natureza brasileira representados na bandeira nacional. Por associação de ideias e pela força sugestiva das associações, as cores do Brasil, pela evocação da bandeira brasileira, estão nitidamente presentes nessa imagem.

As linhas e as formas do orgânico

Em toda a imagem, dominam as linhas e formas redondas e arredondadas. Já na embalagem, o rótulo de Guaraná é arredondado, o *lettering* em itálico de *Guaraná* tem forma arredondada, assim como são redondos os frutos do guaraná e arredondadas as linhas da folha desses frutos, no topo do rótulo. São também arredondadas as finas linhas amarelas que saem do fundo e circundam o rótulo da embalagem, criando uma impressão de movimento.

São ainda arredondadas as linhas que desenham o fruto e as folhas. São redondas todas as formas que desenham as gotas que pontilham o fundo da imagem. As linhas e as formas redondas são orgânicas, próprias das formas vivas, de tudo que brota da natureza.

As sugestões da composição e das figuras

A composição da imagem apresenta uma divisão muito clara, mas ao mesmo tempo muito integrada, entre o fundo e a figura. Bem no centro do fundo verde e amarelo, coberto de gotas, a figura (a embalagem de Guaraná dentro do fruto, dentro das folhas) brota como um fruto que emerge da natureza úmida e fértil. As gotas sugerem o frescor do orvalho, ao mesmo tempo em que lembram as borbulhas e a refrescância do líquido do refrigerante.

A força de atração do volume e da proporção

A figura do fruto vermelho adquire volume contra o fundo amarelo e impõe-se como presença marcante na imagem. As linhas sinuosas e o sombreado preto dão volume à figura que desenha um fruto carnudo de modo estilizado. É uma fruta, sem dúvida, mas desenhada de maneira estilizada a ponto de lembrar, pela cor e pela forma, um coração. Do centro desse fruto, que é também um coração, emerge a embalagem do Guaraná, como a essência mais autêntica de uma natureza exuberante que tem as cores do Brasil. Ao se abrir, o fruto deixa ver sua essência, a embalagem do Guaraná.

A figura do fruto ocupa exatamente o centro da imagem. A embalagem do Guaraná sai de dentro desse fruto e avança para cima, do mesmo modo que um corpo vivo, já maduro para nascer, quebra uma casca para sair ao mundo. Essa associação surge espontaneamente na mente do observador, justamente porque o topo da embalagem de Guaraná avança um pouco acima do topo do fruto que se abre para deixar a embalagem surgir. Mas ao mesmo tempo, o fruto ainda abraça a embalagem.

No centro da imagem, encontram-se as folhas. No centro das folhas e rodeado por elas, encontra-se o fruto; do centro do fruto emerge a embalagem do Guaraná, no centro do centro do centro: pura essência.

A proporção da embalagem, maior do que a do fruto, dá proeminência visual àquela em detrimento deste. Mas essa proeminência é equilibrada pela força de atração com que o vermelho do fruto fisga o olhar do observador.

Textura, luminosidade e movimento

Com exceção da impressão de relevo presente no fruto e nas gotas e da impressão de volume presente no arredondado da embalagem, a imagem não é texturizada. O fundo é tão liso que produz a aparência de vitrificado, embora o amarelo, no centro do verde, por trás da figura, crie a sensação de profundidade.

Além da sensação de profundidade, o facho de luz brilhante do amarelo cria uma aura em torno da figura, emanando uma luz fulgurante de energia. A embalagem do Guaraná brota não apenas do fruto, mas ambos brotam da luz ou trazem a luz.

A figura é estática, como são estáticos um selo, uma insígnia, um brasão. Essa estaticidade é relativizada pela presença marcante das formas arredondadas que criam a impressão de movimento orgânico e vivo. A estaticidade é acentuada pela frontalidade da imagem. A figura, e mesmo o fundo, encaram o observador frente a frente e a inscrição "Guaraná", no rótulo da embalagem, ocupa a posição de foco privilegiado do olhar do observador. É para o ponto exato dessa inscrição que o olhar do observador imediatamente se dirige.

Avaliação dos aspectos qualitativos da imagem

Por tudo que foi explicitado anteriormente, não é difícil se chegar à conclusão de que a imagem é extremamente rica em termos qualitativos-icônicos. A força de atração que ela exerce sobre o observador é imediata, justamente devido à riqueza de seus traços qualitativos, isto é, traços que falam às sensações visuais. A atenção do observador é fisgada pela imagem porque ela é aparentemente muito clara e direta, mas, ao mesmo tempo, bastante enigmática por trazer muitas camadas de sentido que o observador pressente, mesmo que não tenha consciência disso, ou que não saiba como explicá-las. Disso decorre a riqueza dessa imagem também no nível singular-indicativo, assim como no seu potencial simbólico, como se verá a seguir.

ASPECTO SINGULAR-INDICATIVO: A REFERENCIALIDADE

A imagem é, até certo ponto, denotativa: da essência de um fruto se extrai uma bebida original de uma natureza que é brasileira. Embora o modo como a imagem constrói esse significado não seja literal, mas figurado, a figuratividade não vai tão longe a ponto de levar o observador a perder esse sentido indicativo fundamental. Assim, não se perde a mensagem de que se trata de um refrigerante, o Guaraná, que, nessa imagem específica, está inserido em um ambiente que evoca o frescor borbulhante do seu líquido e que, desse modo, desperta a vontade de bebê-lo.

Entretanto, sobre esse núcleo denotativo, sobrepõem-se camadas de sentido figurado que alçam essa imagem ao estatuto de um símbolo a que se agregam valores que lhe permitem adquirir poderes emblemáticos.

DO SÍMBOLO AO EMBLEMA

O fundo da imagem, do qual a figura se destaca, é verde e amarelo. Não se trata, portanto, de um fundo qualquer, mas essencialmente brasileiro, representativo das matas virgens e do brilho e energia exuberante do sol, simbolizados na bandeira nacional.

O círculo de luz amarela, irradiante por trás da figura, envolve-a em uma aura de energia. Assim, a figura parece pairar no ar, como uma aparição, um emblema, erigido acima da realidade prosaica da vida. O fruto que se abre tem também a forma e a cor de um coração. Portanto, o Guaraná emerge como essência que emana do coração da fruta.

A força simbólica da imagem é intensificada pela faixa ao pé da imagem. A faixa, independentemente de sua inscrição, já é, por si só, capaz de transferir para a imagem o caráter de um troféu. O troféu dos vencedores. Essa faixa funciona também como símbolo da tradição, uma tradição que remonta ao século XIX. Dentro da faixa, a inscrição "É o que é" em um *lettering* que também indica tradição e nobreza, funciona como uma legenda da imagem, legenda que busca traduzir a autenticidade do produto, uma autenticidade já implícita na imagem.

"É o que é" é a expressão mais enfática de algo que tem e mantém uma identidade consigo mesmo. Uma essência que se manifesta, uma profundidade que se externaliza. Estabelecer, sem dúvida, a identidade de algo é tomar esse algo como autêntico, tomar como certo e positivo o que se supõe que esse algo seja. Nesse sentido, a autenticidade, que também é sinônimo de genuíno, legítimo, fiel a si e confiável, é algo que vem de dentro e se expressa exteriormente.

É impressionante perceber com que justeza a imagem, em relação à qual a faixa "É o que é" funciona como legenda, constrói os significados de identidade e autenticidade. A embalagem do Guaraná brota de dentro da fruta, como sua essência verdadeira, como uma profundidade que se externaliza. Essa essência, original do Brasil, de fato, emerge do coração de uma fruta que emana de um fundo verde e amarelo, símbolo do Brasil.

"É o que é" está inscrito dentro de uma faixa que funciona como símbolo da tradição, um tipo de faixa que também costuma acompanhar o troféu dos vencedores.

Em suma, a riqueza icônica da imagem é construída não apenas para atrair os sentidos do observador, mas também para colaborar na agregação de valores simbólicos com que essa imagem está impregnada e dos quais emana o poder de atração que ela exerce sobre o observador.

PARTE V

POÉTICA & ESTÉTICA

15

Publicidade, poesia e arte: estética e linguagem do mercado

As opiniões sobre a relação entre publicidade, arte e poesia são divididas. De um lado, os críticos da linguagem do mercado veem um fosso entre publicidade e poesia. Na França, por exemplo, onde a ideia a respeito da pureza da língua possui longa tradição, Paul Valéry chegou a denunciar a publicidade "como uma das grandes doenças de nosso tempo, (que) insulta nossos olhos, falsifica todos epítetos, arruína as paisagens e corrompe toda qualidade e toda crítica" (cf. Etiemble, 1964, p. 251)

De outro lado, especialistas em publicidade gostam de se autodenominar comunicadores criativos (Hepner, 1969). Definem suas mensagens como trabalho de arte, chamam seus escritórios de estúdios de arte e enobrecem a si mesmos com títulos como diretor de arte (Dunn & Barban, 1986, p. 225). Mesmo doutores respeitáveis em literatura como Leo Spitzer (1949) não hesitam em considerar a publicidade como uma forma de arte popular.

Onde existem pontos possíveis de contato entre a estética e a linguagem do mercado? Tomando como exemplo propagandas em revistas ilustradas, poderíamos, obviamente, encontrar poesia na mensagem verbal, desde o texto da matéria e a manchete, ao *slogan* e ao próprio nome da marca, enquanto a mensagem visual da ilustração é também um potencial candidato à arte em publicidade. Por razões de simplicidade, contudo, às vezes usaremos o termo "arte" como um termo de cobertura tanto para a poesia como para as artes visuais. Usaremos também a expressão linguagem do mercado como uma metáfora que se refere aos sistemas de signos verbais e visuais em publicidade.

Em que grau pode a linguagem do mercado aproximar-se da arte? Neste capítulo pretendemos discutir essa questão em quatro tópicos: primeiro, mostraremos como arte e poesia são representadas ou citadas em propagandas. Segundo, será evidenciado que as próprias propagandas podem conter certos aspectos poéticos e estéticos. Em terceiro lugar, virá o questionamento se a publicidade pode transformar-se em arte e, em quarto, a perspectiva da publicidade será mudada para a arte mesma, a fim de determinar as fronteiras entre arte e mercadoria.

ARTE E POESIA EM PUBLICIDADE

Representar famosas obras de arte em produtos para comércio é uma estratégia comum em publicidade.

Poesia em publicidade

Uma propaganda do creme dental Colgate já em 1921 louvava a beleza dos dentes de uma dama com as seguintes linhas do século XVII, escritas pelo poeta inglês Robert Herrick:

Some ask'd how pearls did grow, and where?
Then spoke I to my girl,
To part her lips,
And she shew'd them there
The quarrelets of pearl.

Alguns perguntaram como as pérolas cresciam e onde
Então falei à minha garota,
Para abrir seus lábios,
E ela as mostrou lá
Uma fileira de pérolas.

Não só essa mistura de pasta dental e as pérolas de Herrick nos deixam hoje com uma impressão piegas ou mesmo de mau gosto, mas também a literatura dos poetas clássicos tem se tornado rara na publicidade moderna.

Os mestres da pintura clássica, escultura e arquitetura, por outro lado, parecem ser muito requisitados pelos objetivos da propaganda.

Arte em publicidade

Uma das estratégias mais frequentes na representação da arte em publicidade é a simples justaposição de uma obra de arte e uma mercadoria.

Transferência de significado da arte para a mercadoria

A Figura 15.1 mostra uma garrafa do conhaque Courvoisier, tendo por fundo um retrato clássico de Napoleão. A escolha de uma obra de arte justaposta a um produto não é fortuita. É o conteúdo específico da pintura, nem tanto sua qualidade estética, que contribui para a mensagem da publicidade.

Figura 15.1. Courvoisier Cognac: *The Cognac of Napoleon* (Pintura de Gérard, "Bonaparte à Malmaison", 1804).[1]

1. *Esquire*, jun. 1983, p. 236.

Napoleão é uma das personificações do espírito da França, famoso e admirado. Qual pode ser sua relação de proximidade com um produto de consumo de massa? Se não houvesse nenhuma relação, esse anúncio seria considerado um texto incoerente. Tal interpretação, contudo, iria contra a expectativa de qualquer leitor. Portanto, deve haver uma conexão semântica entre os principais elementos do texto, a pintura e o produto, e essa conexão pode fortalecer o produto de consumo. O leitor deve tentar entender o produto de massa como um trabalho de arte. Além disso, o conhaque Courvoisier adquire o espírito da França ainda mais do que já está explícito no seu nome pela associação com o famoso general e imperador Napoleão. Em ambos os casos existe um adicional reforço na transferência de significado (ver Capítulo 9) pela forma de denominar o produto: o Courvoisier é também rotulado "o conhaque de Napoleão".

Enquanto esse exemplo de transferência de significado depende de um conteúdo específico da obra de arte, em muitos outros exemplos, não é nem o significado nem a qualidade estética específica que determina a justaposição da arte com o produto. Na Figura 15.2, vemos um elegante casal de fumantes de Benson & Hedges ao lado de uma não identificada escultura clássica para a qual a dupla sequer olha. A única ligação semântica entre arte e mercadoria que parece possível neste contexto é que tanto a obra de arte como o produto denominado The Deluxe 100, fazem parte de uma atmosfera de elegância e luxo.

Da mesma forma, na Figura 15.3, em que o fumante de Camel tampouco olha para a esfinge, a transferência de significado é independente de qualquer particularidade estética da obra de arte. É apenas a conotação geral de aventura e descoberta associada à arte egípcia que transfere-se para o produto, menos em contiguidade com a arte do que com Camel.

Figura 15.2. Benson & Hedges: The Deluxe 100.[2]

2. *U.S. News and World Report,* 12 set. 1983, p. 69.

Figura 15.3. Camel Lights: *Discover satisfaction.*[3]

3. *Sports Illustrated*, 8 set. 1980, p. 52.

Arte como um índice da mercadoria

Qualquer publicidade deve ser uma mensagem sobre a mercadoria. Já na competição com centenas de outras mensagens numa publicação, o valor da atenção à mensagem sobre o produto anunciado tende a ser baixo (ver Capítulo 1). Uma única obra de arte, por outro lado, é muito mais atraente à visão do leitor. Da obra de arte essa atenção é então direcionada inevitavelmente para a representação da mercadoria em contiguidade a ela (ver Capítulo 9). Mais, a obra de arte, que é apenas um meio para um diferente fim semiótico, aparece como um signo apontando para a mercadoria.

Arte como um ícone da mercadoria

Algumas publicidades levam a uma relação mais estreita entre obra de arte e mercadoria do que a relação indicial sugerida por sua mera contiguidade. Na Figura 15.4, o texto contém as duas seguintes sentenças: "Gustave Doré, reconhecido pelo mundo da cultura como o melhor ilustrador literário do mundo" e "Hine, apreciado pelos *connoisseurs* como o melhor dos conhaques".

Para que a contiguidade entre essas duas mensagens faça sentido, o leitor é forçado a concluir que a obra de arte e a mercadoria se relacionam por similaridade. Ambas são adjetivadas por serem "o melhor", uma similaridade que é entendida por novos paralelismos sintáticos e semânticos: um é "apreciado pelos *connoisseurs*" e o outro é "reconhecido pelo mundo da cultura". Assim, a obra de arte não é apenas um índice apontando para a mercadoria, ela é mais um signo que se relaciona com seu objeto por similaridade. Tais signos são denominados ícones.

Na Figura 15.5, o texto atribui o predicado "ser uma obra de mestre" tanto para a escultura chinesa quanto para a garrafa de gim. Por meio dessa audaz pretensão, a obra de arte torna-se um ícone da mercadoria. A similaridade mantida pela mensagem verbal é reforçada visualmente pela similaridade na cor e no tamanho da auréola ao redor da obra de arte e da mercadoria.

Figura 15.4. Hine Connoisseurs Cognac e Gustave Doré.[4]

4. *Time* (International), 29 nov. 1982, p. 61.

Figura 15.5. Taqueray Gin: *A masterpiece around the corner.*[5]

5. *Money*, abr. 1982, p. 122.

Um outro exemplo de obra de arte como um ícone da mercadoria encontra-se na Figura 15.6, em que vemos um colecionador de arte sentado em frente a uma obra recém-adquirida. Seu sucesso, realizado como o apoio do Citibank, foi a compra daquela pintura, uma transação sobre a qual o texto atribui o predicado de ser uma arte. Assim, o pintor holandês transforma-se num ícone, apontando por similaridade para os serviços do Citibank, que são também um exemplo de arte, mesmo que arte seja concebida aí apenas como uma metáfora de habilidade profissional.

Arte como mercadoria

Do ponto de vista da semântica, essa última ilustração mostra claramente quanto a arte pode, na publicidade, ser empobrecida em suas qualidades estéticas. A arte fica reduzida ao seu mero valor comercial, sendo vista apenas e tão só na sua realidade mercadológica. Sem surpresa, o Citibank refere-se ao mestre holandês apenas como um investimento financeiro. Já não é apenas o texto que trata a obra de mestre de Bloemaert como uma mercadoria. Reduzindo a pintura ao tamanho de uma miniatura e escondendo-a atrás da cabeça do investidor, o leitor fica limitado a um mínimo possível em seu poder para apreciar a obra semioculta. O favor em ter essa visão, mesmo que mínima da arte, é, contudo, devidamente propagada pelo publicitário como uma "cortesia de Richard L. Feigen & Company", evidentemente seu proprietário. O privilégio completo de admirar essa obra de mestre é claramente reservado ao seu proprietário em sua poltrona. Contudo, a apreciação estética desse *connoisseur* parece ser um pouco dúbia. Existe algum, entre os muitos colecionadores de arte que vimos na história da pintura, que tenha sido representado com um copo de conhaque na mão?

Arte, valor, mercado e poesia

Resumindo, a linguagem do mercado utiliza as obras de mestre das artes visuais como um signo cuja função é apontar para a mercadoria. Além de ser um índice, a arte é também representada algumas vezes como um ícone da mercadoria. A contiguidade entre a obra e a mercadoria resulta numa transferência de significado. Os significados transferidos da arte para a mercadoria referem-se sempre ao valor, especialmente ao valor ideológico e ao comercial (ver Capítulo 9).

Figura 15.6. Citibank: *The acquisition of art*.[6]

6. *Forbes*, 28 out. 1985, p. 191.

A poesia não pode realizar tais funções tão facilmente quanto a arte. Um conhecimento geral dos clássicos não pode ser esperado do repertório do público médio de hoje. Possíveis significados e valores nos poemas precisam, portanto, ser primeiro decifrados antes de serem transferidos. Descobrir significados em poesia é, contudo, muito mais demorado do que perceber significados na arte visual. Isto torna a poesia apenas meia-irmã ou prima pobre da pintura na linguagem do mercado.

ASPECTOS ESTÉTICOS DA LINGUAGEM DO MERCADO

A segunda questão sobre a relação entre publicidade e arte está voltada para as possibilidades de qualidade estética da linguagem do mercado: pode a publicidade ser arte ou poesia? Antes de tratar dessa questão, uma importante distinção deve ser feita. A poesia deve ser distinguida da poeticidade ou característica poética, da mesma forma que a arte deve ser distinguida das características de esteticidade (cf. Nöth, 2000). Características poéticas e estéticas podem ser encontradas nas comunicações verbal e visual fora da poesia e da arte. Nem todo texto que contém tais características é, portanto, um poema ou uma obra de arte. Tendo por base essa distinção, podemos primeiro tentar determinar algumas das características da publicidade, sem utilizar nenhum apelo sobre poesia ou arte.

Características estéticas da mensagem visual

Simplificando, esteticidade é o que agrada os sentidos na comunicação visual. Arriscando uma simplificação ainda maior, podemos nos restringir a dois critérios de esteticidade circunscritos aos amplos conceitos de forma e de desvio. Ambos têm sido reconhecidos como essenciais na história da estética e têm sido dominantes na história da arte em muitos graus. O critério da forma resume as características estéticas que a mensagem visual possui além do seu conteúdo referencial, como simetria, equilíbrio das proporções ou harmonia das cores. Essas são características que têm levado alguns semioticistas a definir arte como um signo autônomo ou ainda um signo autorreflexivo.

A forma pura tem sido enfatizada dentro do ideal clássico de harmonia, da mesma forma que na pintura abstrata moderna. Desvio descreve novas formas de representação e visão de signos visuais, um processo que é relacionado à criatividade e à inovação. O desvio implica um elemento de surpresa e estabelece uma "distância estética" entre o observador e a mensagem. O surrealismo e todas as novas escolas na história da arte têm tido a implicação de desvios estéticos.

A esteticidade da forma domina na Figura 15.7. Os prédios da "*city of tomorrow*" são abstraídos de formas simétricas (um cone, esfera, cubo e um cilindro) e a cidade toda é então refletida na imagem de um espelho cujo eixo encontra-se no meio da página. A Figura 15.8 rememora a estética desviante do surrealismo. As características de desvio são evidentes: os olhos tornam-se gavetas. Entretanto, condensam metaforicamente os inumeráveis filmes que os olhos já viram.

A poeticidade e a linguagem do mercado

A poeticidade da linguagem verbal do mercado ficará aqui restrita também a duas características. Ambas são relacionadas ao critério estético de forma e desvio. Na linguística poética, essas mesmas características são, na maioria, definidas como recorrência e desvio. A recorrência é a classe de todo modelo não trivial de repetição em linguagem. Aliteração, rima e modelos prosódicos são exemplos de recorrência na poesia clássica. Desvio ocorre em qualquer uso da linguagem que difere das nossas expectativas linguísticas ou das normas estabelecidas. Metáforas audazes e figuras exageradas de retórica são os tradicionais significados estilísticos de desvio poético.

Uma miríade de exemplos de poeticidade, nesse sentido, pode ser encontrada na linguagem do mercado. Vejamos alguns exemplos.

Recorrência poética

Fitness that feels good by day
needs firmness that feels good by night.[7]

---

7. *Health*, set. 1981, p. 61.

Figura 15.7. Citibank: *Citi of tomorrow*.[8]

---

8. *Business Week*, 9 abr. 1984, p. 150.

Figura 15.8. Terra TV. Os melhores filmes de graça.[9]

9. *Veja*, 41.19, 14 mai. 2008, p. 156.

As recorrências poéticas neste *slogan* de uma publicidade para um colchão chamado Perfect Sleeper ocorrem nas aliterações de /f-/ com as repetições dos substantivos terminados em /-nis/: "*fitness/feels*" e "*firmness/feels*" e nas repetições palavra por palavra de "*that feels good by...*"

Kal Kan brings out the best
in our top winning Springer Spaniels.[10]

Aqui aliteração e assonância ocorrem no nome da marca Kal Kan com mais aliterações em "*bring [...] best*" e "*Springer Spaniels*". Aliteração e assonância também ocorrem no nome de uma marca como Butter Buds[11]. Esse produto é descrito com aliterações e rimas parciais predicativas como "*fat free*", "*better than butter*" (com consonância em /-r/) e como "*Saving Calories, Cholesteral, Cash*".

O nome da marca mais famosa e com mais sucesso, construída sobre o princípio da recorrência é evidentemente a Coca-Cola, que possui aliterações no /-k/, um número igual de sílabas em suas duas partes constitutivas (morfemas isossilábicos) e recorrência das vogais /o/ e /a/ (assonância).

Um *slogan* publicitário que tem adquirido fama na poesia linguística é o da eleição de Eisenhower: *I like Ike*. Roman Jakobson (1960, p. 357) discutiu-o como um paradigma de poeticidade, apontando para os seguintes modelos de recorrência: três monossílabos, três ditongos /ai/, cada um deles simetricamente seguido por um fonema de consoantes, /...1...k...k/. A construção das três palavras apresenta uma variação: não há fonemas com consoantes na primeira palavra, há duas consoantes em torno do ditongo, na segunda, e uma consoante final, na terceira. Ambas as cláusulas da fórmula trissilábica "*I like/Ike*" rimam uma com a outra, e a segunda das duas palavras está inteiramente incluída dentro da outra (rima em eco). Ambas as cláusulas aliteram uma com a outra e a primeira das duas palavras aliterantes está incluída na segunda: /ai/ -/aik/.

10. *Health*, out. 1981, p. 69.
11. Ibid., p. 65.

Desvio

Desvios podem ser determinados em diversos níveis da análise linguística. Em Citibank (Figura 15.7), encontramos um desvio grafêmico das normas da ortografia inglesa, pois "citi-" está terminando com a letra "i" e não com a letra "y" como é previsto para palavras formadas com "city". Um exemplo de desvio léxico aparece na Figura 15.9. No *slogan* "*You are just an E&J away from a perfect day*", o nome da marca E&J está utilizado como um neologismo léxico com a função de um substantivo que se refere a uma unidade de comprimento ou tempo. Um desvio léxico e gramatical está presente no *slogan* de um *diet center* que prevê *Weight No Longer*[12], utilizando o substantivo "*weight*" (peso) em vez do verbo homônimo "*wait*" (esperar).

Metáforas são formas clássicas de desvio semântico. Um *slogan* funciona metaforicamente numa propaganda que recomenda um computador profissional como "A última arma no campo de guerra dos negócios".[13] A descrição dos negócios como um campo de batalha onde armas têm de ser usadas é também uma hipérbole.

Um desvio textual está contido no *slogan* do tabaco para cachimbo McBarren, que diz que "Existem duas boas razões para fumar um cachimbo – ambas chamam-se McBarren". O desvio textual está na conexão ilógica da sentença: nomes não podem funcionar como razão para alguma coisa. Razões devem ter a forma de sentenças que contêm argumento e predicado. De fato, razões raramente têm nomes.

Finalmente, um exemplo de desvio referencial: a Figura 15.10 diz que "ele sussurra". A despeito de certa vagueza intencional, é claro que apenas o "lago" pode ser o referente do pronome "ele", desde que é lá que o nome da marca surge numa forma nebulosa que parece imitar um sussurro. O lago é um emissor do nome de uma marca, contudo, mesmo que "ele" apenas sussurre, é, assim mesmo, uma contradição em relação às nossas expectativas sobre a realidade do nosso mundo.

12. *Time*, 7 mar. 1983, p. 11.
13. *Business Week*, 6 dez. 1983, p. 50.

Figura 15.9. E&J brandy: *Just an E&J away*.[14]

14. *Time* (U.S.), 28 mar. 1983, p. 11.

Figura 15.10. J&B Whisky: *It whispers*.[15]

---

15. *Time* (U.S.), 4 abr. 1983, p. 81.

Recorrência e desvio em um poema publicitário concreto

Sigamos para um exemplo final de poeticidade em publicidade. A Figura 15.11 contém dois blocos de textos escritos a mão que nos dão a impressão de duas estrofes de um poema. Nessas estrofes, a palavra "*going*" repete-se 40 vezes. Apenas no final da primeira estrofe, existe um desvio desse modelo de recorrência numa única palavra "*gone*", ocorrendo em vez de "*going*". Por meio dessa utilização extrema do princípio da recorrência em combinação com um imperceptível desvio, esse texto possui todas as características de um tipo de poesia desenvolvida por poetas de vanguarda dos anos 1960, a poesia concreta (Campos; Campos; Pignatari, 1975, cf. também Williams, ed., 1967). Antes de tentar responder à questão se é nesse ponto em que a publicidade se torna poesia, algumas questões devem ser colocadas sobre o status estético da mercadoria.

A mercadoria como "arte"

Além da mensagem visual e verbal da propaganda, a Figura 15.12 lembra-nos que a própria mercadoria pode ser um terceiro potencial de arte na linguagem do mercado. Essa propaganda de uma companhia chamada Commercial Aluminum Cookware afirma explicitamente que a panela apresentada na ilustração, apesar de "*engineered for function*" (concebida para a função), transformou-se em uma "*work of art*" (obra de arte). O texto enumera características estéticas como "*clean and classic lines*" (linhas clássicas e *clean*) e "*rich and distinctive color*" (cor rica e distintiva), tudo o que faz o artigo de cozinha um exemplo "*of beauty*" (de beleza).

Artigos de cozinha e outras mercadorias podem, de fato, possuir características estéticas, como bem demonstra a história do design de produtos. Eles devem, portanto, merecer elogios por seu bom desenho industrial ou desenho artístico. Ora, mesmo se formos capazes de descobrir uma multiplicidade de características estéticas, existem pelo menos dois critérios sobre arte que não podem ser preenchidos por nossa panela. O primeiro é a originalidade na maneira de empregar um material ou a originalidade de uma ideia ou de um conceito, características que produtos utilitários não costumam ter, visto que um significado que não pode faltar a esses produtos é aquele que o uso lhes dá, um uso que deve estar minimamente explicitado no design.

Figura 15.11 Duracell: Going, going.[16]

---

16. *Time* (U.S.), 16 dez. 1985, p. 93.

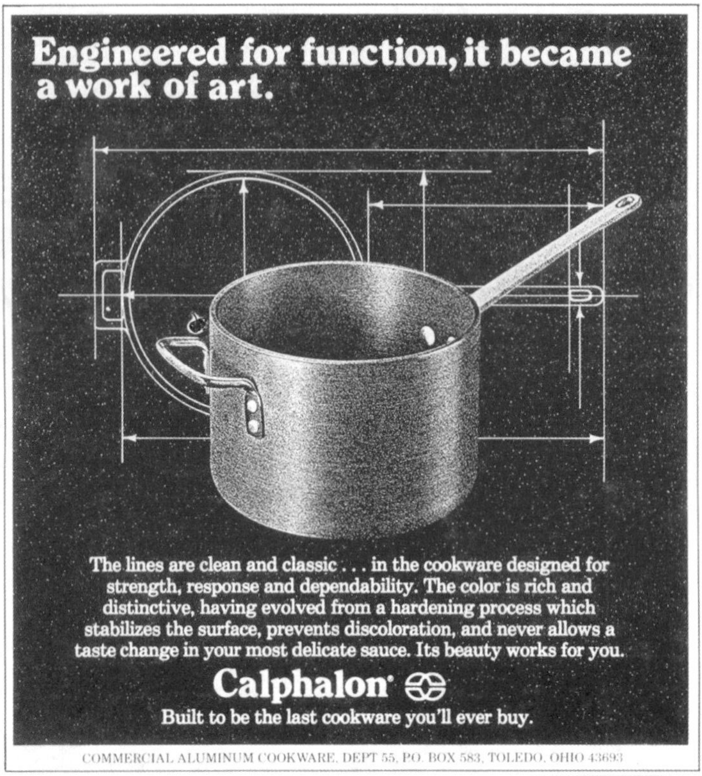

Figura 15.12. Calphalon cookware: *A work of art.*[17]

O segundo critério, decorrente do primeiro, é a predominância da função estética em oposição à função prática. A primeira função de uma mercadoria como uma panela é a utilitária. Como um instrumento de cozinha, a panela possui uma função prática. Objetos de arte, por outro lado, são privados dessa função prática, só a apresentando ao modo da paródia. Eles são mensagens visuais fruídas em si mesmas e não em função de qualquer propósito prático ou de qualquer referência particular a que elas servem.

17. *New Yorker*, 7 fev. 1983, p. 105.

CONTRADIÇÕES ENTRE A LINGUAGEM DO MERCADO E A ARTE

Resumindo e ampliando os argumentos para a linguagem do mercado em geral: características de esteticidade podem estar presentes em ilustrações publicitárias e mercadorias tanto quanto na arte. Características de poeticidade podem ser encontradas tanto em mensagens publicitárias verbais quanto na poesia. Essas características ocorrem na estrutura interna da mensagem da arte e da publicidade. Assim, devem-se distinguir características como forma, recorrência e desvio, de um lado, e, de outro, critérios como função estética e originalidade material, que pertencem à estrutura externa da mensagem. Enquanto a linguagem do mercado pode ser estética ou poética na sua estrutura interna, ela não pode tornar-se arte ou poesia devido à estrutura externa de sua mensagem. A função utilitária, que é essencial na linguagem do mercado, constitui o grande fator de estrutura externa da mensagem, o que pode funcionar para distinguir arte e linguagem do mercado.

Na comparação entre as linguagens da arte e do mercado neste texto, foram colocadas em foco as similaridades possíveis nas estruturas internas das mensagens e as diferenças essenciais nas estruturas externas das mensagens da arte e do mercado. Antes de continuar a discutir essas estruturas, contudo, deve-se esclarecer que, na estrutura interna dessas mensagens, não existem apenas similaridades, mas também diferenças essenciais.

A maior diferença na estrutura interna refere-se ao significado das mensagens. Enquanto a linguagem do mercado, em sua mensagem central, é necessariamente não ambígua e claramente definida em seu propósito, o significado da arte é complexo e semanticamente indeterminado. Em outras palavras, arte é uma mensagem aberta (ver Campos, 1955; Eco, 1969) e a linguagem do mercado é uma mensagem semanticamente fechada (ver Capítulo 2).

ARTE QUE PARECE FALAR A LINGUAGEM DO MERCADO

A importância da distinção entre estrutura externa e interna da arte e da mensagem comercial pode ser melhor elucidada pela análise de certas obras de arte e poesia que parecem falar a linguagem do mercado.

Dada e Pop Art

Na história da arte, existem duas épocas em que as mensagens do mercado e da arte aproximaram-se a um ponto tal que parece contradizer a tese da irreconciliabilidade entre as funções estética e utilitária: a Pop Art e o Dada.

A gravura da lata de sopa Campbell feita por Andy Warhol (1964, Figura 15.13) e seu objeto, intitulado *Brillo Soap Pads* (1968, Figura 15.14) são exemplos de mensagens que são tanto estéticas, em seu modelo visual, como comerciais, em sua referência à marca comercial.

Figura 15.13. Andy Warhol, *Campbell's Soup Can* (1964, tela de seda).[18]

Figura 15.14. Andy Warhol, *Brillo Soap Pads* (1968, objeto).[19]

O artista dadaísta Marcel Duchamp foi igualmente radical em se tratando da linguagem do mercado. Seus famosos *ready-mades* como o *Porta-garrafas* (1914; Figura 15.15) ou o *Pente* (1916; Figura 15.16) não foram sequer produzidos pelo artista, mas foram mercadorias comuns colocadas pelo artista numa exposição de arte e, mais tarde, em um museu por historiadores da arte.

18. Warhol, A. et al., (eds.), 1968. *Andy Warhol* (Exhibition Catalogue at Moderna Museet, Stockholm), p. 164, 1968.
19. Ibid., p. 142.

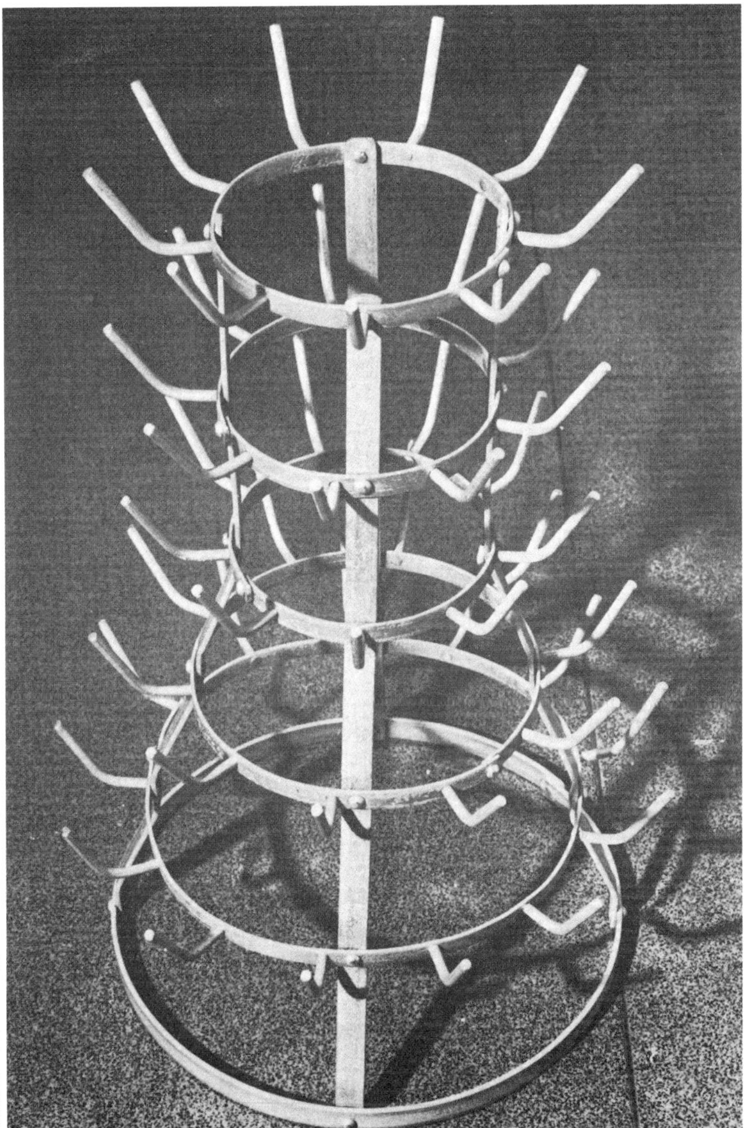

Figura 15.15. Marcel Duchamp, *Porte-bouteilles* (porta-garrafas), *Ready-made* (1914).[20]

20. Clair, J. (ed.), *Marcel Duchamp: Catalogue raisonné*, v. 2, p. 81. Paris: Musée national d'art moderne, 1977.

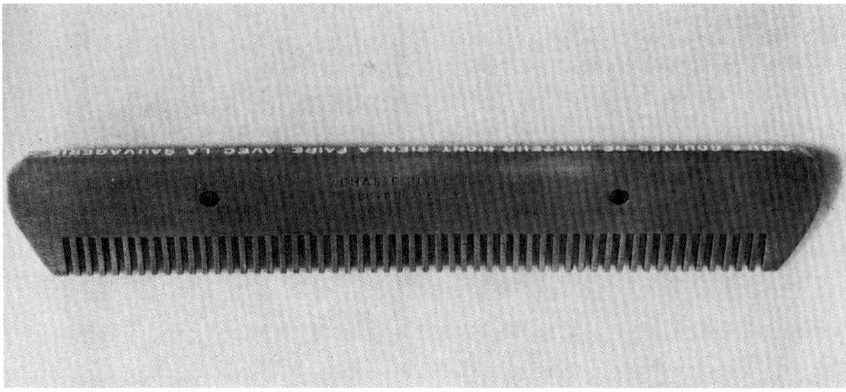

Figura 15.16. Marcel Duchamp, *Peigne* (pente), *Ready-made* (1916).[21]

Em todas essas quatro obras de arte não parecem existir diferenças essenciais entre arte e mercado, na estrutura interna dessas mensagens. Em sua estrutura externa, contudo, essas mensagens são claramente determinadas como arte. Especialmente pela forte dose de ironia, e mesmo deboche, com que estão impregnadas, nenhuma obra de Warhol foi usada em campanhas publicitárias, e o pente de Duchamp, certamente nunca foi usado para pentear cabelos ou pelos, nem para divulgar uma particular marca de pente. Os artistas, e após eles, o mundo da arte, críticos, colecionadores e museus de arte têm determinado que esses objetos, pela função notadamente crítica que desempenham, merecem ser apreciados como arte e, assim, têm estabelecido uma estrutura externa da mensagem na percepção estética.

Já a função estética, uma vez estabelecida, pode também influenciar nossa forma de ver as construções de sua estrutura interna. Sendo forçados ou, pelo menos, convidados a dirigir nossa atenção em direção ao pente ou ao porta-garrafas em um museu, podemos descobrir, de uma maneira não comum, modelos estéticos de simetria e geometria recorrentes nesses objetos. Isso fica evidente no porta-garrafas de Duchamp.

21. Ibid., p. 86.

Poesia concreta

Casos de poesia, falando em linguagem do mercado, são menos frequentes e menos espetaculares do que aqueles que se encontram na arte, de que um exemplo recente pode ser encontrado nas obras de Jeff Koons. Mas a *Antologia da Poesia Concreta* de Emmett Williams contém um poema experimental de Diter Rot (1958), entitulado *Advertising my typewriter* que é bastante ilustrativo para esta discussão (Figura 15.17).

Em sua estrutura interna esse texto não contém nada além de letras do nome da marca Olivetti, recorrendo em um certo padrão de permuta. (O fato de que o nome dessa marca é escrito com apenas um "t" pode ser devido a um erro ou, intencionalmente, como uma antipublicidade. Em ambos os casos, a mensagem permanece comercial em sua estrutura interna). Uma mensagem sem conteúdo, exceto um nome de marca bem conhecido, evidentemente, não se distingue, em sua estrutura interna, de uma mensagem comercial. Entretanto, algumas das características da estrutura externa, que distinguem esse poema experimental de uma publicidade, são: o texto está incluído em uma antologia poética e assinado por um poeta. Diferentemente de um anúncio, o texto não é uma forma paga de promoção, não foi solicitado pelo leitor etc.

ARTE, MERCADO E IMITAÇÃO DA ARTE

De resto, é preciso admitir que as distinções entre um anúncio e uma obra de arte são geralmente bem definidas na prática. Mesmo em casos em que a linguagem do comércio é altamente estética ou poética, estamos apenas correndo o risco de confundir publicidade com arte, embora Dada e Pop Art já tenham levantado essa questão de forma fundamental. O nosso propósito foi, portanto, não apenas clarear as fronteiras entre a linguagem da arte e do mercado, mas aprofundar a discussão de alguns critérios que podem ser úteis para uma caracterização dos textos em geral, nesse caso, a possível definição de um gênero discursivo próprio da publicidade.

Ao argumento que defende que publicidade e arte são claramente distintas em suas estruturas externas da mensagem, devemos acrescentar alguns poucos exemplos de publicidade que buscam superar as diferenças. Imitando as estruturas externas da mensagem da arte, esses anúncios buscam imitar a arte.

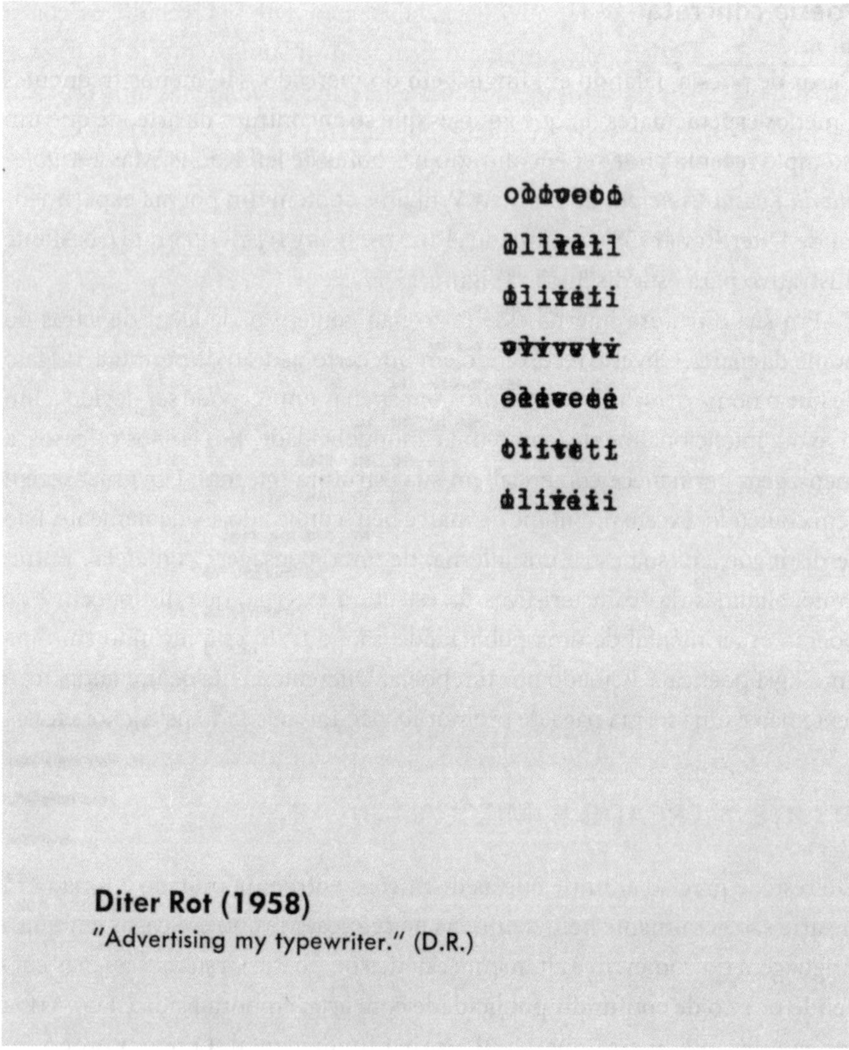

@ Dieter Roth Estate

Figura 15.17. Diter Rot: *Advertising my typewriter* (1958).[22]

A Figura 15.18 (*a* e *b*) mostra a publicidade de uma revista com a margem dobrável. Apenas ao dobrar a margem, os leitores descobrem claramente o que eles devem ter suspeitado desde o início e o que a elegante dama

22. Williams, (ed.), 1967. Não paginado.

com seus óculos atrás de suas costas talvez não tenha percebido: as quatro pinturas nessa galeria são justamente um ícone de um pacote de cigarros. A estrutura externa da mensagem consiste na galeria ser apenas uma imitação de uma estrutura externa da mensagem da arte.

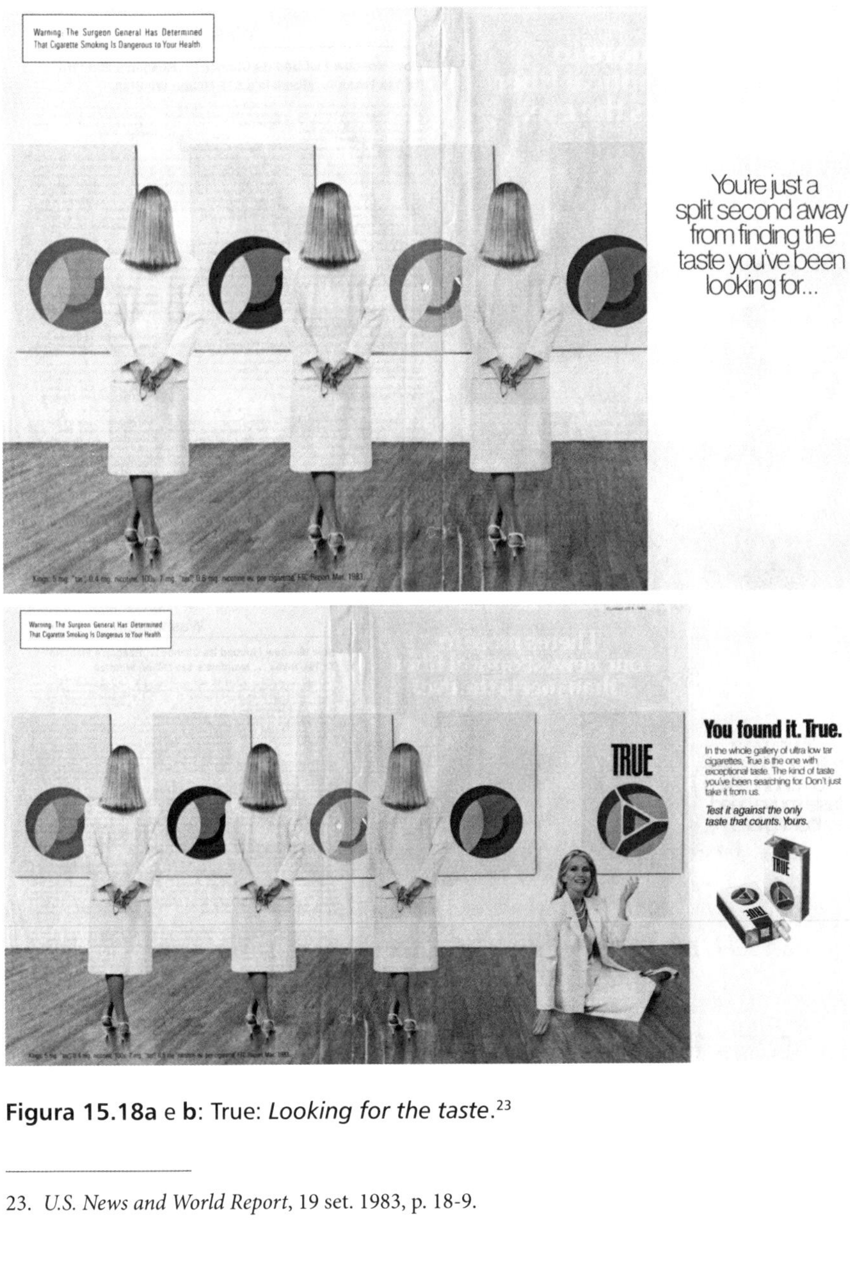

Figura 15.18a e **b**: True: *Looking for the taste.*[23]

23. *U.S. News and World Report*, 19 set. 1983, p. 18-9.

Em um tipo mais frequente de estrutura imitativa, a linguagem do mercado tenta imitar a estrutura externa da mensagem estética unicamente mostrando uma pintura a óleo como uma publicidade (Figura 15.19).

Figura 15.19. Cracker Barrell: *Fine art of snacking.*[24]

24. *Time* (U.S.), 18 nov. 1985, p. 45.

Uma característica importante desse tipo de estrutura imitativa é, obviamente, a assinatura do artista no canto direito da pintura. Apenas especialistas vão perceber que ela é, na verdade, uma pintura de um "artista desconhecido".

Esses exemplos de estrutura imitativa nos levam a recordar o primeiro grupo de publicidades aqui apresentado, no qual obras de arte de valor surgem em contiguidade com mercadorias que parecem tornar-se mais valiosas pela justaposição. No caso da Figura 15.20, a imitação da arte na mensagem publicitária é uma tentativa de fazer com que ela sobressaia em sua competição com outras mensagens publicitárias.

Figura 15.20. E-Systems: *It's time to build a stronger America.*[25]

25. *Business Week*, 3 out. 1983, p. 5.

A falsa aparência de uma estrutura externa da mensagem de caráter imitativo torna-se especialmente evidente na última ilustração (Figura 15.20), uma pintura a óleo do Tio Sam cuja legenda é o *slogan* "É hora de construir uma América mais forte". Essa pintura a óleo, em uma moldura dourada e azul-escura, é devidamente provida da assinatura de um pintor de nome patriótico, James Montgomery Flagg. O que se pode esperar, contudo, é que esse exemplo de imitação não seja considerado uma contribuição à arte dos Estados Unidos.

PONDERAÇÕES FINAIS

Não poderíamos finalizar este capítulo, sem acenar, mesmo que com bastante brevidade, para as complexidades que hoje rondam as discussões sobre arte e mercado. Desde as radicais interferências de Duchamp, da arte pop e da poesia concreta até os dias de hoje, as relações entre arte e mercado se tornaram intensamente mais difíceis de ser discernidas. O mercado de arte expandiu-se e capilarizou-se em uma infinidade de processos. A transnacionalização da cultura, o crescimento acelerado das tecnologias e das mídias comunicacionais, a expansão dos mercados culturais e artísticos têm levado à emergência de novos hábitos de consumo culturais e estéticos. A globalização e o crescimento das mídias, exponencial desde a internet, vem contribuindo grandemente para o notável aumento de circulação de informações provenientes da indústria cultural. Estilos e obras de arte, por exemplo, passam rapidamente dos produtores aos consumidores. Obras de arte antigas e sagradas percorrem vários lugares e atingem plateias de massa de diferentes culturas. Réplicas digitais de museus inteiros podem ser encontradas na internet, e *sites* e *blogs* de artistas e intelectuais crescem nas redes, enfraquecendo a tradicional autoridade iluminista das hierarquias culturais.

As reproduções fotográficas de obras em livros, revistas, *sites* e *blogs*, os documentários sobre arte, as publicidades que se apropriam das imagens de obras de arte, as réplicas tridimensionais de esculturas vendidas em museus, tudo isso tem levado, inclusive por meio de um turbilhão de anúncios publicitários, o conhecimento sobre as artes para um público cada vez mais amplo. Um maior número de pessoas foi tomando conhecimento da existência da arte e de sua história e tendo acesso a ela na maior parte das vezes por meio de programas de televisão, vídeos etc. Enfim, as evidentes convergências de diversas ordens, que vêm se processando entre as artes e as mídias comunicacionais, estão embaralhando muitas das cartas que colocavam mercado e arte nos polos antagônicos do jogo, especialmente porque a própria noção de mercado, quando se trata de produtos simbólicos, adquire uma complexidade que é ainda mais desafiadora do que aquela que foi estudada por Marx no fetichismo da mercadoria.

É preciso, portanto, levar em conta a diversificação dos circuitos mercadológicos da arte. Quando se fala em mercado das artes, costuma-se enfatizar apenas o papel desempenhado pelo mercado de compra e venda de obras. Entretanto, esse mercado é parcial perante uma pluralidade de outras vias mercadológicas, especialmente a dos sistemas das exposições cada vez maiores que implicam um excesso de instituições circundantes. Alimentados pela notável multiplicidade e diversificação das produções artísticas e pelo aumento de sua competitividade no cenário social, os sistemas de exposições vêm encorajando a construção de novos museus, eles mesmos obras de arte arquitetônicas. Neles se realizam megaexposições de artistas e movimentos estéticos consagrados. Essas exposições, financiadas por pacotes de empresas privadas e órgãos governamentais e amplamente divulgadas pelas mídias, trazem como retorno um afluxo extraordinário de visitantes. Além disso, as exposições são acompanhadas de um feixe de mídias com função publicitária, didática e informativa: videodocumentários, salas multimídia, *sites* na internet e DVDs. À saída do edifício, o visitante vê-se mergulhado em uma ampla loja de produtos relacionados à exposição: livros, cartões postais, canetas e outros objetos, alguns deles com design estético inquestionável, outros com pendor indisfarçável para o *kitsch* e o brega.

Em suma, conforme discussões já levadas a cabo no livro *Por que as comunicações e as artes estão convergindo* (Santaella, 2004), quando falamos em arte e mercado hoje, estamos, na verdade, colocando a mão em uma cumbuca que vai cobrar de nós muita ponderação e poucos preconceitos nostálgicos.

16

A publicidade e as artes: intermidialidade parasitária, paragonal e líquida

INTERMIDIALIDADE DA PUBLICIDADE E ARTES VISUAIS

As relacões intermidiáticas entre a publicidade, de um lado, e as artes visuais, de outro, são o tema deste capítulo. Tomando por exemplo, na maioria dos casos, a publicidade impressa, questionam-se as relações entre as mídias em uma cultura de transições líquidas, na qual aparentemente já não é mais possível estabelecer claramente fronteiras entre arte e comércio. Estão a publicidade e as artes em relação paragonal, ou seja, em uma competição que busca decidir qual é a melhor entre as artes, ou serve-se a publicidade das artes como parasita para atingir seus objetivos comerciais? Ou ainda: as transições entre publicidade e artes é algo completamente fluido? Na era da pós-modernidade líquida, as premissas dessas questões precisam ser repensadas. Embora a heterorreferência da publicidade e a autorreferência da arte sejam incompatíveis como arte, de tal forma que concorrência ou mesmo hegemonia não possam realmente ter lugar, e embora o objetivo comercial da publicidade necessariamente exija que ela se utilize da arte como um meio para atingir seus próprios fins, as transições estão se tornando cada vez mais fluidas. Enquanto as artes sempre foram metatextos autorreferenciais que, ao mesmo tempo, podiam tornar-se metatextos da publicidade ao representá-la reflexivamente, agora a publicidade também começa a apresentar mais e mais as suas esperadas mensagens alorreferenciais como signos autorreferenciais genuínos.

Arte, publicidade, mídia, intermidialidade

A própria abordagem do tema "intermidialidade" e "dominância midiática" em relação à publicidade e às artes é, por si só, um exemplo de transição líquida. A tematização das relações entre a publicidade (ainda que restrita apenas à impressa) e as artes visuais (que nesse contexto vêm em primeiro lugar) dá origem à questão da pertinência da descrição de ambas como mídia. "Mídia" é um termo vago e ambíguo, portanto a resposta a essa questão pode ser apenas, por um lado, "sim, é pertinente", por outro lado, "não é pertinente".

Publicidade e arte não são em si mídias, no sentido técnico ou tecnológico, como se diz das mídias tradicionais como jornal, rádio e televisão, porque a publicidade é veiculada por todos esses e ainda por outros meios, como cartaz, telefone e internet, bem como as artes visuais podem ser produzidas e transmitidas por meio de diversos meios técnicos e tecnológicos, como imagem, filme, vídeo ou redes. Todavia, a publicidade, chamada cotidianamente e de modo generalizado "mídia", e a arte, mesmo figurando em expressões como "arte e mídia", frequentemente como oposta ao termo "mídia", são hoje, acima de tudo, nas pesquisas sobre intermidialidade, muito naturalmente tematizadas como mídia, em um sentido mais amplo.

Em que sentido, então, a publicidade é mídia? Por um lado, a publicidade é um gênero ou um tipo de texto (no sentido lato que a semiótica lhe empresta), cujo conteúdo é mais predefinido que o de outros tipos de texto. Trata-se sempre de uma mensagem que recomenda aos consumidores, de maneira direta ou indireta, a aquisição de um produto ou serviço. Tipos de texto, ao que nos parece, não constituem nenhuma mídia. Não poderíamos dizer, por exemplo, que a previsão do tempo, "A voz do Brasil" ou o gênero jornalístico do "comentário" sejam mídias.

Contudo, é verdade que a publicidade é uma mídia no sentido etimológico de "meio". Ela é, obviamente, um meio pelo qual o remetente, o emissor da mensagem publicitária, transmite uma determinada mensagem para um número indeterminado de destinatários, os potenciais consumidores de seus produtos. Porém, nesse sentido geral, qualquer signo é um "meio semiótico". De fato, foi essa mesma a visão de Charles S. Peirce quando, em 1906, perguntou: "Todas as minhas noções são demasiado estreitas. Em vez de 'signo', não deveria eu dizer meio" (MS 339)?

Evidentemente, tal radical extensão do conceito de mídia não é, no contexto dos estudos midiáticos, adequada para responder por que a publicidade pode ser considerada uma mídia enquanto tipos de texto como "previsão do tempo" devem ser considerados apenas como uma seção de jornal ou um tipo de programa de rádio ou televisão.

A própria imprecisão do termo mídia permite suas transições fluidas (cf. Nöth & Santaella, 2007). Os motivos assinalados anteriormente já bastam para que a publicidade possa ser descrita como uma mídia. Existem, no entanto, ainda outras razões que podem ser consideradas, entre as quais seria importante destacar o carácter anônimo dos espectadores dos meios de comunicação de massa e a relativa autonomia institucional do setor publicitário em relação aos produtores de outros meios de comunicação. Além disso, a publicidade é também uma mídia no sentido de alternativa entre outros meios pelos quais mensagens podem ser transmitidas. Assim como um mesmo conteúdo de mensagem pode ser transmitido por carta, telefone, rádio ou televisão, também a mensagem de um anúncio sobre as inigualáveis qualidades de um produto pode ser divulgada por um vendedor, uma vitrine, uma feira de vendas ou nos resultados de testes comparativos. Em última instância, o fato de a publicidade ser considerada uma mídia é também uma convenção cultural baseada na imprecisão.

Por motivos diferentes, as artes vêm, há algum tempo, sendo incorporadas no conceito de mídia. A indefinição do presente ordenamento das artes visuais entre as mídias é muito grande, porque o antagonismo tradicional, segundo o qual arte e mídia contam como domínios opostos da cultura, ainda é considerado válido sob muitos pontos de vista. Institucionalmente, por exemplo, o estudo da arte não se tornou, de modo algum, uma ramificação dos estudos midiáticos, e aquilo que é considerado arte pode contar com subsídios públicos, enquanto às mídias isso geralmente não se aplica. Essa vaga atribuição das artes ao universo das mídias tem a ver, certamente, com o crescente desconforto em face das transições fluidas, tidas frequentemente como uma demarcação arbitrária entre ambas as zonas. Por exemplo, quais são as fronteiras entre a música popular e a erudita, entre o clichê literário e a poesia ou entre gibis e *graphic novels*, entre reproduções perfeitas de obras de arte e pinturas originais no museu, entre os quais se tem considerado, tradicionalmente, os primeiros como mídia e os últimos como arte?

Em segundo lugar, a convergência das artes para as mídias tem também a ver com a própria abertura das artes para os meios técnicos e tecnológicos, como ela se mostra na videoarte e na ciberarte, nas quais artistas trabalham com os mesmos recursos que os designers de mídia. E, em terceiro lugar, a reorganização da arte como um subdomínio das mídias parece-nos um caso paragonal, ou seja, um caso de competição entre ambos os domínios da cultura relacionados. Arte e mídia buscam, na mesma medida, o mais amplo (ou eventualmente o mais abastado) público possível, e apesar de toda a concorrência na utilização dos recursos para si próprias, elas estão se aproximando. Exposições e concertos tornam-se eventos midiáticos, como apreciam ver os produtores de filme, música e cadernos culturais, enquanto os produtos da mídia são associados com a arte, "promovidos" de uma categoria para outra. Além disso, a maior parte das mídias tem uma subclasse compreendida como sendo arte. Assim, a fotografia, como mídia, possui um ramo conhecido como fotografia artística, e o vídeo tem a videoarte como uma de suas subáreas.

PUBLICIDADE E ARTE COMO ANTAGONISMO

Tanto os textos publicitários quanto as obras de arte são signos complexos. Semelhantes aos organismos biológicos, os signos, segundo Charles Sanders Peirce, têm uma vida própria, na qual, em processos de semiose, perseguem o objetivo de representar com sucesso seu objeto e, em simbiose com outros signos, emissores e receptores, produzirem como efeito semiótico o assim chamado interpretante (Nöth, 2009). No processo de semiose, os signos, que não atingem ou não podem mais atingir essa meta, porque seus objetos estão, por exemplo, equivocada ou imperfeitamente representados, podem não perdurar. Na evolução dos signos, eles têm a tendência de desaparecer. Tais premissas sobre a vida dos signos também se aplicam às obras de arte e aos textos publicitários. Arte e publicidade não são simplesmente meios de expressão das intenções dos artistas e dos anunciantes, pois há uma objetividade e autonomia da semiose, no seu processo de engendrar interpretações com base na determinação que os signos carregam do seu objeto (contexto), que transcendem as intenções dos emissores (ver Ransdell, 1979).

Apesar da imprecisão que ronda os conceitos e de todas as sobreposições entre ambos, deveria ser considerado consenso que os signos da publicidade e da arte são diametralmente opostos em seus objetivos semióticos. Enquanto, por um lado, a obra de arte é um signo prototipicamente autorreferencial, cujo objetivo final, entre todos os outros objetivos, predominantemente reside em si mesmo, por outro lado, é e permanece sendo um texto publicitário, uma mensagem com referência externa, porque quer atingir seus objetivos comerciais e, para tanto, deve tornar conhecido o produto ao qual se refere.

Os objetivos comerciais últimos da publicidade determinam simultaneamente a sua própria sobrevivência, uma vez que se a publicidade não gerasse mais lucros, não haveria mais encomenda de textos publicitários. A autonomia do signo da publicidade é limitada por uma heteronomia que está fundamentada no fato de que a publicidade é controlada pelos objetivos da economia, que estão no comando.

O signo artístico nem sempre é, em seus objetivos, desprovido de referencial, mas os aspectos referenciais, que fazem da obra de arte aquilo que ela é, encontram-se, de um lado, dentro do próprio sistema da arte, em face do qual a obra de arte deve afirmar-se, e, de outro, nos determinantes da cognição estética e, portanto, também nos processos estéticos que exemplifica. Esses determinantes da cognição estética são biologicamente determinados, na mesma medida em que as categorias da cognição estética, tais como a harmonia, a simetria e a beleza, estão biologicamente fundamentadas na história da evolução humana.

Tendo em vista esse antagonismo fundamental de objetivos entre a publicidade e a arte, não deveria ser possível levantar-se a questão a respeito da dominância ou sequer da hegemonia de uma mídia em relação à outra. Se os objetivos são essencialmente diferentes, então realmente não haveria por que arte e publicidade, em qualquer medida significativa, entrarem em contato uma com a outra. Claro que é sabido que essa premissa da arte e da publicidade, como territórios da vida cultural completamente separados um do outro, não é sustentável na prática. Entre arte e publicidade existem muitos pontos de contato, sobreposições e transições fluidas. Com relação aos tipos de sobreposição, podem ser diferenciados pelo menos três tipos no que se refere à questão da dominância de uma mídia sobre a outra: parasitária, paragonal e líquida.

INTERMIDIALIDADE PARASITÁRIA

A relação entre arte e publicidade pode ser descrita como parasitária quando uma mídia se beneficia das vantagens de outra para atingir de forma mais eficiente as suas próprias metas. À primeira vista, existe nesse caso um relacionamento de dominância. A parasita domina seu hospedeiro na medida em que se beneficia dele contra a sua vontade e ao seu prejuízo. A dominância da qual se trata aqui não é, no entanto, simplesmente uma relação hierárquica entre um dominante e um dominado. Parasitas vivem com seus hospedeiros em uma simbiose. Eles não ameaçam a autonomia de seus hospedeiros em todos os aspectos e necessitam ainda, se quiserem viver de seu hospedeiro, certificar-se de que esse não seja (pelo menos não muito rapidamente) arruinado.

Publicidade como parasita da arte

Como formas de intermidialidade parasitária na publicidade poderiam ser citadas, entre outras, tanto a publicidade que se serve da arte para agregar valor ao produto que está promovendo, quanto o patrocínio das artes. A seguir, será mostrado que não é apenas a publicidade que se serve parasitariamente da arte, mas que o inverso também é verdadeiro.

Publicidade impressa parasitária

Como a publicidade se serve parasitariamente da obra de arte para agregar valor ao produto anunciado, fazendo uso do princípio de contiguidade com obras de arte valiosas, foi tema discutido no Capítulo 9 (ver análise da Figura 9.9) e no Capítulo 15 (ver análise da Figura 15.6). Mas é na Figura 15.2 que se encontra uma nova e melhorada versão da intermidialidade parasitária entre publicidade e arte. Aquilo de valoroso da obra de arte que deve ser agregado ao produto não é, desta vez, o seu valor material, mas aparentemente o seu desfrute. No elegante ambiente em que os consumidores prototípicos de um "cigarro de luxo" podem ser vistos, encontra-se uma estátua grega de mármore em tamanho natural. Aí também simula-se, em parte, o ponto de vista dos espectadores do anúncio por meio da imagem de dois maços de cigarros em primeiro plano. A apropriação parasitária da arte como um item do ambiente elegante é ainda reforçada pelo fato de que os dois consumidores prototípicos sequer olham para a escultura, mas folheiam a dois, com muito mais interesse, uma revista. Na assim encenada tripla intermidialidade entre arte, revista e publicidade, destaca-se claramente a arte como um mero elemento periférico do ambiente. A obra de arte pertence ao cenário elegante e luxuoso do ambiente tanto quanto o produto ofertado. Arte e produto estão no mesmo nível, quando se trata de bem-estar.

Patrocínio das artes

O patrocínio das artes parece, à primeira vista, não ser publicidade; no entanto, patrocinadores não são mecenas desinteressados. Analisando as definições econômicas de patrocínio, torna-se rapidamente claro que as doações financeiras feitas por firmas e empresas à arte não são mais que ações promocionais. Do ponto de vista da economia, o patrocínio das artes serve declaradamente "aos propósitos do próprio promotor", "baseia-se no princípio de desempenho e contribuição" e é "baseado nos interesses do promotor" (Emundts, 2000, p. 19). Tais formulações mostram que o patrocínio da arte é uma forma de simbiose parasitária entre os anunciantes e a arte. Os objetivos do patrocínio das artes e da publicidade são os mesmos. Trata-se, segundo o economista Büschgen, citando o exemplo das estratégias de patrocínio das artes do Deutsche Bank,

> de um acordo de transferência de imagem entre patrocinador e patrocinado. [...] Com a arte identifica-se, em primeira linha, estilo, beleza e estética, atributos que, em um caso ideal, seriam transferidos pelo espectador para a imagem do patrocinador. [...] Uma atitude positiva do observador em relação a uma medida de incentivo às artes deve resultar em uma atidude positiva em relação ao banco patrocinador. [...] O objetivo de criar e manter contatos é resultado dos próprios interesses dos bancos, que buscam, através da promoção das artes, uma melhoria ou estabilizacão das relações com círculos sociais relevantes (Büschgen, 1996, p. 11-2).

Se o objetivo do patrocínio da arte está na transferência de imagem, então esse objetivo é o mesmo que aquele descrito anteriormente em *Publicidade impressa parasitária*. Em virtude do princípio da associação por contiguidade, é buscada a proximidade entre arte e produto na esperança de que essa contiguidade seja assimilada por clientes e usuários em um processo de aprendizagem.

Entre as publicidades parasitárias, que associam os produtos anunciados a objetos de arte, e o patrocínio das artes, existe uma transição fluida, para a qual gostaríamos de citar um exemplo, embora não trate das artes visuais, mas sim da música. Na internet, a empresa Rolex apresenta-se sob o título "Rolex e Arte", com o slogan: "Rolex apoia artistas com resultados notáveis" e refere-se ao site www.rolex.com/Kunst. Chegando ao site oficial da Rolex, na seção Depoimentos, o internauta depara-se com uma lista de músicos notáveis, entre os quais estrelas da ópera como Cecilia Bartoli, Placido Domingo e Rolando Villa Zon. Cada um desses nomes está ligado por um *link* à imagem do artista que, por sua vez, está ligada a uma imagem de um relógio Rolex, o qual fica associado por contiguidade como acessório típico desse artista. A estratégia dessa publicidade é duplamente parasitária. Por um lado, os artistas permitem que sua imagem seja associada à marca Rolex, para o que devem ter recebido subsídios elevados. Se tais subsídios, no entanto, merecem ser chamados de patrocínio, é mais do que questionável, uma vez que na música patrocínio significa geralmente a promoção de um evento musical que, de outra forma, em razão da falta de recursos, não poderia ser realizado. Rolex tira proveito das conotações de prestígio do conceito de patrocínio de forma parasitária, para elevar a imagem de uma autopromoção comum a um nível superior.

Arte como parasita da publicidade

Intermidialidade parasitária no contexto da arte e da publicidade também pode significar que a forma e o conteúdo da obra de arte sirvam para atingir os objetivos estéticos da publicidade. Já no início de tais relações intermidiáticas entre publicidade e arte houve transições líquidas. A litografia *Moulin Rouge – La Goulue* (Figura 16.1), de Henri Toulouse-Lautrec, foi primeiramente um cartaz que divulgava o teatro parisiense de variedades Moulin

Rouge. Originalmente um produto do meio publicitário, é hoje, sem dúvida, uma obra de arte. Foi talvez até 1891, ano da sua criação, uma obra de arte? A resposta a essa pergunta é indecidível por se tratar de uma figura ambígua.

Figura 16.1. Henri Toulouse-Lautrec, *Moulin Rouge – La Goulue* (Litografia, 1891).[1]

1. Toulouse-Lautrec, Henri. Moulin Rouge – La Goulue (Plakat-Lithographie). In: Adriani, Götz. *Toulouse-Lautrec, das gesamte graphische Werk*. Köln: DuMont, 1986.

Esse exemplo da expansão da arte por uma inclusão parasitária da publicidade é uma forma rara de simbiose entre arte e publicidade. Aqui a transição é líquida. A obra é tanto arte como publicidade, mas o criador do cartaz é um artista importante, o que é crucial para a apreciação contemporânea dessa obra.

A forma mais comum de apropriação parasitária da publicidade por meio da arte é a representação da publicidade na arte. Isso pode acontecer sem uma intenção específica do artista, ou por necessidade, uma vez que, na representação de cenas da vida cotidiana nas grandes cidades, imagens publicitárias quase nunca podem ser excluídas. Imagens publicitárias no cenário urbano também podem ser o próprio tema da representação artística. Dois exemplos (Figuras 16.2 e 16.3) são as obras *Drug Store* (1927) e *Mobile Gas Station* (1940), de Edward Hooper. Esses quadros mostram cenários publicitários esteticamente transformados, cujos elementos se encontram subordinados à meta estética do artista.

Um clímax preliminar da simbiose parasitária entre publicidade e arte foi atingido certamente com a Pop Art. As imagens de Warhol das latas de sopa Campbell e das caixas de sabão Brillo, analisadas no Capítulo 15 (Figuras 15.13 e 15.14) podem ser consideradas exemplos prototípicos dessa forma de apropriação parasitária da publicidade pela arte. O extremo desse empréstimo consiste em que o signo estético seja indistinguível de seu objeto (as caixas de sabão Brillo), visto que os objetos de Warhol são imitações fiéis e detalhadas das caixas que representam. Dessa maneira, essas obras de arte, queira-se ou não, tornam-se elas mesmas publicidade latente. Mesmo que essa não seja a intenção do artista, não se pode negar que tal tipo de *product-placement* resulte em uma propaganda oculta.

A Pop Art faz um uso parasitário de motivos gráficos da publicidade que, já no meio impresso publicitário, exibem um certo caráter estético, que é por ela reforçado. É interessante notar que a Pop Art não se interessava pelos próprios produtos, mas somente pelas embalagens, que no supermercado funcionam como signos indiciais do produto escondidos pela embalagem. O produto em si, nesse caso, o conteúdo das caixas de sabão, permanece em ambos os casos oculto.

Figuras 16.2 e **16.3.** Edward Hooper, *Drug Store* (1927), Museum of Fine Arts, Boston[2] e *Mobile Gas Station* (1940), Digital Image © The Museum of Modern Art / Scala, Florence[3].

Outros artistas, em mais um passo da aproximação parasitária, tentaram ultrapassar essa diferença e distância semiótica entre o signo (a embalagem) e o objeto (o produto em si). Como exemplo desse próximo passo da arte em direção à publicidade, vale a pena citar a obra do artista francês Ange Leccia, exposta na Documenta 8, de 1987, em Kassel, sob o título *La séduccion.*

2. Hopper, Edward. Drug Store (1927). In: Renner, Rolf G. *Edward Hopper*. Köln: DuMont, 1999. p. 23.
3. Hopper, Edward. Mobile Gas Station (1940). In: Költzsch, Georg-W.; Liesbrock, Heinz. *Edward Hopper und die Fotografie*. Die Wahrheit des Sichtbaren. Köln: DuMont, 1992. p. 47.

Instalado em um pódio giratório no meio da *Orangerie* de Kassel, essa obra não consistia em nada senão de uma Mercedes 300 CE original azul-escura. O artista, com essa provocação estética, criou uma situação ambígua na qual ou fica um produto da indústria automobilística elevado ao nível de uma obra de arte, ou fica a *Orangerie* degradada ao nível de um *showroom* de automóveis, ou as duas coisas ao mesmo tempo. Em meio a isso, o título é que dá o tom decisivo para a obra.

INTERMIDIALIDADE PARAGONAL ENTRE ARTE E PUBLICIDADE

Passemos agora ao paradigma da intemidialidade paragonal. Na concorrência dos signos nas mídias é, em primeiro lugar, a publicidade que tem a ambição de equiparar-se ao nível da arte. Devido ao seu próprio prestígio cultural, a arte não precisa medir-se com publicidade. Isso é válido, ao menos, quando publicitários e artistas referem-se a si próprios ou a suas obras. Na publicidade, essa tendência de se equiparar à arte e diminuir a distância entre elas chega a um clímax no discurso do assim chamado "papa da publicidade alemã", o professor do Centro de Artes e Tecnologia das Mídias de Karlsruhe, Michael Schirner (1988), autor do provocativo livro *Publicidade é arte*. Em uma entrevista para um dos principais jornais alemães, o *Frankfurter Allgemeine Zeitung*, de 29 de maio de 1988, respondeu o seguinte à pergunta "Por que a publicidade é arte?":

> Porque eu a declarei assim. Hoje, a publicidade assumiu a função que antigamente pertencia à arte: a mediação de conteúdos estéticos na vida cotidiana. A arte contemporânea não tem mais esta função. Ela acontece em círculos exclusivos, longe da esfera pública. As formas de expressão da cultura de massas, tais como a publicidade, música pop ou moda, assumiram o lugar antigamente ocupado pela arte.

Não se trata aqui de avaliar as teses de Schirner nem de aprofundar o argumento. O fato é que o publicitário trabalha com os mesmos recursos gráficos e estéticos que os artistas, quer dizer, com pontos, linhas, cores, formas, repetições, paralelismos, simetrias e desvios criativos das formas convencionais e dos hábitos de visualização. Basta aqui citar a posição de Schirner como um sintoma da convergência das mídias. De qualquer maneira, no contexto desse tema, a posição de Schirner anula as rivalidades paragonais entre publicidade e arte.

Os nossos exemplos mostram, no entanto, que a rivalidade das duas mídias pelo reconhecimento de seus signos não está de modo algum encerrada. Em verdade, essa competição era apenas um dos temas entre os vários exemplos estudados. Retomemos mais uma vez os exemplos de publicidade desse ponto de vista. Os exemplos da Figura 9.9 e das Figuras 15.2 e 15.6 de publicidade parasitária da arte também implicam um aspecto de comparação paragonal. A caixa de cigarros Benson & Hedges, com aparência de uma barra de ouro, é comparada de maneira hiperbólica com o valor do quadro de Van Gogh, as características luxuosas do cigarro De-Luxe, à beleza de uma estátua grega, e a arte do banqueiro do Citibank foi comparada com a obra de arte do pintor holandês Abraham Bloemaert. Todas essas comparações são apenas possíveis às custas das obras de arte. A comparação paragonal só acontece se a obra de arte, instrumentalizada dessa maneira para finalidades publicitárias, tiver suas qualidades estéticas usurpadas. A comparação hiperbólica da obra de arte com a mercadoria divulgada apenas prometerá sucesso se qualidades essenciais da obra de arte forem suprimidas. Essa é a razão por que as obras expostas aparecem sempre de maneira incompleta, por que o proprietário da obra do mestre holandês, além do prazer estético, também goza de um copo de conhaque, e por que o casal no ambiente elegante não dá sequer atenção à estátua grega.

O gesto do artista, no entanto, que se serve parasitariamente dos elementos da publicidade, é de outro tipo. A aproximação da mídia autorreferencial da arte com mídia heterorreferencial da publicidade é acompanhada por um gesto de ironia (ou até de provocação) ou por um gesto de incorporação e redescoberta de todos aqueles recursos estéticos e estilísticos que o potencial criativo da mídia publicitária oferece. Somente tal distanciamento ou tal restrição ao estético torna possível à arte livrar-se dos ditames da heterorreferência às mercadorias para realizar as suas próprias metas autorreferenciais.

FUNDAMENTOS SEMIÓTICOS DAS INTERMIDIALIDADES PARASITÁRIA E PARAGONAL

Se, em retrospectiva, considerarmos mais uma vez as intermidialidades parasitária e paragonal como as duas formas principais de aproximação entre publicidade e arte, podemos então concluir com uma breve discussão das diferenças semióticas estratégicas dessa aproximação. Conforme o paradigma da intermidialidade parasitária, a estratégia principal de aproximação da publicidade à arte é uma estratégia indicial, pois a mera justaposição entre a mercadoria ou o serviço e a obra de arte cria uma relação indicial que agrega valor ao objeto e à sua imagem. A estratégia paragonal da aproximação da publicidade à arte, cujo princípio está na comparacão hiperbólica de uma com a outra, pelo contrário, baseia-se em signos icônicos. A arte, na sua aproximação com a publicidade, trabalha sempre com signos icônicos. Ela não precisa da proximidade da mercadoria à qual a publicidade se refere, mas é sempre um metatexto intermidiático icônico quando representa as mercadorias na obra de arte.

Isso não exclui que a arte também possa se enquadrar no estatuto de mercadoria, quando propositalmente procura a proximidade do comércio. Um exemplo dessa aproximação é o trabalho do artista francês Denis Rivière, apresentado em 8 de maio de 2009 na renomada galeria de arte de Düsseldorf FG Conzen (Figura 16.4). Trata-se de uma metaimagem que, ao mesmo tempo, serve como publicidade para o galerista em seu *website*. A fragilidade desse equilíbrio entre arte e publicidade, que aparece aqui, fica ainda mais evidente quando se lê o texto com o qual a galeria recomenda o artista:

> Nascido em Honfleur, em 1945, é um dos pintores contemporâneos mais renomados da França [...] Laurent Fabius, o antigo primeiro-ministro francês e outras personalidades da política e da economia são seus clientes [...] Denis Rivière é considerado um "pintor completo" que pode pintar realmente tudo. Esta habilidade lhe é atestada não somente pelos críticos de arte, mas também por seus "colegas" da cena artística parisiense: céu e nuvens, animais, afrescos, Adão e Eva... e agora também sacos de lixo e sacolas plásticas.

A representação da sacola plástica como publicidade para a galeria não é só um signo icônico de uma tal sacola. O nome da empresa nessa sacola também é um índice que faz referência ao patrocinador do artista, devendo a sua exposição a ele, ao expositor mesmo, à galeria Conzen, que utiliza esse quadro ambíguo, o qual não nos deixa saber se é arte ou publicidade, tanto no seu desempenho de obra de exposição como de publicidade para a própria galeria.

Figura 16.4. Denis Rivière. Metaimagem publicitária na galeria de arte Conzen, 8 de maio de 2009, Düsseldorf.[4]

4. Disponível em: <http://kunst.conzen.de/Kunsthandel/Archiv-gezeigter-Ausstellungen/Daniel-Authouart/Denis-Riviere>. Acesso em: 8 mai. 2009.

Referências bibliográficas

AHONEN, Pertti. The meaning of money: Comparing a Peircean and Saussurean perspective, 1989. In: KEVELSON, R. *Law and semiotics*. Nova York: Plenum, p. 13-29, v. 3.

ÁLVARES, Leandro. Tecnologia cria nova opção de marketing. *O Estado de S. Paulo*, p. Ce2, 26 abr. 2009.

APPADURAI, Arjun (Ed.). *The social life of things*. Cambridge: Cambridge University Press, 1986.

ARONOFF, Mark. Automobile semantics. In: CLARK, V. P. et al. (Eds.). *Language*, 4th ed. Nova York: St. Martin's Press, 1985. p. 401-21.

BACH, Kent; HARNISH, Robert M. *Linguistic communication and speech acts*. Cambridge, MA: MIT Press, 1979.

BACHAND, Denise. Opération Solidarite Economique (OSE): une analyse sémiologique. *Communication et information* 3.3, p. 99-142, 1978.

BARRETO, Roberto Menna. *Criatividade em propaganda*. São Paulo: Documentário/Summus, 1978.

BARTHES, Roland. *Elementos de semiologia*. Elements of semiology (1964a) 1967. São Paulo: Cultrix, 1993.

______. Rhetoric of the image. (1964b) 1977. In: BARTHES, R. *Image – music – text*. Nova York: Hill & Wang. p. 32-51; também *apud* BARTHES, 1982, p. 28-46.

______. 1964c. Rhétorique de l'image. *Communications*, n. 4, p. 40-51; também *apud* BARTHES, 1982, p. 28-46.

______. *The fashion system*. Nova York: Hill & Wang, (1967) 1983.

______. *L'obvie et l'obtu*. Paris: Seuil, 1982.

BAUDRILLARD, Jean. *O sistema dos objetos*. Tradução Zulmira Ribeiro Tavares. São Paulo: Perspectiva, (1968) 1973.

______. *Para uma crítica da economia política do signo*. Tradução Aníbal Alves. São Paulo: Martins Fontes, (1972) 1995.

______. *The mirror of production*. St. Louis, MO: Telos, (1973) 1975.

______. *De la seducción*. Tradução E. Benarroch. Madrid: Catedra, 1986.

BEASLEY, Ron. *Persuasive signs: the semiotics of advertising*. Berlim: Mouton de Gruyter, 2002.

BELK, Russell W.; BAHN, K. D.; MAYER, R. N. Developmental recognition of consumption symbolism. *Journal of Consumer Research*, n. 9, p. 4-17, 1982.

BENJAMIN, Walter. A obra de arte na era da reprodutibilidade técnica. In: *Os pensadores*. v. XLVIII. São Paulo: Abril Cultural, 1975.

BENSE, Max. *Kommunikationsforschung und Werbung*. Düsseldorf: Troost, 1965. Sob o título Ästhetik und Werbung; *apud* BENSE, M. *Aesthetica*. Baden-Baden: Agis, 1982. p. 303-14.

BERMAN, Ronald. *Advertising and social change*. Beverly Hills: Sage, 1981.

BIGAL, Solange. *Afinal, o que é criação publicitária?* São Paulo: Razão Social, 1993.

BIONDI, Angie; PICADO, Benjamin. Figuras da imediaticidade na retórica visual da publicidade. *Revista Famecos*, n. 31, p. 117-23, dez. 2006.

BISHARA, Nina. Texto e imagem. Comparando a publicidade externa da Alemanha e do Brasil. In: SANTAELLA, L.; NÖTH, W. (Orgs.). *Palavra e imagem nas mídias. Um estudo intercultural*. Belém: Editora Universitária da UFPA, 2008a. p. 103-31.

______. *Selbstreferenz in der Werbung*. Konstanz: UVK, 2008b.

BLOCK DE BEHAR, Lisa. *El lenguaje de la publicidad*. Buenos Aires: Siglo XXI, (1973) 1976.

BONSIEPE, Gui. Visuell/verbale rhetorik. *Ulm* (*Journal of the Ulm School for Design*), n. 14, p. 23-40, 1966.

BREWSTER SMITH, M. *Social psychology and human values*. Piscataway, NJ: Aldine Transactions, 2006.

BRIERLEY, Sean. *The advertising handbook*. London: Routledge, 1995.

BROMS, Henri; GAHMBERG, Henrik. The mythology of the Chrysler crisis. *Kodikas/Code*, n. 3, p. 233-40, 1981.

______. The grammar of myths: The new cutting edge of marketing. In: UMIKER-SEBEOK, J. (Ed.). *Marketing and semiotics*. Berlim: Mouton de Gruyter, 1987.

BROWN, J. A. C. *Techniques of persuasion*. Harmondsworth: Penguin, (1963) 1979.

BUBLITZ, Wolfram. Parallelism in advertising copy. In: STEIN, D. (Ed.). *Cooperating with written texts*. Berlim: Mouton de Gruyter, 1992. p. 447-58.

BÜHLER, Karl. *Sprachtheorie*. Frankfurt/Main: Ullstein, (1934) 1978.

BÜSCHGEN, Hans E. Kunst-Sponsoring durch Banken: Das Beispiel des Kunstkonzepts der Deutsche Bank AG, 1996. Disponível em <http://www.uni-koeln.de/wiso-fak/bankseminar/veroeff/mub/78/kunst.pdf>.

CAMPOS, Augusto de; CAMPOS, Haroldo de; PIGNATARI, Décio. *Teoria da poesia concreta*. São Paulo: Livraria Duas Cidades, 1975.

CAMPOS, Haroldo de. A obra de arte aberta. *Diário de São Paulo*, 3 jul. 1955. Republicado em CAMPOS, A. de; CAMPOS, H. de; PIGNATARI, D. *Teoria da poesia concreta*, São Paulo: Livraria Duas Cidades, 1972. p. 30-3.

CARRASCOZA, João Anzanello. *Razão e sensibilidade no texto publicitário*. São Paulo: Futura, 2004.

CARREIRA, José Carlos. Da estratégia do anunciante à comunicação publicitária: o caminho do significado. In: PEREZ, C.; BARBOSA, I. (Orgs.). *Hiperpublicidade: Fundamentos e interfaces*. São Paulo: Thomson, 2007. p. 91-123.

CHARAUDEAU, Patrick. *Langage et discours: Eléments de sémiolinguistique*. Paris: Hachette, 1983.

CHÉBAT, Jean-Charles; HÉNAULT, Georges M. L'apport de la perception séquentielle et de la théorie de l'information à la sémiologie publicitaire. *Canadian Journal of Research in Semiotics*, n. 2.1, p. 3-13, 1974.

______; LINDEKENS, René. Les paradoxes logico-sémantiques en publicité. *Canadian Journal of Semiotics*, n. 3.1, p. 37-50, 1975.

CHIACHIRI, Roberto. *A estratégia da sugestão na publicidade. Uma análise semiótica*. São Paulo: Academia Editorial, 2006.

COOK, Guy. *The discourse of advertising*. Londres: Routledge, 1992.

CORNU, Geneviève. La lecture de l'image publicitaire. *Semiotica*, n. 54, p. 405-28, 1985.

______. L'évolution des pôles de la communication: l'idée de publicité. *Semiotica*, n. 63, p. 269-97, 1987.

CORTI, Maria. Il linguaggio della publicità. In: BECCARIA, G. L. (Ed.). *I linguaggi settoriale in Italia*. Milão: Bompiani, 1973, p. 119-39.

COULMAS, F. *Language and economy*. Oxford: Blackwell, 1992.

CRARY, Jonathan. *Suspensions of perception: attention, spectacle, and modern culture*. Cambridge, MA: MIT Press, 1999.

CSIKSZENTMIHALYI, Mihaly; ROCHBERG-HALTON, Eugene. *The meaning of things: domestic symbols and the self*. Cambridge: University Press, 1981.

DANESI, Marcel. *Interpreting advertising: a semiotic guide*. Ottawa: Legas, 1994.

DELOZIER, M. Wayne. *The marketing communication process*. Nova York: McGraw Hill, 1976.

DICHTER, Ernest. *The strategy of desire*. Garden City: Doubleday, 1960.

DILLER, Hermann. Gerenciamento da fidelização de clientes em serviços. In: LAS CASAS, A. L. (Org.). *Novos rumos do marketing*. São Paulo: Atlas, 2001. p. 75-99.

DI NALLO, E. *Meeting points: soluções de marketing para uma sociedade complexa*. São Paulo: Cobra Editora e Marketing, 1999.

DOUGLAS, Mary; ISHERWOOD, Baron. *The world of goods*. Nova York: Norton, (1979) 1982.

DUNN, S. Watson; BARBAN, Arnold M. *Advertising*. 6th ed. Chicago: Dryden Press, 1986.

DURAND, Jacques. Rhétorique et image publicitaire. *Communications*, n. 15, p. 70-95, 1970.

______. Figures de rhétorique et image publicitaire. *Humanisme et entreprise*, n. 54.2, p. 78-110, 1978.

______. *Les formes de la communication*. Paris: Dunod, 1981.

______. Rhetorical figures in the advertising image. In: UMIKER-SEBEOK, J. (Ed.). *Marketing and semiotics*. Berlim: Mouton de Gruyter, p. 295-318, 1987.

DYER, Gillian. *Advertising as communication*. Londres: Methuen, 1982.

ECO, Umberto. *A estrutura ausente*. (La struttura assente, 1968). São Paulo: Perspectiva, 1971.

______. *Obra aberta*. São Paulo: Perspectiva, 1969.

______. *A theory of semiotics*. Bloomington, in: Indiana University Press, 1976.

______. *The role of the reader*. Bloomington, in: Indiana University Press, 1979.

EHMER, Hermann K. Von Mondrian bis Persil, 1971a. in: EHMER, H. K. (Ed.). *Visuelle Kommunikation*. Köln: DuMont, 1971a. p. 180-212.

______. Zur Metasprache der Werbung, 1971b. in: EHMER, H. K. (Ed.). *Visuelle Kommunikation*. Köln: DuMont, 1971b. p. 162-78.

EICHHOLZ, Susanne. *Automobilwerbung in Frankreich*. Münster: Nodus, 1995.

EMUNDTS, Ruth. *Kunstsponsoring: Das Volkswagen-Kulturengagement – Eine Fallstudie*. Münster: Lit, 2000.

ETIEMBLE, René. *Parlez-vous franglais?* Paris: Gallimard, 1964.

EVERAERT-DESMEDT, Nicole. *La communication publicitaire. Etude sémio-pragmatique*. Louvain-la-Neuve: Cabay, 1984.

FLADER, Dieter. Pragmatische Aspekte des Werbeslogans. In: WUNDERLICH, D. (Ed.). *Linguistische Pragmatik*. Wisbaden: Athenaion, 1972. p. 341-76.

FLADER, Dieter. *Strategien der Werbung*. Kronberg: Scriptor, 1974.

FLOCH, Jean-Marie. *Petites mythologies de l'œil et de l'esprit: Pour une sémiotique plastique*. Paris, Amsterdam: Hadès-Benjamins, 1985.

______. *Sémiotique, marketing et communication*. Paris: Presses Universitaires de France, 1990.

FORCEVILLE, Charles. *Pictorial metaphor in advertising*. Londres: Routledge, 1995.

FÖRSTER, Uwe. Moderne Werbung und antike Rhetorik. *Sprache im technischen Zeitalter*, n. 81, p. 59-73, 1982.

FREEDLE, Roy D. (Ed.). *New directions in discourse processing*. Norwood, NJ: Ablex, 1979.

FREIRE FILHO, João. Mídia, consumo cultural e estilo de vida na pós-modernidade. *Revista ECO-PÓS*, v. 6, n. 1, 7297, 2003.

FRITZ, Thomas. *Die Botschaft der Markenartikel*. Tübingen: Narr, 1994.

GALLERT, Klaus. *Markenzeichen aus semiotischer Sicht*. Frankfurt/Main: Lang, 1998.

GALLIOT, Marcel. *Essai sur la langue de la réclame contemporaine*. Toulouse: Privatm, 1955.

GARFINKEL, Andrew D. *Sociolinguistic analysis of the language of advertisement.* Ann Arbor: University Microfilms, 1979.

______. A pragmatic approach to truth in advertising. In: HARRIS, R. J. (Ed.). *Information processing research in advertising.* Hillsdale, NJ: Erlbaum, 1983. p. 175-93.

GEIS, Michael L. *The language of television advertising.* Nova York: Academic Press, 1982.

GIESZINGER, Sabine. *The history of advertising language: the advertisements in "The Times" from 1788 to 1996.* Frankfurt/Main: Lang, 2001.

GLÄSER, Rosemarie. Graphemabweichungen in der amerikanischen Werbesprache. *Zeitschrift für Anglistik und Amerikanistik*, n. 20.2, p. 184-196, 1972.

GODDARD, Angela. *The language of advertising.* Londres: Routledge, 1998.

GOFFMAN, Erving. *Gender advertisements.* Londres: MacMillan, (1976) 1981.

GOMES, Neusa D; CASTRO, Maria Lilia D. de. Publicidade: um olhar metodológico. In: PEREZ, C.; SANTO BARBOSA, I. (Orgs.). *Hiperpublicidade: Fundamentos e interfaces.* São Paulo: Thomson, 2007. p. 3-13.

GONÇALVES, Elizabeth Moraes. *Propaganda linguagem: Análise e evolução.* São Bernardo do Campo: Universidade Metodista, 2006.

GORDON, Eric; BOGEN, David. Designing choreographies for the new economy of attention, Spring, 2009. Disponível em: <http://www.digitalhumanities.org/dhq/vol/3/2/000049.html>. Acesso em: 31 mai. 2009.

GREULE, Albrecht; JANICH, Nina. *Sprache in der Werbung.* Heidelberg: Winter, 1997.

HANDL, Haimo L. (Ed.). *Werbung: Rollenklischee-Produktkultur-Zeichencharakter.* Wien: Österr. Gesellschaft für Semiotik, 1985.

HARRIS, Ralph; SELDON, Arthur. *Advertising and the public.* Londres: Penguin, 1962.

HAUG, Wolfgang Fritz. *Crítica da estética da mercadoria.* (Kritik der Warenästhetik). São Paulo: Unesp, 1971.

______. Ideologische Werte und Warenästhetik. *Zeitschrift für Semiotik*, n. 3, p. 185-202, 1981.

HENNY, Leonard (Ed.). *Semiotics of advertisements.* Aachen: Herodot, 1987.

HEPNER, Harry (Ed.). *Advertising: Creative communication with consumers.* Nova York: McGraw Hill, 1969.

HETZEL, Patrik; MARION, Gilles. Contributions of French semiotics to marketing research. *Marketing and Research Today*, n. 23, fev. 1995, p. 25-34, maio 1995, p. 75-84.

HINDLEY, Charles. *A history of the cries of London*, 2nd ed. Detroit: Singing Tree Press, (1884) 1969.

HIRSCHMAN, Elizabeth C; HOLBROOK, Morris B. (Eds.). *Symbolic consumer behavior.* Ann Arbor: Association for Consumer Research, 1981.

HOFSTADTER, Douglas R. *Godel, Escher, Bach: An eternal golden braid.* Nova York: Vintage, 1980.

HOLBROOK, Morris B; HIRSCHMAN, Elizabeth C. *The semiotics of consumption.* Berlim: Mouton de Gruyter, 1993.

HOLMAN, Rebecca H. Apparel as communication. in: HIRSCHMAN, E. C.; HOLBROOK, M. B. (Eds.). *Symbolic consumer behavior.* Ann Arbor: Association for Consumer Research, 1981a. p. 7-15.

HOLMAN, Rebecca H. Product use as communication. *Review of Marketing*, n. 7, p. 106-19, 1981b.

HOUSER, Nathan. Introduction. In: Peirce Edition Project (Eds.). *Writings of Charles S. Peirce: A chronological edition* – 1886-1890. v. 6. Bloomington: Indiana University Press, 2000. p. xxv-lxxxiv.

IASBECK, Luiz Carlos. *A arte dos slogans.* São Paulo: Annablume, 2002.

JAKOBSON, Roman. Linguistics and poetics. in: SEBEOK, T. A. (Ed.). *Style in language.* Cambridge, MA: MIT Press, 1960. p. 350-77. Também *apud* JAKOBSON, R. *Linguística e comunicação.* São Paulo: Cultrix, 1973. p.118-62.

JANICH, Nina. *Werbesprache: Ein Arbeitsbuch.* 4th ed. Tübingen: Narr, 2005.

JANUSCHEK, Franz. *Sprache als Objekt: Sprechhandlungen in Werbung, Kunst und Linguistik.* Kronberg: Scriptor, 1976.

JAPPE, Anselm. O reino da contemplação passiva. in: NOVAES, A. (Org.) *Muito além do espetáculo.* São Paulo: Senac, 2004. p. 254-75.

KEHRET-WARD, Trudy. Combining products in use: How the syntax of product use affects marketing decisions. In: UMIKER-SEBEOK, J. (Ed.). *Marketing and semiotics.* Berlim: Mouton de Gruyter, 1987. p. 219-38.

KLOEPFER, Rolf. Komplementarität von Sprache und Bild am Beispiel von Comic, Karikatur und Reklame. *Sprache im technischen Zeitalter*, n. 57, p. 42-56, 1976.

______. Die zunehmende Orientierung des europäischen Fernsehens an der ästhetik des Werbespots. *Mannheimer Berichte*, n. 29, p. 13-8, 1986a.

______. Mimesis und Sympraxis: Zeichengelenktes Mitmachen im erzählenden Werbespot. In: KLOEPFER, R.; MÖLLER, K. D. (Eds.) *Narrativität in den Medien* (papmaks 19). Mannheim: Mana; Münster: MakS, 1986b.

______; LANDBECK, Hanne. *Ästhetik der Werbung*. Frankfurt/Main: Fischer, 1991.

KOCH, Walter A. *Philosophie der Philologie und Semiotik*. Bochum: Brockmeyer, 1986.

KOPYTOFF, Igor. The cultural biography of things: Commodization as process. In: APPADURAI, A. (Ed.). *The social life of things*. Cambridge: Cambridge University Press, 1986. p. 64-91.

KOTLER, Philip. Semiotics of person and nation marketing. in: UMIKER-SEBEOK, J. (Ed.). *Marketing and Semiotics*. Berlim: Mouton de Gruyter, 1987. p. 3-12.

______. *Marketing de A a Z*. São Paulo: Campus, 2003.

KRAMPEN, Martin. *Meaning in the urban environment*. Londres: Pion, 1979.

KROEBER-RIEL, Werner. *Strategie und Technik der Werbung: Verhaltenswissenschaftliche Ansätze*. Stuttgart: Kohlhammer, (1988) 1990.

LAMBKIN, Mary et. al (Eds.). *European perspectives on consumer behaviour*. Nova York: Prentice Hall, 1998.

LANGHOLZ-LEYMORE, Varda. *Hidden myth*. Nova York: Basic Books, 1975.

LANGNER, Paul Werner. *Strukturelle Analyse verbal-visueller Textkonstitution in der Anzeigenwerbung*. Frankfurt/Main: Lang, 1985.

LARSEN, Hanne Hartvig; MICK, David G.; ALSTED, Christian (Eds.). *Marketing and semiotics*. Copenhagen: Handelshøjskolen Forlag, 1991.

LE BOEUF, Claude. Les apports de la sémiotique au marketing. *Humanisme & Entreprise*, N.S. 55, p. 13-31, 1979.

LEECH, Geoffrey N. *English in advertising*. Londres: Longman, 1966.

LEFEBVRE, Henri. *Le langage et la société*. Paris: Gallimard, 1966.

LEHMANN, Katharina. *Französische Werbung aus semiotischer und rhetorischer Sicht*. Frankfurt/Main: Lang, 1998.

LEISS, William. The icons of the marketplace. *Theory Culture and Society*, n. 1.3, p. 10-21, 1983.

______; KLINE, Stephen; JHALLY, Sut. *Social communication in advertising*. Nova York: Methuen, 1986.

LEVY, Sidney J. Symbols for sale. *Harvard Business Review*, p. 117-24, jul. 1959.

______. *Marketplace behavior*. Nova York: Amacom, 1978.

LINDEKENS, René. Sémiotique d'un type de discours: l'annonce publicitaire. *Canadian Journal of Semiotics*, n. 2, p. 7-21, 1974.

______. *Sémiotique du discours publicitaire*. Documents de Travail 45 B. Centro Internazionale di Semiotica e di Linguistica. Università di Urbino, 1975.

LIPOVETSKY, Gilles. *A felicidade paradoxal. Ensaio sobre a sociedade do hiperconsumo*. Tradução Maria Lúcia Machado. São Paulo: Companhia das Letras, 2008.

LURIE, Alison. *The language of clothes*. Nova York: Random, 1981.

MAGARIÑOS DE MORENTIN, Juan A. *El mensaje publicitario: Nuevos ensayos sobre semiótica y publicidad*, 2. ed. Buenos Aires: Edicial, (1984) 1991.

MARX, Karl. *Capital*. Tradução S. Moore; E. Aveling. Moscow: Progress, (1867) 1971.

______. *El capital*. Tradução W. Roces. 3 v. 2. ed. México: Fondo de Cultura Económica, (1867, 1885, 1895) (1959) 1973.

MAYNARD ARAÚJO, Alceu. *Brasil, histórias, costumes e lendas*. São Paulo: Editora Três, 2000.

MAYO, Clara; HENLEY, Nancy M. (Eds.). *Gender and nonverbal behavior*. Nova York: Springer, 1981.

McCRACKEN, Grant. Culture and consumption. *Journal of Consumer Research*, n. 13, p. 71-81, 1986.

______. Clothing as language. In: REYNOLDS, B.; SCOTT, M. A. (Eds.). *Material anthropology*. Lanham: Univ. Press of America, 1987. p. 103-28.

______. *Culture and consumption*. Bloomington: Indiana Univ. Press, 1988.

McLUHAN, Marshall. *Understanding media*. Nova York: McGraw-Hill, 1964.

MENDONÇA, Maria Collier de. Pesquisa qualitativa. Palestra apresentada para o 4º ano de graduação em Administração de Empresas. Ribeirão Preto: FEA/USP, mar. 2009.

MICK, David G. *A global review of semiotic consumer research* (= Working Paper, Univ. of Wisconsin-Madison, School of Business), 1999.

______. Consumer research and semiotics. *Journal of Consumer Research*, n. 13, p. 196-213, 1986.

______. Toward a semiotic of advertising "story grammars". In: UMIKER-SEBEOK, J. (Ed.). *Marketing and semiotics*. Berlim: Mouton de Gruyter, 1987. p. 249-78.

______. Semiotics in marketing and consumer research. In: BROWN, S.; TURBY, C. (Eds.). *Consumer research*. Londres: Routledge, 1997. p. 249-62.

MILGATE, Murray. Goods and commodities. In: EATWELL, J.; MILGATE, M.; NEWMAN, P. (Eds.). *The new Palgrave dictionary of economics*. Londres: MacMillan, 1987. v. 2, p. 546-9.

MILLUM, Trevor. *Images of women*. Londres: Chatto & Windus, 1975.

MOERAN, Brian. When the poetics of advertising becomes the advertising of poetics. *Language and Communication*, n. 5.1, p. 29-44, 1985.

MOLES, Abraham A. *Teoria dos objetos*. (Theorie des objects). Rio de Janeiro: Tempo brasileiro, 1981.

MORAGAS SPA, Miquel de. *Semiótica y comunicación de masas*. Madri: Península, (1976) 1980.

MUKAŘOVSKÝ, Jan. *Structure, sign, and function*. New Haven: Yale University Press, 1978.

NADIN, Mihai; ZAKIA, Richard D. *Creating effective advertising using semiotics*. Nova York: Consultant Press, 1994.

NASCIMENTO, Sônia Maria Moro do. *O nível subliminar na percepção: os subsentidos da mensagem publicitária*. Tese (Doutorado) orientada por Lucia Santaella. Pontifícia Universidade Católica de São Paulo, 2008.

NÖTH, Winfried. *Strukturen des Happenings*. Hildesheim: Olms, 1972.

______. *Semiotik. Eine Einführung mit Beispielen für Reklameanalysen*. Tübingen: Niemeyer, 1975.

______. *Dynamik semiotischer Systeme. Vom altenglischen Zauberspruch zum illustrierten Werbetext*. Stuttgart: Metzler, 1977.

______. Illustrierte Werbetexte: Appell-und Darstellungsstrukturen. *Anglistik und Englischunterricht*, n. 21, p. 87-102, 1983.

______. Advertising: The frame message. In: UMIKER-SEBEOK, J. (Ed.). *Marketing and semiotics*. Berlim: Mouton de Gruyter, 1987a. p. 279-94.

______. Advertising, poetry, and art: semiotic reflections on aesthetics and the language of commerce. *Kodikas/Code*, n. 10, p. 53-81, 1987b.

______. The language of commodities. *International Journal of Research in Marketing*, n. 4, p. 173-86, 1988.

______. *Handbook of semiotics*. Bloomington: Indiana University Press, 1990.

______. The sign nature of commodities. In: MEYER, M.; SPENGEMANN, G.; KINDERMANN, W. (Eds.). *Tangenten: Literatur & Geschichte*. Münster: LIT, 1996. p. 180-9.

______. The language of commodities: Groundwork for a semiotics of consumer goods. In: LAMBKIN, M. et al. (Eds.). *European perspectives on consumer behaviour*. Londres: Prentice Hall, 1998. p. 354-69.

______. *Handbuch der Semiotik*, 2. ed. Stuttgart: Metzler, 2000.

______. Marketing: semiotics. In: BROWN, K. (Ed.). *Encyclopedia of language and linguistics*, 2. ed. Oxford: Elsevier, 2006. p. 504-7.

______. Are signs instruments? In: DEELY, J.; SBROCCHI, L. (Eds.). *Semiotics 2008: proceedings of the 33rd annual meeting of the Semiotic Society of America*. Ottawa: Legas, 2009. p. 683-94.

______; BISHARA, Nina (Eds.). *Self-reference in the media*. Berlim: Mouton de Gruyter, 2007.

______; ______; NEITZEL, Britta. *Mediale Selbstreferenz: Grundlagen und Fallstudien zu Werbung*, Computerspiel und Comics. Köln: Halem, 2008.

______; SANTAELLA, Lucia. Die relevanz der Peirceschen Semiotik des Vagen für die Theorie der Kommunikation. *SPIEL (Siegener Periodicum zur Internationalen Empirischen Literaturwissenschaft)*, n. 26, p. 73-96, 2007.

NOVAZZI, Marcelo. *Pesquisa etnográfica*, 2006. Disponível em: <http://www.portaldapropaganda.com/marketing/2006/07/0001>. Acesso em: 20 jan. 2009.

PACKARD, Vance D. *The hidden persuaders*. Nova York: McKay, 1957.

PASQUIER, Martial. *Marketing et sémiotique*. Fribourg: Editions Universitaires, 1999.

PEIRCE, Charles S. *Collected papers*. HARTSHORNE, Charles; WEISS, Paul. (Eds.). v. 1-6. BURKS, Arthur W. (Ed.). v. 7-8. Cambridge, MA: Harvard University Press, 1931-1958. Citado como CP.

______. *The Charles S. Peirce papers*. 30 reels, microfilms edition. Cambridge, MT: The Houghton Library, Harvard University Microproductions, 1963-66. Citado como MS; ver ROBIN, 1967.

______. *Writings of Charles S. Peirce: A chronological edition*. v. 1-6, FISCH, Max H. et al. (Eds.). Bloomington: Indiana University Press, 1982.

______. *The essential Peirce*. HOUSER, N. et al. (Eds.). Bloomington: Indiana University Press, 1992.

PEIXOTO, Fernando. *Técnica e estética na publicidade*. São Paulo: Edições Silabo, 2007.

PÉNINOU, Georges. Réflexion sémiologique et création publicitaire. *Revue française du marketing*, n. 28, p. 29-48, 1968.

______. *Intelligence de la publicité*. Paris: Laffont, 1972.

PENTTILÄ, Erkki. *Advertising English: Mémoires de la Société Néophilologique de Helsinki* 25.2. Helsinki: [s.n.], 1962.

PÉREZ TORNERO, José Manuel. *La semiótica de la publicidad*. Barcelona: Mitre, 1982.

PEREZ, Clotilde. *Signos da marca: Expressividade e sensorialidade*. São Paulo: Thomson, 2004.

______; BARBOSA, Ivan Santo (Orgs.). *Hiperpublicidade: Fundamentos e interfaces*. São Paulo: Thomson, 2007.

PILLER, Ingrid. Developments in the formation of brand names. In: REITZ, B.; RIEUWERTS, S. (Eds.) *Anglistentag 1999*. Trier: WVT, 2000. p. 53-62.

PINHEIRO, Amálio. Introduction. In: SILVA MARTINS, M. C. da (Ed.). *Humor & eroticism in advertising*. San Diego: San Diego State University Press, 1995. p. ix-xii.

PODDIG, Frank. *Die Enkodierung und Dekodierung piktorieller Werbebotschaften: ein semiotisch-kognitiver Ansatz*. Wiesbaden: DUV, 1995.

PONZIO, Augusto. Commodities and messages. in: A. Ponzio. *Signs, dialogue, and ideology*. Amsterdam: Benjamins, 1993. p. 11-5.

POPPER, Karl R; ECCLES, John C. *The self and its brain: An argument for interactionism*. Heidelberg: Springer, 1977.

PORCHER, Louis. *Introduction à une sémiotique des images*. Paris: Didier, 1976.

RABELO CAMPOS, María Helena. Advertising and ideology: A semiotic approach. In: BORBÉ, T. (Ed.). *Semiotics unfolding*. Berlim: Mouton, 1984. 3 v., p. 977-90.

RANSDELL, Joseph. Semiotic objectivity. *Semiotica*, n. 26, p. 261-88, 1979.

ROBIN, Richard S. *Annotated catalogue of the papers of Charles S. Peirce*. Amherst: University of Massachussetts Press, 1967. MS refere-se aos números desse catálogo. Os manuscritos estão disponíveis em microfilmes.

RÖMER, Ruth. *Die Sprache der Anzeigenwerbung.* Düsseldorf: Schwann, 1968.

ROMERO, Cristina del Pino. El entorno digital en la nueva era de los medios y la publicidad: La metamorfosis del consumidor. *Razon y palabra*, 2008. Disponível em: <http://www.cem.itesm.mx/dacs/publicaciones/logos/N/n66/varia/cpino.pdf>.

ROSENSOHN, William. *The phenomenology of Charles S. Peirce.* Amsterdam: B. R. Grüner, 1974.

ROSSI-LANDI, Ferruccio. *Language as work and trade.* South Hadley: Bergin & Garvey, (1968) 1983.

______. *Linguistics and economics.* The Hague: Mouton, 1975.

ROZIK, Eli. Pictorial metaphor in commercial advertising. In: NÖTH, W. (Ed.). *Semiotics of the media*: state of the art, projects, and perspectives. Berlim: Mouton de Gruyter, 1997. p. 159-74.

SAHIHI, Arman; BAUMANN, Hans D. *Kauf mich!* Weinheim: Beltz, 1987.

SAHLINS, Marshall. *Culture and practical reason.* Chicago: Chicago University Press, 1976.

SANDMANN, Antonio. *A linguagem da propaganda.* São Paulo: Contexto, 2005.

SANTAELLA, Lucia. *O que é semiótica.* São Paulo: Brasilense, 1983.

______. *A assinatura das coisas: Peirce e a literatura.* Rio de Janeiro: Imago, 1992.

______. *A percepção: Uma teoria semiótica.* São Paulo: Experimento, 1993.

______. *Teoria geral dos signos: Como os signos significam as coisas.* São Paulo: Thomson, 2000.

______. *Matrizes da linguagem e pensamento: Sonora, visual, verbal.* São Paulo: Iluminuras/Fapesp, 2001.

______. *Semiótica aplicada.* São Paulo: Thomson, 2002.

______. *Culturas e artes do pós-humano: Da cultura das mídias à cibercultura.* São Paulo: Paulus, 2003.

______. *Por que as comunicações e as artes estão convergindo.* São Paulo: Paulus, 2004.

______. *Linguagens líquidas na era da mobilidade.* São Paulo: Paulus, 2007.

______; NÖTH, Winfried. *Imagem: Cognição, semiótica, mídia.* São Paulo: Iluminuras, 1998.

______; ______ (Orgs.). *Palavra e imagem nas mídias: Um estudo intercultural*. Belém: Editora Universitária da UFPA, 2008.

SAUER, Hans. Englische Werbesprache. *Wissenschaftliche Zeitschrift der TU Dresden*, n. 47.4, p. 87-96, 1998.

SAUSSURE, Ferdinand de. *Cours de linguistique générale*. Paris: Payot, 1916. (Curso de linguística geral, trad. A. Chelini et al. São Paulo: Cultrix, 1969.)

SCHIRNER, Michael. *Werbung ist Kunst*. München: Klinkhardt & Biermann, 1988.

SCHÖBERLE, Wolfgang. *Argumentieren* - Bewerten - Manipulieren. Heidelberg: Groos, 1984.

SEMPERE, Pedro. *McLuhan en la era de Google: Memorias y profecias de la aldea global*. Madri: Editorial Popular, 2007.

SEMPRINI, Andrea. *Le marketing de la marque: Approche sémiotique*. Paris: Liaisons, 1992.

______. *A marca pós-moderna: Poder e fragilidade da marca na sociedade contemporânea*. Tradução E. Leone. São Paulo: Estação das Letras, 2006.

SETTLE, Robert; GOLDEN, Linda. Attribution theory and advertiser credibility. *Journal of Marketing Research*, n. 11, p. 181-5, 1974.

SIMMEL, Georg. The metropolis and mental life. In: *On individuality and social forms: Selected writings*. Chicago: University of Chicago Press, 1971.

SORNIG, Karl. Some remarks on linguistic strategies of persuasion. In: WODAK, R. (Ed.). *Language, power and ideology*. Amsterdam: Benjamins, 1989. p. 95-113.

SOWINSKI, Bernhard. *Werbung*. Tübingen: Niemeyer, 1998.

SPANG, Kurt. *Grundlagen der Literatur- und Werberhetorik*. Kassel: Reichenberger, 1987.

SPILLNER, Bernd. Über die Schwierigkeiten der semiotischen Textanalyse. *Die Neueren Sprachen*, n. 79, p. 619-30, 1980.

______. Stilanalyse semiotisch komplexer Texte. *Kodikas/Code*, n. 4-5, p. 91-106, 1982.

SPITZER, Leo. American advertising explained as popular art. In: SPITZER, L. *A method of interpreting literature*. Northampton, MT: Smith College, 1949. p. 102-49.

SPÖRRI, Hansruedi. *Werbung und Topik*. Frankfurt/Main: Lang, 1993.

STANLEY, Thomas J. Cola preferences: Disguised taste vs. brand evaluations. *Advances in Consumer Research*, n. 5, p. 19-21, 1978.

STÖCKL, Hartmut. *Textstilistik und Semiotik englischsprachiger Anzeigenwerbung*. Frankfurt/Main: Lang, 1997.

STRONG, Edward K. *The psychology of selling and advertising*. Nova York: McGraw-Hill, 1925.

SUÁREZ, Margarita C. In: SANTAELLA, L.; NÖTH, W. (Orgs.). *Palavra e imagem nas mídias: Um estudo intercultural*. Belém: Editora Universitária da UFPA, 2008. p. 133-51.

TANAKA, Keiko. *Advertising language: A pragmatic approach to advertisements in Britain and Japan*. Londres: Routledge, 1998.

TANNEN, Deborah. What's in a frame? Surface evidence for underlying expectations. In: FREEDLE, R. D. (Ed.). *New directions in discourse processing*. Norwood: Ablex, 1979. p. 137-81.

TEIXEIRA, Neliane Leone. *Publicidade: A relação sugestão/persuasão*. Dissertação (Mestrado) orientada por M. Ogécia S. Drigo. Universidade de Sorocaba, 2008. Disponível em: <http://comunicacaoecultura.uniso.br/defesas/Neliane%20Teixeira.pdf>. Acesso em: 25 ago. 2009.

UMIKER-SEBEOK, Jean. Nature's way? Visual images of childhood in American culture. In: WINNER, I. P.; UMIKER-SEBEOK, J. (Eds.). *Semiotics of culture*. The Hague: Mouton, 1979. p. 173-220.

______. The seven ages of women: A view from American magazine advertisments. In: MAYO, C.; HENLEY, N. M. (Eds.). *Gender and nonverbal behavior*. Nova York: Springer, 1981. p. 209-52.

______ (Ed.). *Marketing and semiotics: New directions in the study of signs for sale*. Berlim: Mouton de Gruyter, 1987.

VAN DIJK, Teun A. *Text and context*. Londres: Longman, 1977.

VANNINI, Phillip. Social semiotics and field work. Method and analysis. *Qualitative Inquiry*, n. 13.1, p. 113-40, 2007.

VEBLEN, Thorstein. *The theory of the leisure class*. Harmondsworth: Penguin, (1899) 1967.

VESTERGAARD, Torben; SCHRØDER, Kim. *The language of advertising*. Oxford: Blackwell, 1985.

VICTOROFF, David. Nouvelle voie d'accès à l'étude de l'image publicitaire: L'analyse sémiologique. *Bulletin de psychologie*, n. 25, p. 521-32, 1972.

______. *La publicité et l'image*. Paris: Denoël, 1978.

WACHTEL, Martin. *Die Darstellung von Vertrauenswürdigkeit in Werbespots*. Tübingen: Niemeyer, 1988.

WALD, Carol. *Myth America: Picturing women 1865-1945*. Nova York: Pantheon Books, 1975.

WALLENDORF, Melanie; ARNOULD, Eric J. My favorite things: A cross-cultural inquiry into object attachment, possessiveness and social linkage. *Journal of Consumer Research*, n. 14, p. 531-47, 1988.

WERNER, Ute. *Konsum im multikulturellen Umfeld: Eine semiotisch orientierte Analyse der Voraussetzungen kulturübergreifenden Marketings*. Frankfurt/Main: Lang, 1999.

______. Geschäftsleben. In: POSNER, R.; ROBERING, K.; SEBEOK, T. A. (Eds.). *Semiotik*. Berlim: Mouton de Gruyter, 2004. v. 4. p. 3421-36.

WERNICK, Andrew. Advertising and ideology. *Theory Culture and Society*, n. 2.1, p. 16-33, 1983.

WILLIAMS, Emmet (Ed.). *Anthology of concrete poetry*. Nova York: Something Else Press, 1967.

______; KAUTT, York. *Theatralität der Werbung*: Theorie und Analyse massenmedialer Wirklichkeit: Zur kulturellen Konstruktion von Identitäten. Berlim: Mouton de Gruyter, 2003.

WILLIAMSON, Judith. *Decoding advertisements*. Londres: Boyars, 1978.

WINSTON, Patrick Henry. *Artificial intelligence*, 2. ed. Reading, MA: Addison-Wesley, 1984.

WODAK, Ruth (Ed.). *Language, power and ideology*. Amsterdam: Benjamins, 1989.

WRIGHT, John S. et al. *Advertising*, 3. ed. Nova York: McGraw-Hill, 1971.

Cromosete
Gráfica e editora ltda.
Impressão e acabamento
Rua Uhland, 307
Vila Ema-Cep 03283-000
São Paulo · SP
Tel/Fax: 011 2154-1176
adm@cromosete.com.br